En Armonía
con
Dios

Britmy = 954-682-1830

En Armonía
con
Dios

CHARLES F. STANLEY

GRUPO NELSON
Una división de Thomas Nelson Publishers
Desde 1798

NASHVILLE   DALLAS   MÉXICO DF.   RÍO DE JANEIRO   BEIJING

Traducción: *Belmonte Traductores, C.B.*
Adaptación del diseño al español: *Grupo Nivel Uno*

ISBN: 978-1-60255-185-5

Impreso en Estados Unidos de América

13 14 QG 9 8 7 6 5 4 3 2 1

QG 04-09-13

*Este libro está dedicado a mi buena amiga Sid,
quien ilustra maravillosamente una vida en armonía con Dios.*

Te ruego que me muestres ahora tu camino, para que te conozca,
y halle gracia en tus ojos.

—ÉXODO 33.13

ÍNDICE

INTRODUCCIÓN   IX

CAPÍTULO UNO: LA INTIMIDAD CON DIOS: UN REQUISITO ESENCIAL   I

CAPÍTULO DOS: EL CAMINO DE DIOS ES EL MEJOR   13

CAPÍTULO TRES: DIOS CUMPLE SUS PROMESAS   34

CAPÍTULO CUATRO: LAS MANERAS EN QUE DIOS SE REVELA A NOSOTROS   62

CAPÍTULO CINCO: DIOS SACA BIEN DEL MAL   87

CAPÍTULO SEIS: LAS VISITAS INESPERADAS DE DIOS   113

CAPÍTULO SIETE: EN ARMONÍA CON LA AGENDA DE DIOS   144

CAPÍTULO OCHO: DIOS USA NUESTRO SUFRIMIENTO   173

CAPÍTULO NUEVE: DIOS PERDONA NUESTRO PECADO   194

CAPÍTULO DIEZ: UN DIOS DE AMOR ABSOLUTO   215

CAPÍTULO ONCE: DIOS SE DELEITA EN LA OBEDIENCIA   231

CAPÍTULO DOCE: EN ARMONÍA CON EL PLAN DE DIOS   245

ACERCA DEL AUTOR   255

INTRODUCCIÓN

Algunos años atrás, recuerdo estar observando a mi nieto mientras él intentaba descubrir cómo funcionaba un juguete que le acababan de regalar. Sus manos se movían con rapidez, ignorando cualquier detalle del objeto mientras buscaba el movimiento o giro adecuado para darle vida. Y a pesar de todo su empeño en lograrlo, no lo conseguía. Me estiré por encima de la mesa donde nos encontrábamos y agarré la hoja de instrucciones. El primer paso decía dónde poner las baterías, y advertía que debían colocarse en cierta posición. Revisé de nuevo lo que habíamos hecho anteriormente y descubrí que una estaba colocada de forma incorrecta. Agradecido por la hoja de instrucciones, hice los cambios pertinentes y seguí leyendo. El paso dos decía dónde estaba situado el interruptor de encendido, y el paso tres nos alentaba a asegurarnos de que el objeto estuviera firmemente situado en el piso, porque, si habíamos hecho lo que se nos había indicado, debería haber acción. Un segundo después, eso fue exactamente lo que ocurrió: mucha acción y mucha diversión.

En otras muchas ocasiones me he alegrado de tener un manual de instrucciones para poder entender lo que tenía que hacer. En la mayoría de esas ocasiones yo quería entender los caminos de Dios *no sólo* para tomar una buena decisión, aunque eso es extremadamente importante, sino también para conocerlo —la forma en que Él actúa y piensa— y conocer el íntimo amor que tiene por mí. Moisés oró: «Ahora, pues, si he hallado gracia en tus ojos, te ruego que *me muestres ahora tu camino, para que te conozca, y halle gracia en tus ojos*» (Éx. 33.13, *énfasis añadido*). Esa se convirtió en mi oración y mi mayor deseo.

Al leer este pasaje, observe que Moisés usó la expresión «halle gracia en tus ojos» dos veces en una misma frase. Es obvio que tenía un claro objetivo, y era conocer a Dios. No estaba satisfecho con conocer un poco de Él, sino que quería entender la manera en que actuaba a fin de conocerlo mejor. Creo que Moisés entendió que eso podía ser una realidad. El Señor le había hablado en la zarza ardiente, pero también se le había manifestado en muchas otras ocasiones, revelándole su poder y capacidad de salvación al cruzar el mar Rojo. Sin embargo, esos dos eventos no le dijeron al libertador de Israel lo que él quería conocer. Quería conocer a Dios de forma íntima; algo mucho más profundo que saber de su existencia. Su búsqueda por conocer al Señor le llevó a un nivel más profundo, un nivel que cambió el enfoque de su vida para siempre.

¿Le gustaría conocer a Dios y a la vez saber que está caminando en armonía con su voluntad y el plan que Él tiene para su vida? Si usted es creyente, su respuesta probablemente será que sí, pero puede que no esté seguro de cómo hacerlo. Usted lee la Biblia, asiste a su iglesia y diezma, pero sabe muy poco sobre la naturaleza y las características de Dios. Sabe que Él le ama, pero no ha experimentado la profundidad de su amor de manera íntima y personal. Hasta que comience a entender sus caminos, habrá una cortina espiritual que seguirá cerrada en su vida. Puede que diferencie lo que está bien y lo que no, en ciertas áreas, ¿pero sabe por qué Dios quiere que viva de cierta manera? ¿Cuál es la motivación de Dios? ¿Por qué hace Dios lo que hace? ¿Por qué responde de la forma en que responde? ¿Por qué actúa de la forma en que actúa? Una vez que empiece a entender la manera de pensar y de actuar de Dios, le entenderá a Él mejor, y de repente se dará cuenta que su conocimiento de Dios es más profundo y su deseo de agradarle es mayor; una luz se encenderá en su mente y en su corazón, y se dará cuenta que Dios le ama con amor eterno.

A lo largo de los años he oído a personas expresar su deseo de entender cómo actúa Dios. Muchos han dicho: «Si supiera lo que Él quiere que haga, yo lo haría». Otros han intentado desesperadamente descubrir el propósito de una tragedia o de unas circunstancias difíciles, con el único resultado de sentirse aún más solos. A menudo esto ocurre porque realmente no están buscando conocer al Señor, sino simplemente están buscando un alivio para su dolor y su estrés mental y emocional. Dios se nos revelará, pero para que eso ocurra, debemos llegar al punto de rendirnos a Él, lo cual significa querer conocerlo más antes que querer hacer las cosas a nuestra manera. Los hombres y las mujeres usados por Dios tienen corazones dedicados exclusivamente a Él.

Moisés se acercó al Señor, y nosotros hemos de tomar la misma decisión, ya que no hacerlo sería perder la increíble oportunidad de conocer al Dios infinito del universo. El secreto de conocerlo no lo encontraremos en ningún otro lugar que no sea una relación íntima y de amor con el Salvador. Moisés vio la zarza ardiente, y fue atraído hacia ella; dentro de su corazón había una pasión por conocer al único Dios verdadero.

De igual modo, Josué se encontró con el ángel del Señor horas antes de que Israel tuviera que marchar sobre la ciudad de Jericó. Él había oído a Moisés contar la primera vez que estuvo en la presencia de Dios; por tanto, a la orden del Señor, inmediatamente se quitó su calzado como una señal externa de humilde adoración a Dios. Igualmente, después de oír las palabras que le anunció el ángel, María contestó: «He aquí la sierva del Señor; hágase conmigo conforme a tu palabra» (Lc. 1.38). Ninguna de estas dos personas, ni las muchas otras cuyas vidas se cruzaron con el Señor, estaban únicamente interesadas en su comodidad y cuidado personal. Cada una de ellas llegó a un punto donde su mayor anhelo y deseo era conocer a Dios. *Muéstrame, y enséñame tus caminos para conocerte era el clamor de sus corazones.* Con una gran emoción, David escribió: «Como el ciervo brama por las corrientes de las aguas, así clama por ti, oh Dios, el alma mía. Mi alma tiene sed de Dios, del Dios vivo» (Sal. 42.1-2).

Esas palabras representaban la búsqueda apasionada de David por conocer y entender los caminos de Dios para así poder convertirse en la persona a la que Dios llamó «varón conforme a mi corazón» (Hch. 13.22). Los enemigos de David le buscaban incesantemente para acabar con él, pero el temor no conquistó su corazón. Él quería que Dios supiera que su anhelo más profundo era conocerlo. Desde la más honda desesperación escribió:

Un abismo llama a otro a la voz de tus cascadas;
Todas tus ondas y tus olas han pasado sobre mí.
Pero de día mandará Jehová su misericordia,
Y de noche su cántico estará conmigo,
Y mi oración al Dios de mi vida. (Sal. 42.7-8)

Cuanto más aprendemos de Dios, más cambian nuestras vidas. Aprendemos a descansar en el hecho de que Él es Dios, y está activo. Puede que no lleguemos a conocer todo lo que hay que saber sobre sus caminos, pero rápidamente aprendemos que es soberano y que está en control y dispuesto a guiarnos en cada momento. Qué seguridad nos trae esto a nuestro corazón y mente.

Llegar a conocer a Dios puede incluir caminar con Él en los valles más oscuros de la vida, pero en esos momentos obtenemos una sabiduría tremenda sobre el corazón y la mente de Dios. Algunas de las mayores lecciones que he aprendido han sido como resultado de una pena y dolor indescriptibles. ¿Podría Dios haberme librado de la decepción? Sí, pero no era su voluntad, su camino o su plan para mi vida; Él tenía cosas mayores que quería enseñarme, y sólo se podían aprender a través de la tristeza y el sufrimiento. Nunca animo a nadie a orar para que lleguen problemas, pero cuando llegan, yo aconsejo a las personas que estén quietas y le pidan a Dios que les muestre qué es lo que tienen que aprender de esa situación. El profeta Jeremías nos dice que nos acerquemos a Dios y Él le enseñará a nuestra mente y nuestro corazón «cosas grandes y ocultas» (Jer. 33.3).

Hay demasiada gente que tiene un conocimiento de Dios superficial. Conocen algo de Él, pero no a Él, y se preguntan: *¿Dónde está Dios? ¿A qué se parece? ¿Puedo conocerlo personalmente? ¿Se preocupa por mí?* La respuesta: ¡Sí! Él está aquí, ahora mismo, justamente a su lado, y nunca se ha ido, ni nunca lo hará. Él es su Padre celestial que le ama y quiere que usted cuente con Él. Al igual que llamó a Moisés, le llama a usted, pidiéndole que se acerque y aprenda sus caminos para que pueda conocer y experimentar las grandes riquezas de su cuidado y su amor.

Esta es mi oración para todos los que lean este libro: que puedan hacer la misma oración que hizo Moisés: «Te ruego que me muestres ahora tu camino, para que te conozca, y halle gracia en tus ojos» (Éx. 33.13). Cuando comience a entender la mente de Dios y su manera de actuar, de repente tendrá las herramientas necesarias para vivir una vida abundante: una vida llena y completa. Y más aún, también tendrá la mayor Fuente de conocimiento, amor, paz, gozo, intimidad y esperanza habitando en su interior. No hay nada más valioso que conocer a Dios.

Puede que el mundo le tiente a buscar la sabiduría de muchas maneras, pero solamente hay una Fuente de verdad, y Él está esperando revelarse a usted personalmente.

Capítulo Uno

LA INTIMIDAD CON DIOS: UN REQUISITO ESENCIAL

Si me pidiera que le hablara sobre mi madre, comenzaría diciéndole que su nombre era Rebeca y que nació en Dry Fork, Virginia. Tras la muerte de sus padres, ayudó a criar a su familia. No tuvo mucha educación formal, pero estaba dedicada a hacer todo lo mejor que pudiera. También añadiría que murió hace algunos años. Con esta pequeña cantidad de información, no conocería usted mucho sobre mi madre.

Sin embargo, ¿qué ocurriría si le dijera que era una mujer hermosa y piadosa que siempre suplió mis necesidades? Mi padre murió cuando yo era muy joven, y ella estuvo dispuesta a aceptar el reto de criarme. Una vez tuvo que trabajar en dos trabajos para poder hacer frente a los gastos y darnos de comer. La mayoría de las veces, se levantaba muy temprano para ir a trabajar. Mientras yo estaba en la escuela, ella llegaba a casa de su primer trabajo y se preparaba para ir al segundo. Antes de irse, hacía la comida y ponía la mesa para que yo supiera lo que tenía que hacer y lo que tenía que comer. Solía prepararlo todo, y sin fallar, solía escribirme una nota diciéndome cosas que debía recordar, o a veces tan sólo me escribía una nota que decía: «Charles, te quiero».

Mamá era disciplinada y persistente. Tenía que serlo para poder mantener unida a nuestra familia. Nunca se dio por vencida ni renunció aunque la vida era difícil, raramente se desanimaba. Siempre quería que

1

tuviera mi mejor aspecto, así que por la noche lavaba y planchaba mi ropa para que tuviera algo limpio para ir a la escuela a la mañana siguiente. Solamente tenía dos pares de zapatos, pero ella se aseguraba de que estuvieran brillantes y que hubiera un pañuelo en mi bolsillo. Cuando acudía a ella con un problema, nunca decía: «Charles, estoy muy ocupada para hablar», sino que siempre dejaba lo que estaba haciendo y me escuchaba. A veces no obtenía muy buenas calificaciones, pero mamá nunca me regañaba, sino que solía decir: «Hazlo lo mejor que puedas, y yo oraré por ti». Casi todas las noches entraba en mi habitación y se arrodillaba al lado de mi cama, y luego orábamos juntos. Aún puedo recordar cómo le decía mi nombre al Señor mientras oraba por las cosas que me preocupaban. Sólo la vi enojada un par de ocasiones. Era mucho más compasiva de lo que yo jamás podría ser.

Aunque sólo ganaba nueve dólares y diez centavos a la semana, superamos los momentos difíciles. Recuerdo que se sentaba a repasar las facturas, y decía: «Este dinero será para esta factura y este para esta», y así seguía. Era muy meticulosa y cuidadosa con el dinero, pero también era muy generosa. Había veces que no teníamos mucho que comer; sin embargo, si alguien llegaba a casa que tenía menos que nosotros, mamá siempre encontraba algo en el refrigerador que darle. Hay muchas cosas que recuerdo de ella, pero lo que nunca olvidaré es cuánto se sacrificaba por mí. Si me detuviera en este instante y dijera: "¿Conoce algo acerca de mi madre?", creo que usted diría que sí.

La relación es importante

Si le pidiera que me hablara de Dios, ¿qué me diría? ¿Podría hablarme de la relación personal que tiene con Él? ¿O diría: «Sólo hay un Dios, que vive en el cielo, y creo que su Hijo murió por mis pecados. Ha prometido crear un lugar para mí en el cielo. Me salvó, justificó y perdonó»? Yo podría enumerar probablemente unos cuantos principios doctrinales más, pero las verdaderas cuestiones son: ¿Sabe quién es Dios? ¿Conoce algo personal de Dios más allá de lo que ha aprendido en la iglesia o en conversaciones con amigos? ¿Conoce sus caminos? Hay demasiada gente que no entiende la manera de actuar de Dios, y el problema es que muchos de los hijos de Dios saben cosas *acerca de* Dios, pero no tienen una relación personal *con* Él. Es ahí donde afrontamos nuestro mayor reto: conocer a Dios y amarlo sobre todas las cosas. Lo esencial en cualquier relación es esto: si quiere conocer a alguien, debe conocerlo íntimamente.

Con el paso de los años, la palabra *intimidad* ha sido redefinida y malinterpretada por nuestra sociedad moralmente desfasada. Tener intimidad en el contexto de una relación no significa tener contacto sexual. La verdadera intimidad tiene que ver con la convivencia con otros. Usted puede tener una amistad y no tener intimidad con esa persona. Puede involucrarse íntimamente en su vida, pero eso no quiere decir que tenga una relación sexual. Dos amigos pueden conocerse el uno al otro profundamente. De hecho, tener amigos cercanos —íntimos— refleja mucho la naturaleza de Dios porque eso es exactamente lo que Él desea de nosotros: una relación cercana y personal, y especialmente una relación íntima. Muchas personas están satisfechas solamente con conocer algunas cosas acerca de Dios, pero no quieren conocerlo a profundidad. La verdadera y desenfrenada intimidad concierne al alma y los lugares ocultos de nuestro corazón. Va mucho más allá de la expresión física, y solamente Dios tiene la capacidad de amarnos de manera íntima e incondicional. Él nos creó con un propósito, y es para tener comunión con Él.

Él quiere que usted sepa que le ama, y que no hay nada que usted pueda hacer para sorprenderlo o decepcionarlo, porque Él sabe todas las cosas y nunca le sorprenderán sus actos. Aunque no aprueba el pecado, Él ama al pecador; por tanto, cuando peca, usted tiene un Abogado ante el Padre —Jesucristo— quien le oye cuando ora pidiendo perdón y se preocupa cuando está dolido. Puede que Dios le discipline cuando ceda a la tentación, pero nunca apartará de usted su amor. Y esta verdad nunca cambia, nunca varía ni se disipa. Él es justo y firme: «Porque el Señor tu Dios es un Dios compasivo, que no te abandonará ni te destruirá» (Dt. 4.31 NVI). Usted es su obra maestra, creado a su imagen para buenas obras (Ef. 2.10). Dentro del corazón de cada hombre y mujer hay un lugar que solamente Dios puede llenar. Usted puede intentar satisfacer sus anhelos con diferentes cosas, pero hasta que no se rinda a Él, seguirá siendo vulnerable a los pensamientos de temor o los sentimientos de descontento, los deseos egoístas y también el orgullo y la lujuria. La comunión con Dios se origina en lo más hondo de su ser, y su enfoque cambia de usted mismo a Cristo. Cuando desarrolla una relación íntima con el Padre celestial, descubre que Él le está rodeando con su cuidado eterno. Abraham se acercó al Señor, y como resultado de su deseo de conocerlo, aprendió los caminos de Dios. No se resistió a la instrucción de Dios, y demostró ser fiel. El Señor le concedió una sabiduría y un conocimiento extremos porque aprendió el secreto de acceder al corazón de Dios.

No podrá hacer la voluntad de Dios a menos que aprenda a andar en sus caminos. Piense en las relaciones humanas que usted tiene. Mientras mantenga las distancias, no podrá conocer a esa persona; sin embargo, cuando se abra y comience a hablarle a la otra persona, comenzará a construir una relación. Si mantiene sus barreras emocionales elevadas, la otra persona lo notará, y con el tiempo, buscará las formas de abrirse camino o de retirarse. Las amistades —relaciones perdurables— pueden existir y crecer sólo por medio de la intimidad mutua.

La oración es esencial

¿Dónde comienza nuestro caminar con Dios? Jesús les enseñó a sus discípulos a orar (Lc. 11.1-4). Por eso debemos comenzar con oración. Un hombre me dijo: «No quiero profundizar demasiado en la oración. Soy una persona poco emocional, me gusta ir a la iglesia, pero no soy una de esas personas que habla mucho con Dios. En definitiva, ¿qué voy a decirle yo a Dios? Él ya lo sabe todo». Uno de los mayores deseos del corazón de Dios es que usted y yo deseemos conocerlo; no sólo darle un sacrificio de labios los domingos, sino anhelar verdaderamente conocerlo a Él y sus caminos. Él quiere desarrollar una relación íntima con nosotros, ¿pero deseamos nosotros hacer lo mismo con Él? ¿Deseamos conocerlo? Para lograrlo, debemos también aprender sus caminos, lo cual podemos hacer acercándonos a Él, como escribió Santiago: «Acercaos a Dios, y él se acercará a vosotros» (Stg. 4.8).

Los momentos íntimos que compartimos con el Salvador son precisamente las veces en que Él se nos revela. Con nuestra mente enfocada en amarlo y adorarlo, sentimos su cercanía. Moisés quiso conocer a Dios; su petición no era simplemente obtener un tipo de conocimiento humano, sino que quería conocerlo como un Amigo, como un Dios santo y personal. Dios quiso enseñarle a Moisés cómo vivir a la luz de su favor y bendición: «Cuando Moisés entraba en el tabernáculo, la columna de nube descendía y se ponía a la puerta del tabernáculo, y Jehová hablaba con Moisés. Y viendo todo el pueblo la columna de nube que estaba a la puerta del tabernáculo, se levantaba cada uno a la puerta de su tienda y adoraba. Y hablaba Jehová a Moisés cara a cara, como habla cualquiera a su *compañero*» (Éx. 33.9-11, *énfasis añadido*). La palabra compañero en este contexto significa "compañía íntima". Dios nunca pretendió que únicamente supiéramos de Él, sino que le conociéramos a Él: sus caminos y su amor incondicional por nosotros.

Muchas veces los británicos se burlan de los norteamericanos, diciendo que a menudo nos adentramos rápidamente en una conversación, pero que dejamos mucho que desear a la hora de construir una relación profunda. Por otro lado, ellos parecen ser muy reservados cuando conocen a la gente, pero cuando han desarrollado una amistad, normalmente es para toda la vida. Cuanto más cerca estemos de Dios, más confiaremos en Él. Y esto sucede con todas las relaciones, ya que cuanto más tiempo pasamos con un amigo, más aprendemos de él o ella, y más confiamos en esa persona. Según aumenta la confianza, nos damos cuenta que nos abrimos más y comenzamos a hablar de nuestros sentimientos y de los retos que afrontamos. Confianza e intimidad van siempre de la mano. Si no sentimos que podemos confiar en una persona, probablemente no tomaremos el tiempo de conocerla, y si lo hacemos, lo haremos con precaución.

Un corazón para Dios

Cuanto más me acerque al Señor, más lo conoceré: su amor por mí y sus planes y deseos de bien para mi vida. Además, cuanta más intimidad tenga con Dios, mejor entenderé sus caminos, y este entendimiento lleva a un anhelo más profundo de conocer más a Dios. Aprendo a discernir su voluntad no sólo para mi vida sino también para las situaciones con que me enfrento. Muchas veces nos encontramos con desafíos que amenazan con destruir nuestra paz y seguridad. Si hemos desarrollado una relación cercana con el Salvador, podemos estar quietos y confiar en que Él nos mostrará cómo actuar. Nos dará también la capacidad de conocer las motivaciones que otros tienen; sin darnos cuenta, puede que lleguemos a una situación que no sea la mejor que Dios tiene. Aunque el deseo de Dios es darnos la sabiduría que necesitamos para tomar buenas decisiones, debemos estar dispuestos a aceptar su guía. Aunque Moisés no entendía perfectamente los caminos de Dios, aun así quería conocerlo.

Una de las experiencias más honestas que podemos tener se da cuando nos damos cuenta de que podemos ser nosotros mismos ante el Señor y saber que Él nos ama y nos acepta. Los discípulos tomaron la decisión de acudir a Jesús. Él estuvo disponible para ellos, pero ellos tuvieron que decidir ir. Los que oyeron hablar al Salvador decidieron escuchar y acercarse. Sus vidas cambiaron tan drásticamente que muchos dejaron todo lo que tenían para poder seguirle.

Moisés no sólo tenía curiosidad por Dios; tenía mucho interés y decidió subir a la montaña, a un lugar donde fue testigo de la abrasadora evidencia de la presencia de Dios ardiendo delante de él. La Biblia nos dice: «Y se le apareció el Angel de Jehová en una llama de fuego en medio de una zarza; y él miró, y vio que la zarza ardía en fuego, y la zarza no se consumía... *Viendo* Jehová que él iba a ver, lo llamó Dios de en medio de la zarza, y dijo: ¡Moisés, Moisés! Y él respondió: Heme aquí» (Éx. 3:2, 4, *énfasis añadido*). Dios mismo le habló a Moisés. Cada vez que hay una referencia al ángel del Señor, sabemos que es Cristo y que Dios está con nosotros. Otra cosa que hemos de entender es que Dios escogió algo tan insignificante como una zarza en lo recóndito de una montaña como su punto de encuentro para la liberación de su pueblo. Si hubiera querido, podría haber hecho arder la montaña entera, pero no lo hizo, sino que quiso ver si Moisés respondería y si su corazón estaba verdaderamente quebrantado y listo para ser usado. Dios sabía la respuesta porque es omnisciente, pero quería que Moisés la supiera también. Él sabe exactamente lo que haremos, aun antes de que se produzca cualquier evento o acontecimiento, y al mismo tiempo, tenía un objetivo en mente al posicionar a Moisés en un lugar donde podía ver la zarza que no se consumía por el fuego.

El tiempo que Moisés pasó delante de la zarza ardiente fue crucial para todo lo demás que sucedería. Si no se hubiera apartado para ver la presencia de Dios, habría perdido la oportunidad más asombrosa de su vida. Ese fue el momento en el cual comenzó su relación personal con Dios; fue el lugar donde comenzó a descubrir que conocer a Dios era mucho más de lo que nunca había escuchado. La relación que se desarrolló entre él y el Señor se prolongó por décadas que incluirían momentos de dolor, alegría, tristeza, celebración, frustración, amistad y un profundo amor. Y más importante aún, fue que esos momentos pasados en la presencia de Dios marcaron el comienzo de la aventura de Moisés hacia una mayor sabiduría y un conocimiento íntimo de Dios y de sus caminos. Una vez que comenzamos a entender los caminos de Dios, obtenemos un entendimiento más claro de la vida, y desarrollamos un intenso deseo de conocerlo.

Cuando haya leído este libro, creo que su visión de Dios habrá cambiado. Su amor por Él será más profundo a medida que le permita enseñarle quién es Él y no quién dicen otros que es. ¿Recuerda lo que Jesús les preguntó a sus discípulos? Les dijo: «¿Quién dice la gente que soy yo?» (Mr. 8.27). Él sabía exactamente quién era, pero quería oír lo que dirían sus discípulos: quienes habían estado con Él y eran sus amigos más íntimos y confiables, quienes después de titubear unos instantes dijeron: «Unos, Juan el Bautista; otros, Elías; y otros, alguno de los profetas» (v. 28).

En la época de Cristo había muchas ideas religiosas erróneas, y una de las más comunes era la llamada *Elías redivivus*, la cual enseñaba que el profeta Elías había regresado de los muertos. Obviamente, algunas personas que seguían al Salvador se preguntaban si esas teorías serían ciertas; sin embargo esas falsas enseñanzas no eran lo que realmente le preocupaba al Señor. Él estaba enfocado en el hecho de que había estado con los discípulos cerca de tres años, y parecía que todavía no habían entendido bien quién era Jesús. Era su Señor, y su Salvador, y su amigo. ¿Estaban ellos seguros de eso? Jesús quería que sus compañeros más cercanos se dieran cuenta que era el Hijo de Dios; por tanto, fue aún más directo con su pregunta esta vez: «Y vosotros, ¿quién decís que soy yo?» Pedro no pudo resistir la urgencia de hablar y contestó: «Tú eres el Cristo» (v. 29), o *Cristós*, que significa «Mesías: el Ungido». Jesús vino a la tierra no sólo para salvarnos de nuestros pecados sino también para darnos una manera de conocer al Padre celestial. Él era Dios hecho carne, y aun así era también su Maestro, Señor y Amigo. Hoy día, a través de la presencia y el poder del Espíritu Santo, tenemos la oportunidad de conocer a Dios de manera íntima y personal. Muchas veces no nos damos cuenta de la importancia de conocerle; sin embargo, cuando vienen las pruebas o los problemas son demasiado para nosotros, clamamos anhelando su toque soberano y omnipotente.

Entender lo que usted cree

Al leer las Escrituras, cabe preguntarse: *¿Cómo soportó el apóstol Pablo un sufrimiento tan severo sin abandonar su fe?* Había solamente una manera, y fue mediante la fe y una íntima comunión con Dios. ¿Cómo David no sólo sobrevivió sino también prosperó durante años de persecución por el rey Saúl, un hombre que había perdido su enfoque y se había obsesionado con la destrucción de David? Había solamente una manera: él mantuvo su enfoque en el Señor. La relación íntima que desarrolló con Dios cuando era un joven pastor de ovejas continuó en sus años de madurez. El tiempo que había pasado atendiendo el rebaño de su padre no fue inútil ni desperdiciado; proporcionó la atmósfera correcta para que él conociera al Señor. Más tarde, después de que llegara a la adultez y la adversidad, los malos entendidos y el desengaño se cruzaran en su camino, él recordó aquellos momentos en que había estado en la presencia de Dios; también recordó la fidelidad del Señor. Cuando usted, al igual que David, entiende el poder que es suyo en Cristo, el temor pierde su efectividad; usted comprende que cualquier cosa que se cruce en su camino pasa primero por las manos amorosas del Salvador. Las personas que se niegan a aceptar este principio de la Palabra de Dios a menudo ven esto como algo difícil de entender, pero David lo entendió perfectamente, y en el Salmo 18 escribió:

Jehová, roca mía y castillo mío, y mi libertador;
Dios mío, fortaleza mía, en él confiaré;
Mi escudo, y la fuerza de mi salvación, mi alto refugio.
Invocaré a Jehová, quien es digno de ser alabado,
Y seré salvo de mis enemigos. (vv. 2-3)

Si yo le diera una hoja de papel, ¿sería capaz de llenarla con las diversas formas en que Dios actúa en su vida? ¿Y qué me dice de una tarjeta de 10 cm x 15 cm o de una tarjeta de 8 cm x 13 cm? ¿O me diría usted que su conocimiento de Él es tan pequeño que tendría suficiente con una estampilla de correos? A través de la prueba y las dificultades —el dolor y la tristeza profunda— hombres y mujeres como David, Moisés y otros muchos aprendieron los caminos de Dios. Al ser confrontados con la asombrosa presencia de Dios, María, la que sería madre del Señor, oró así: «Mi alma glorifica al Señor, y mi espíritu se regocija en Dios mi Salvador, porque se ha dignado fijarse en su humilde sierva» (Lc. 1.46-48 NVI). Descubrieron que el amor de Dios nunca cambia y que se puede confiar plenamente en Él. En el Salmo 25, David proclamó:

A ti, oh Jehová, levantaré mi alma.

Dios mío, en ti confío;

No sea yo avergonzado,

No se alegren de mí mis enemigos.

Ciertamente ninguno de cuantos esperan en ti será confundido;

Serán avergonzados los que se rebelan sin causa.

Muéstrame, oh Jehová, tus caminos;

Enséñame tus sendas»

Encamíname en tu verdad, y enséñame,

Porque tú eres el Dios de mi salvación;

En ti he esperado todo el día. (vv. 1–5)

El amor de Dios, su poder, su fuerza y su tierno cuidado son anclas para nuestros corazones y nuestras almas en tiempos de angustia. Si estamos íntimamente relacionados con Él, cuando vengan las tormentas de la vida y los vientos de la adversidad soplen fuerte contra nosotros, podremos discernir rápidamente cómo estar firmes en nuestra fe. También seremos capaces de descubrir las mentiras de Satanás, que siempre son palabras enmarcadas en temor, destrucción y ruina personal. Usted no tiene por qué acabar siendo presa de su ataque, pues al conocer los caminos de Dios tendrá todo lo que necesita para permanecer firme en su fe en cada momento de la vida. Dios también le equipará para que pueda crecer en su conocimiento de Él.

Una joven dijo en cierta ocasión que la noche en que fue salva, oró: «Señor, enséñame más de ti. Llévame a una iglesia donde pueda aprender de tus caminos». Él no se resistirá ante una actitud tan sincera, y yo oro que esta sea también la oración de su corazón: que desee conocerlo a Él, sus caminos, su cuidado personal y la voluntad de Él para su vida.

Capítulo Dos

EL CAMINO DE DIOS ES EL MEJOR

El salmista escribió que Dios «sus caminos notificó a Moisés» (Sal. 103.7). El Dios omnisciente, omnipresente y omnipotente del universo se reveló a sí mismo a un hombre: alguien que era muy parecido a usted y a mí. Moisés tenía pasión y fuertes deseos, era tenaz y atrevido; pero, como nosotros, también cometió errores. Cuando vio que el pueblo de Dios era maltratado, quiso hacer algo para cambiar sus circunstancias, y no quiso esperar. Eso demostró ser una mala decisión.

Hace años, tuvimos una vacante en nuestro personal de First Baptist Atlanta que había que cubrir. El puesto había estado abierto durante meses, y aunque hicimos entrevistas a varias personas, nadie parecía ser la adecuada. Finalmente, un amigo que era también pastor me llamó y me dio el nombre de un hombre quien él pensaba que sería un candidato ideal. Concerté una cita con ese hombre, pero después, tras haber hablado, yo no estaba convencido de que fuera el indicado; de hecho, sentí que el Espíritu de Dios me advertía que no lo contratara. Mi equipo opinaba de modo diferente, y parecía que todos sentían que era el indicado. Me sorprendió la manera en que todos le aceptaron, así que reconsideré mi primera impresión. *Cuando lo conocí, ¿estaba teniendo yo un mal día? ¿Había algún rasgo personal de él que no me gustaba?* Cuando oré, no pude encontrar ninguna razón para no contratarlo; simplemente tenía ese profundo e interno sentir que creía que venía de Dios, advirtiéndome que no lo hiciera.

Tras varias semanas más, la presión de contratar a alguien para el puesto se acrecentó, y accedí a las peticiones de los demás. Contraté a esa persona pero tuve que despedirlo un año después. Probablemente usted habrá experimentado alguna situación similar. Quizá le pidieron que participara en algún evento en particular, y en su interior podía sentir a Dios diciéndole: *No lo hagas. No es lo mejor para ti.* Dios podía haber actuado de alguna manera importante para detenerme y no dejar que contratara a esa persona, pero Él me permitió pasar por ese tiempo de indecisión, el cual terminó con mi mala decisión, para poder enseñarme más sobre sus caminos.

Sus caminos incluyen no sólo sus actos y sus obras, sino también cómo piensa Dios y lo que le motiva. Normalmente, cuando estamos aprendiendo más de Él, tenemos que ignorar el consejo de otros. Ese no siempre es el caso, y muchas oportunidades que Él nos pone delante requieren que estemos a solas con Él en oración. Para hacerlo, podemos apartar tiempo para buscar su voluntad, aunque hay otro aspecto de estar a solas con Él, y es este: podemos estar en una habitación llena de gente y a la vez mantener un enfoque de paz y disposición a obedecer a Dios.

Moisés pasó años en el desierto aprendiendo a vivir una vida solitaria. Había otros a su alrededor, pero no las muchedumbres de Egipto a las que estaba acostumbrado. Hasta que aprendamos a permanecer en Cristo, nuestras vidas estarán marcadas por momentos de decisiones mal orquestadas. En esta situación, yo sabía qué era lo correcto, pero me dejé llevar por otros que estaban convencidos de lo que era lo mejor. Nunca comprometa sus convicciones; aunque sea usted la última persona que quede, manténgase fiel a lo que Dios le haya mandado hacer. El camino de Él es el mejor.

Él raramente descubre su plan completo, si es que alguna vez lo hace, antes de pedirle que avance confiando en Él. En esa situación en particular, habíamos entrevistado a mucha gente, y la tentación de "ocupar el puesto" nos costó cara. Aunque estoy seguro que Moisés tenía muchas características innatas, la paciencia probablemente no era uno de sus puntos fuertes. Sin embargo, las dos cosas que ganaron el favor de Dios fueron el deseo de Moisés de acercarse a la zarza ardiente y luego su obediencia a la voluntad del Señor. Él está atento a nuestras reacciones cuando afrontamos un reto, recibimos buenas noticias o tenemos la oportunidad de avanzar sin su guía. Descubrir los caminos de Dios y cómo afectan a nuestras vidas es una entrada para conocer su voluntad y su plan.

Seguidores y seguidoras

Al ser un joven adoptado en la familia del faraón, Moisés conocía muy poco sobre Dios. Por qué el Señor lo eligió para sacar a su pueblo de la cautividad es un misterio, algo que no podremos entender hasta que lleguemos al cielo; sin embargo, cierto es que podemos ver los beneficios de esa decisión. La elección de Dios fue la correcta. Hay muy poca o ninguna evidencia en la vida del joven Moisés que indique que tenía el deseo de conocer a Dios; sin embargo, el Señor tenía un plan preparado. La única influencia piadosa en Moisés era la de su madre natural, quien debido al temor y a la luz de las órdenes del faraón de matar a todos los bebés varones hebreos, le introdujo en una cesta de mimbre y lo arrojó cuidadosamente a orillas del río Nilo. La pequeña embarcación flotó directamente hasta la presencia de la hija del faraón, que había acudido al río a bañarse. Esta mujer rescató a Moisés y luego le ordenó a una nodriza que cuidara del bebé. Dios colocó a Moisés de nuevo en brazos de su madre para ser criado hasta que creciera y fue llevado a la casa del faraón (Éx. 2). Los designios de Dios son los que raramente escogeríamos. Yo dudo que cualquiera de nosotros hubiera pensado en salvar la vida de Moisés colocándolo al cuidado de la hija del faraón, la cual estaba en medio de la casa del enemigo. Pero Dios lo hizo.

El Señor también apartó a David y a José de formas diferentes, e hizo lo mismo con Rut y Ester. Aunque Dios no siempre trabaja igual todas las veces, ciertamente tiene la intención y el deseo de que cada uno de nosotros lleguemos a un punto en el que queramos conocerlo y habitar en su presencia. Durante un corto período, aquellos hombres y mujeres fueron separados de algo o alguien que les importaba mucho. Sólo Dios sabe por qué separa a una persona, pero normalmente es para que reciba un enfoque y una profundidad espiritual en su vida. Él quiere que hagamos su voluntad, pero no lo haremos si no sabemos algo sobre sus caminos.

No había manera en que Rut entendiera por qué su esposo tuvo que morir. Desde una perspectiva humana, no tenía sentido. Se quedó sola y no sabía lo que le depararía el futuro. Aunque Dios no es el autor del mal o la tragedia, ciertamente sabía el plan que tenía para su vida. Ella más adelante conocería a un hombre llamado Booz, el cual se casaría con ella y se convertiría en el padre de su hijo. Booz está incluído en la genealogía de Jesucristo. De hecho, Mateo lo narra de esta forma: «Salmón engendró de Rahab a Booz, Booz engendró de Rut a Obed, y Obed a Isaí. Isaí engendró al rey David, y el rey David engendró a Salomón de la que fue mujer de Urías» (Mt. 1.5-6). Cuando su vida está consagrada a Dios, Él puede tomar la tragedia más devastadora, la pérdida más grande o el pecado más profundo y usarlo para su gloria.

Ester es otro ejemplo. Acabó afrontando una situación muy difícil. Fue reclutada como un posible reemplazo de la reina Vasti, de la cual el rey Asuero había retirado su favor (Est. 1). Desde todos los ángulos imaginables, no tenía manera de estar en la casa del rey. Era judía, y el rey era persa; de haberse conocido su nacionalidad, probablemente no hubiera sido elegida para estar en la casa del rey y ser candidata a reina. Su situación no tiene sentido hasta que leemos la última parte del libro que lleva su nombre. En un momento crucial de la historia, Dios usó a Ester para salvar a toda una nación de la destrucción; y no a cualquier nación, sino a su pueblo Israel. Una vez más obró la providencia de Dios.

Puede que no entendamos por qué Dios se mueve en cierta dirección, pero si estamos dispuestos a aprender de sus caminos, descifraremos su corazón y entonces su Espíritu nos dará el deseo de seguir su guía, independientemente de lo que creamos que debería o no debería ocurrir. Si quiere conocer los caminos de Dios, tome un tiempo —de forma regular— para estar a solas con Él, y tome la firme decisión de obedecerlo y vivir su vida de acuerdo a los principios de Él. Si desea hacer eso, se sorprenderá de las formas tan diversas en que Él se revelará a usted, aunque nunca será para buscar egoístamente su propio beneficio. Él le dejará que se acerque para que pueda conocerlo mejor y luego le dé a conocer a otros.

Quizá se vea tentado a pensar que su vida está hecha pedazos y que Dios no puede usarla. O quizá piense que Él no es lo suficientemente creativo para trazar un plan para usarle para su gloria. Pero yo quiero asegurarle que sí lo es. Puede que haya cosas en su pasado que usted sienta que son demasiado oscuras como para contarlas a alguien; pero

Dios las conoce bien, y no importa lo que haya hecho, Él le usará si usted le entrega su vida. Podemos ver esto reflejado de forma muy clara en la vida de Moisés. Hubo un cambio dramático en el momento en que supo que no pertenecía a la familia del faraón, pero aun después de descubrirlo, pasaron años antes de que el Señor le llamara desde la zarza ardiente.

Mucha gente se pregunta: *Dios, ¿puedes usarme? ¿Estoy acabado? ¿Lograré alcanzar algún día todo mi potencial?* La edad no es un problema cuando Dios está al mando, pues Él es soberano y sus caminos son perfectos, y sus planes son siempre lo mejor. No importa lo mayor que sea, Él sabe exactamente dónde colocarle para que aprenda sus caminos y sea entrenado por su Espíritu Santo. Él colocó a Moisés para convertirse en un príncipe egipcio, pero era una posición que no duraría mucho tiempo. Una vez que fue consciente de sus raíces hebreas, la lealtad de Moisés comenzó a cambiar de rumbo, y lo mismo debiera ocurrir con usted. Una vez que somos conscientes de quiénes somos en Cristo —los hijos amados de Dios—, nuestras vidas deberían cambiar. Debería haber un cambio en nuestra lealtad: del pecado y las cosas mundanas al Salvador, que es el Hijo de Dios. El apóstol Pablo escribió: «Si alguno está en Cristo nueva criatura es; las cosas viejas pasaron, he aquí todas son hechas nuevas» (2 Co. 5.17). Las cosas «nuevas» que Pablo describió era el nuevo nacimiento espiritual que tenemos por medio de la fe en Jesucristo. Somos nacidos de carne pecaminosa, pero espiritualmente, cuando aceptamos la muerte de Cristo como expiación por nuestros pecados, somos adoptados espiritualmente en la familia de Dios. Nuestros pecados son perdonados y recibimos la milagrosa oportunidad de tener una relación personal con el Dios del universo.

Una diferencia entre los caminos y los actos de Dios

Hay una diferencia entre los actos de Dios y sus caminos. Moisés se convirtió en un testigo de muchos de los actos milagrosos de Dios, pero también aprendió los caminos de Dios. Él observó cómo el Señor dividía las aguas del mar Rojo para que la nación de Israel pudiera cruzar por tierra seca. También vio a los enemigos que les perseguían hundirse cuando estiró su mano en fe hacia el mar (Éx. 14.26-28). Escribió Moisés:

Cantaré yo a Jehová,
Porque se ha magnificado grandemente;
Ha echado en el mar al caballo y al jinete.
Jehová es mi fortaleza y mi cántico,
Y ha sido mi salvación.
Este es mi Dios, y lo alabaré. (Éx. 15.1–2)

Él fue testigo del gran poder de Dios en más de una ocasión. Muchas veces, cuando Dios se prepara para enseñarle a usted más de Él, comenzará revelándole uno de sus atributos de una manera asombrosa. En otra ocasión, cuando la nación de Israel llevaba tres días de viaje sin encontrar agua, el pueblo comenzó a frustrarse. Finalmente llegaron a un lugar llamado Mara, que significa "amargo". Este nombre se debía a que las aguas de esa región eran muy amargas.

Y llegaron a Mara, y no pudieron beber las aguas de Mara, porque eran amargas; por eso le pusieron el nombre de Mara. Entonces el pueblo murmuró contra Moisés, y dijo: ¿Qué hemos de beber? Y Moisés clamó a Jehová, y Jehová le mostró un árbol; y lo echó en las aguas, y las aguas se endulzaron. Allí les dio estatutos y ordenanzas, y allí los probó; y dijo:

Si oyeres atentamente la voz de Jehová tu Dios, e hicieres lo recto delante de sus ojos, y dieres oído a sus mandamientos, y guardares todos sus estatutos, ninguna enfermedad de las que envié a los egipcios te enviaré a ti; porque yo soy Jehová tu sanador. (Éx. 15.23-26)

¿Qué estaba haciendo Dios al permitirles viajar sin agua? Estaba reenfocando su atención: de su necesidad personal al único Dios que podía suplir todas sus necesidades. Él dijo: «Yo, el Señor, soy tu sanador» o «Yo soy Dios, el único Dios que puede salvarles y darles provisión». Luego les dio unas cuantas instrucciones: «Si escuchan atentamente la voz del Señor su Dios... No experimentarán las mismas plagas que sufrieron sus enemigos».

A lo largo de todo el Antiguo Testamento, e incluso en el Nuevo Testamento, seguimos viendo a Dios exhortando a su pueblo a volverse del pecado y acercarse a Él, pero ellos no lo hicieron; y gran parte de la gente hoy día no quiere mantener una relación íntima con Él. Van a la iglesia los domingos, y hasta puede que piensen en Él y en algunos de sus preceptos o mandamientos durante la semana, pero su relación es superficial y sufren las consecuencias de no tener una comunión cercana con el Salvador.

Algunas personas se asustan con la idea de conocer a Dios; creen que si se acercan demasiado, puede que Él les pida que dejen algo que no están dispuestos a dar. Rendirse al Señor no significa que nos vaya a quitar todas las cosas buenas de nuestra vida. Dios le pidió a Abraham que ofreciera a su hijo en sacrificio, pero fue una prueba de fe. El Señor le detuvo en el momento en que vio la profundidad de la fe de Abraham y su obediencia. Él siempre honra nuestro deseo de obedecerlo. Él permite que nuestra fe sea probada para que nuestro nivel de amor y compromiso sea revelado.

Otros le niegan su amor a Dios porque le temen, pero de forma equivocada. Es bueno tenerle un respeto reverente, pero no está bien temerlo desde un punto de vista humano. El sentimiento de asombro que Dios nos ordena tener por Él es un temor reverente. Cuando Adán y Eva pecaron, tuvieron miedo. Su trasgresión hizo pedazos su mundo. El extraordinario placer de estar en la presencia de Dios era algo que ellos ya no podrían experimentar, pues el pecado les separó de Él, de su infinito amor, junto con la paz y la seguridad que una vez tuvieron. Hasta cierto punto, nosotros sentimos esa misma sensación de ansiedad cuando le desobedecemos; o deberíamos sentir al menos que algo no está bien, y si no es así, entonces nuestra devoción por Él se ha enfriado. La desobediencia, el pecado y un sentimiento de hacer lo malo deberían bastarnos para hacernos dar un giro y acudir a Dios en oración. Si no lo hacemos, entonces querremos huir de Él, como hicieron Adán y Eva. El deseo de Dios es que entendamos que Él es santo y digno de todo honor y alabanza. Le tememos no porque queremos huir, sino porque queremos honrarlo con nuestras vidas.

Moisés creció en su relación con el Señor; respondió a su llamado pero no conocía los caminos de Dios. Aprenderlos lleva tiempo, y él experimentó épocas de bendición y etapas de fracaso. Los caminos de Dios incluyen no sólo sus milagrosos actos, sino también características de su naturaleza y sus atributos: Él es todopoderoso, amoroso, perdonador y fiel.

Una manera en que usted comienza a experimentar intimidad con el Señor es aprendiendo a desear las mismas cosas que Él desea para usted. Él quiere que usted le ame y entienda sus caminos a fin de que le conozca. Si lo único que conoce de Dios es que es todopoderoso, entonces realmente no conoce mucho de Él. Elegir hacer buenas obras no le hará ser piadoso en lo profundo de su corazón. Puede que eso parezca bueno a primera vista e impresionar a algunas personas, pero a menos que su corazón esté totalmente dedicado a Cristo, no experimentará el gozo que Él quiere que usted tenga. El amor de Dios que obra en su vida produce un cambio eterno. Cuando usted llega al punto en que dice: «Señor, no puedo hacer esto; toma mi vida y cámbiame para que mi corazón sea completamente tuyo. Quiero entregar mis derechos y mi voluntad de hacer las cosas a mi manera. Quiero conocerte, y comprendo que para que eso suceda, debo entregar mi corazón a ti», entonces Él se acerca para tomar su mano; Él le levanta, le prepara para su servicio, y le da un mayor entendimiento de quién es Él y por qué le es tan fiel a usted. Aquello contra lo cual usted luchaba antes —una rendición completa y total a Dios— es ahora precisamente lo que le produce el mayor sentimiento de placer, paz y seguridad.

¡Muéstrame tu gloria!

El Dios del universo desea tener comunión con usted. Él le creó para que le conociera, y ha puesto en lo profundo de su corazón un deseo hacia Él mismo. Cuando Moisés mostró interés en la zarza ardiente, Dios le habló. Cuando María de Betania se sentó a los pies de Jesús, su deseo hacia el Salvador se convirtió en una tremenda hambre, la cual no podía ser satisfecha por nada que el mundo pudiera ofrecer.

> Aconteció que yendo de camino, entró en una aldea; y una mujer llamada Marta le recibió en su casa. Esta tenía una hermana que se llamaba María, la cual, sentándose a los pies de Jesús, oía su palabra. Pero Marta se preocupaba con muchos quehaceres, y acercándose, dijo: Señor, ¿no te da cuidado que mi hermana me deje servir sola? Dile, pues, que me

ayude. Respondiendo Jesús, le dijo: Marta, Marta, afanada y turbada estás con muchas cosas. Pero sólo una cosa es necesaria; y María ha escogido *la buena parte*, la cual no le será quitada. (Lc. 10.38-42 NVI, *énfasis añadido*)

Jesús no quiso desalentar a Marta porque entendía el deseo de ella de preparar una maravillosa comida para los presentes; pero Él quería establecer un punto con respecto a nuestra comunión con Dios. Al igual que muchos de nosotros, Marta estaba tan distraída por sus circunstancias que no podía entender la importancia de *estar* con el Salvador. Su trabajo y su servicio eran muy importantes, pero palidecían en comparación a estar con Dios. Nosotros con frecuencia somos culpables de hacer eso mismo. El Espíritu de Dios se acerca, pero nosotros obstaculizamos su comunión al estar participando en incontables actividades.

Cuando Jesús usó la palabra *mejor*, estaba hablando de la comunión que ella tenía con Él como Mesías. Una importante manera de crecer en intimidad con el Salvador es mediante la lectura y el estudio de su Palabra; otra manera es mediante la oración y la adoración sincera; una tercera manera es sencillamente estar a solas con Él. Puede que estemos en una habitación llena de personas, pero podemos experimentar su presencia porque Él vive en nuestros corazones. Él está siempre con nosotros; nunca estamos solos. Aunque María no era una de los doce discípulos, era una verdadera seguidora de Cristo; y conscientemente escogió sentarse a los pies de Jesús, una posición normalmente reservada para un discípulo. Lo que vale la pena destacar es que Jesús no la desalentó. Mientras su hermana estaba ajetreada preparando la cena, María estaba interesada en una sola cosa: Jesús.

Puede que usted haya orado: «Señor, quiero pasar tiempo contigo, pero parece que nunca es posible, pues hay mucho que hacer. Si tomo tiempo para orar en las mañanas, terminaré atascado en el tráfico y llegaré tarde al trabajo. No puedo levantarme más temprano porque estoy demasiado cansado. Estoy ajetreado todo el día, y cuando me acuesto en la noche me siento exhausto. Caigo en la cama, y lo siguiente que sé es que es hora de levantarme y volver a comenzar la rutina». Lo cierto es que no podemos permitirnos no pasar tiempo a solas con Dios en oración y meditación. Es ahí donde sostenemos la fortaleza y el ánimo para enfrentarnos a los desafíos de la vida. El salmista escribió: «Jehová dará poder a su pueblo; Jehová bendecirá a su pueblo con paz» (Sal. 29.11). Y en el Salmo 55.22 afirmó: «Echa sobre Jehová tu carga, y él te sustentará; no dejará para siempre caído al justo».

Alguien que esté leyendo esto puede preguntar: «¿Está usted siendo orgulloso y arrogante al suponer que puede conocer los caminos de Dios?» No, sólo le estoy diciendo que el Señor nos manda que lo busquemos, que tengamos el deseo de conocerlo a Él y sus caminos. También nos dice que si le buscamos, le hallaremos. El autor de Proverbios escribió: «Yo amo a los que me aman, y me hallan los que temprano me buscan» (Pr. 8.17). Dios nos ama a cada uno de nosotros, y yo creo que quienes lo aman a Él profundamente descubren la profundidad de su amor de maneras que no pueden expresarse humanamente. Piénselo: cada mujer que ama a su esposo quiere que él la conozca íntimamente. Con eso quiero decir que quiere que él sepa cómo piensa ella y por qué piensa de cierta manera. Cuando conocemos a alguien íntimamente, comenzamos a saber lo que a esa persona le gusta, cómo responde, y lo que le encanta acerca de nosotros. Los actos de Dios son una cosa, pero sus caminos son mucho más profundos. Podemos ver sus actos, pero cuando comencemos a entender por qué Él hace ciertas cosas, entonces desarrollaremos una verdadera percepción de Dios.

La Biblia nos dice: «Y hablaba Jehová a Moisés cara a cara, como habla cualquiera a su compañero» (Éx. 33.11). Yo creo que Moisés desarrolló un verdadero entendimiento del amor y la aceptación de Dios. Pasar tiempo con Él en oración nos enseña acerca de su naturaleza y de su cuidado eterno. Luego, cuando llegan los problemas, cuando aumentan los desafíos, o cuando las tristezas son más profundas, instintivamente sabemos acudir a Él para obtener sabiduría y dirección. Un beneficio de la intimidad es la confianza y el compañerismo. Caminamos con Dios y aprendemos que Él solamente quiere lo mejor para nosotros; sin embargo, en el momento en que surge un problema, algunas personas que no tienen una relación personal con el Señor terminan suponiendo que Él está "en contra de ellos" o que Él quiere regañarlas. Eso con frecuencia no es cierto. Dios es Dios. No hay nadie como Él, y Él no tiene por qué acecharnos para afirmar algo u obtener nuestra atención. Puede que Él permita que lleguen problemas como resultado del pecado en nuestras vidas o como una manera de enseñarnos más sobre Él mismo. Si nunca experimentásemos momentos de problemas y dolor, nos perderíamos uno de los aspectos más importantes del amor de Dios: su capacidad de consolarnos cuando más lo necesitamos. Nadie se interesa más por usted que Él.

Moisés entendió que podía pedir dos cosas a Dios: en primer lugar, quería conocer sus caminos; y en segundo lugar, quería tener un entendimiento profundo de ellos a fin de poder vivir en íntima comunión con el Señor. Cuando leo sobre la relación que Moisés tenía con Dios, me llama la atención el hecho de que él creía que el Señor era quien Él decía que era; y vemos que Moisés quería agradarlo. Esta es una parte natural de la comunión con Dios. Si sabemos que podemos causar gozo en la vida de un ser querido al regalarle algo que desea mucho, querremos hacerlo. Y no hay nada que cause más gozo al corazón de Dios que usted exprese su amor únicamente a Él. Usted da porque ha experimentado un nivel de intimidad con Él. La naturaleza misma de Dios nos ruega que nos acerquemos más a Él. Moisés oró: «Muéstrame tu gloria» (Éx. 33.18). Él quería ver a Aquel que lo había llamado y aceptado.

Cuando usted ama a alguien, quiere estar con esa persona. Moisés amaba a Dios, y quería experimentar comunión con Él; no quería llevarse sentimientos como si solamente supiera un par de cosas sobre Él. Quería conocerlo. Deseo, compromiso y amor son requisitos para entender los caminos de Dios. Puede usted comenzar con un pensamiento muy sencillo sobre Dios; sin embargo, cuanto más sepa sobre Él, más se interesará en sus caminos. Su corazón está decidido a tener un encuentro con Él a nivel personal.

A lo largo de los años he visto a personas dudar con respecto a formar una relación profunda con el Señor porque se preguntan lo que Él requerirá de ellas; pero cuando bajaron la guardia e hicieron el compromiso, la presión que antes sentían se quitó, y los sentimientos de convicción y culpabilidad se fueron. Puedo decirle una cosa: nunca he conocido a ninguna persona que dijera: «Me gustaría no haber obedecido nunca al Señor». He oído a personas decir lo contrario, pero normalmente los comentarios van desde: «¿Por qué no hice esto antes?» hasta: «No puedo creer que Él me haya dado esta paz». En verdad, nadie quiere quedarse estancado espiritual, emocional o mentalmente.

Cuando expresamos un verdadero deseo por el Señor, algo en nuestro interior cambia. De repente, sencillamente asistir a la iglesia los domingos no es suficiente; nos satisface, pero no calma nuestra sed por el cuidado y la guía constantes de Dios. Llega un punto en que decimos: «Quiero llegar al interior de Dios. Quiero conocerlo. Sé que Él me conoce, pero quiero entender la profundidad de su conocimiento». El gozo y la satisfacción verdaderos nunca se encuentran sólo en conocer un poco sobre Él; se descubren mediante el aprendizaje de sus caminos, al caminar en amistad y comunión con Él cada día, y al pedirle que haga que sus deseos sean los nuestros. Cuando hay un verdadero deseo de amar a Dios, no nos conformamos con estar en la cocina lavando los platos en un esfuerzo por obtener aprobación o por que nos vean. En cambio, estamos a los pies de Jesús: no pensando en otra cosa sino Él y cómo podemos experimentar su amor y su poder verdaderos de una manera más íntima.

Dios nunca pierde la visión que tiene para usted

En el Salmo 81 Dios habló a la nación de Israel mediante el salmista, quien escribió: «¡Oh, si me hubiera oído mi pueblo, si en mis caminos hubiera andado Israel! En un momento habría yo derribado a sus enemigos, y vuelto mi mano contra sus adversarios» (vv. 13–14). Dios estaba diciendo: «Cuanto más confíen en mí, más cosas haré yo por ustedes». La mayoría de nosotros hemos visto a un pájaro recién nacido en el nido. En el momento en que su madre llega, instintivamente echa su cabeza hacia atrás y abre su boca tanto como puede; quiere obtener todo lo que su madre tenga para él. Dios dice que abra bien su boca; es decir: *Extiende tu fe, confía en mí de manera grande, y mira lo que yo haré en tu vida.* Y me pregunto si Dios está diciendo lo siguiente a alguien que esté leyendo estas palabras: *Ojalá anduvieras en mis caminos. Si solamente supieras lo que yo he planeado para ti… si entendieras que lo mejor te espera… si verdaderamente comprendieras que mis caminos son mejores que tus caminos… si supieras que mis planes y mis propósitos son mucho mayores que cualquier cosa que tú puedas hacer por ti mismo. Yo tengo todos los recursos a mi disposición. Yo conozco los deseos de tu corazón; muchos de ellos te los he dado yo, pero para disfrutarlos, debes andar en mis caminos.*

La nación de Israel tomó la decisión de *no* seguir a Dios, y hay veces en que también nosotros tomamos esa misma decisión. Cuando lo hacemos, sufrimos las consecuencias. Muchas veces Él dará un paso atrás y permitirá que hagamos las cosas a nuestra manera. Una decisión terrible les costó a los israelitas cuarenta años adicionales en el desierto y la muerte de todos los adultos excepto Caleb y Josué (Nm. 13.25-33). El temor paralizó sus corazones e hizo que perdieran una oportunidad divina: entrar en la tierra prometida.

Puede que esté usted atravesando un momento muy difícil. Quizá haya tomado una serie de decisiones que le han alejado cada vez más de la voluntad de Dios; no ha escogido usted andar en sus caminos, y esa podría ser precisamente la razón por la cual está batallando emocional, mental, económica, y hasta físicamente. Hay momentos en que Dios nos permite que elijamos mal porque sabe que estamos decididos a no hacer su voluntad. Él no le obligará a permanecer en un lugar que usted haya elegido abandonar. Es como si el pueblo de Israel dijera: «No vamos a dar ni un paso para entrar en la tierra. No nos importa de quién sea la voluntad. Hay cosas al otro lado de la frontera que pueden conducir a la muerte y la incomodidad, y no hay manera alguna de que lo hagamos». He observado a personas tomar malas decisiones, sabiendo que no había nada más que yo pudiera hacer o decir para hacerles cambiar de idea.

Elegir implica decidir lo que es correcto según el plan de Dios. Él nos ha dado un libre albedrío limitado, y es limitado porque Él es soberano y nosotros no. Podemos elegir, pero finalmente Dios cumplirá su voluntad. Si nos rebelamos contra Él, puede que no nos use para cumplirla, pero Él hará exactamente lo que ha planeado. La razón por la que muchas personas batallan con la depresión, la ansiedad y la falta de gozo es que han dicho no a Dios y se han alejado de su voluntad.

Le pedí a una joven pareja, quienes admitieron que Dios los había llamado al ministerio, que me dijeran cuál era la razón por la cual sentían que estaban en un punto tan bajo en su dedicación al Señor. Ambos estuvieron de acuerdo en que algo tenía que cambiar, y sabían que tenían que estar en la obra del ministerio. Sin embargo, estaban descontentos con la organización cristiana que los había contratado, y su lista de lo que creían que eran violaciones de la empresa contra ellos era larga. Algunos asuntos eran válidos, pero lo que les costaba mucho aceptar era el hecho de que Dios no les había dado la libertad de abandonarla. Él los había situado en cierta posición, pero ellos sintieron que su abandono estaba justificado. Cuando escogemos apartarnos del plan de Dios y comenzar a seguir nuestro propio camino, vamos directamente hacia los problemas. Comentarios como «yo siento...» o «¿y qué de mis derechos?» son señales de desobediencia y rebelión. Cuando buscamos nuestra propia voluntad en lugar de la voluntad de Dios terminamos enfrentándonos a dificultades y desafíos innecesarios; no tenemos un verdadero sentimiento de paz, gozo, contentamiento o seguridad genuina.

Dios siempre ofrece lo mejor. Él dice: «Quiero que andes en mi camino porque es el mejor». Esa joven pareja se resistió a la idea y preguntó: «¿Y qué de todas las cosas turbias que hemos visto suceder?» Yo les expliqué que, a menos que fuera totalmente inmoral y abusivo, seguía siendo el plan de Dios para ellos que se quedaran exactamente donde Él los había puesto. Él es el único que sabe lo que traerá el mañana. Muchas veces estamos justamente delante de una puerta de bendiciones, pero queremos seguir nuestro camino, nuestros deseos y nuestros derechos.

Lo que sucede es lo siguiente: terminamos perdiéndonos lo mejor que Dios tiene.

No se enrede en la telaraña del descontento de Satanás. Llegarán dificultades, pero mientras esté usted enfocado en obedecer a Dios, Él le mostrará cuándo quedarse quieto y cuándo moverse. Israel miró el desafío de conquistar la tierra prometida y dijo: «No hay manera en que podamos hacer esto. Moriremos en la batalla. Abusarán de nosotros. La conquista es demasiado difícil. ¡Tiene que haber otro camino!» Pero hay solamente un camino hacia la bendición, y es el camino de Dios. Él es omnisciente y sabe exactamente lo que necesitamos y cuándo lo necesitamos.

Otra cosa que necesitamos recordar es que Él permite que las dificultades nos enseñen más acerca de sí mismo. Si usted nunca se ha enfrentado a una prueba o un desafío, ¿cómo podrá aprender sobre la fidelidad de Dios? Si sencillamente un buen momento siguiera a otro, ¿sería probada su fe? ¿Cómo reconocería su propio crecimiento espiritual? Y aún más importante, ¿dónde descansaría su dependencia? Estaría situada completamente en su capacidad, talento, dinero, relaciones o cualquier otra cosa. Para que usted conozca los caminos de Dios, debe llegar a un punto en que suelte el agarradero de su vida y sus circunstancias. Eso no significa que deje de ser responsable; significa que usted transfiere su dependencia en usted mismo a Él, que es la única persona que conoce todas las cosas, tiene un fantástico plan para su futuro, y está interesado en una cosa: desarrollar una relación íntima y amorosa con usted. ¿Qué podría ser más satisfactorio que saber que Él está a su lado en cada momento dirigiéndole y guiándole en cada desafío, desengaño y victoria? No hay nada que se compare a eso.

A lo largo de toda mi vida he conocido a muchas personas que eran muy exitosas pero no tenían paz alguna, porque no conocían a Jesucristo como su Salvador. Vacía es la mejor palabra para describir sus vidas; sin embargo, llenan con actividades cada momento en que están despiertos. No saben cómo estar quietos y sencillamente descansar en la paz de Dios. De hecho, la sugerencia de hacer eso causaría mucha ansiedad, porque han empleado la mayor parte de sus vidas huyendo del daño personal, la posibilidad de fracaso y el pecado. Creen falsamente que si conocen más sobre Dios, cosecharán su castigo; pero nada está más lejos de la verdad. El hecho es que cuanto más conoce usted sobre Dios, más paz, gozo y amor tiene. Cuando tiene usted a Jesús, puede estar solo y nunca sentirse solitario porque Él satisface todas sus necesidades. Todo el poder y la fama que este mundo tiene que ofrecer no pueden dar consuelo a su corazón del modo en que Él lo hace.

Conocimiento demasiado maravilloso para expresarlo con palabras

¿Está usted en una encrucijada, preguntándose si puede realmente confiar en Dios? Puede que diga: «¡Puedo confiar en Él!», pero en lo profundo de su interior se pregunta si puede hacerlo. Israel conocía sobre el Señor; ellos le adoraban y fueron testigos de sus poderosas obras, pero cuando se trataba de confiar en Él para algo que no podían ver, sentir, tocar o concebir que sucediera, fallaban en la prueba. La razón para que diga esto es que después de que hubieran pasado cuarenta años en el desierto, Dios los llevó de nuevo al mismo punto y requirió la segunda vez el mismo grado de fe que había requerido la primera. Sin embargo, esa vez ellos entraron en la tierra prometida.

Puede que esté usted al borde de una bendición, pero se siente dividido en cuanto al futuro. Dios lo comprende; Él sabe que llegar a conocerlo mejor a Él es un proceso. Él no nos da conocimiento instantáneo con mucha frecuencia; por el contrario, quiere que pasemos tiempo conociéndolo y aprendiendo sobre sus atributos y características. Por ejemplo, leemos en su Palabra que Él es fiel, pero hasta que no lo experimentemos, no lo sabremos a un nivel personal.

Una manera de aprender más sobre sus caminos es trabajando con Él en los desafíos de la vida. Sus caminos son sorprendentes a veces, y pueden ser difíciles de entender. Sin embargo, siempre son correctos. Isaías escribió:

> Porque mis pensamientos no son vuestros pensamientos, ni vuestros caminos mis caminos, dijo Jehová. Como son más altos los cielos que la tierra, así son mis caminos más altos que vuestros caminos, y mis pensamientos más que vuestros pensamientos. (Is. 55.8-9)

Dios está diciendo que sus caminos están por encima de nuestra capacidad humana de entenderlos por nosotros mismos. Él es quien debe enseñarnos cómo conocerlo mejor. Nuestras mentes humanas no están preparadas para entender la profundidad y la magnitud de su santa naturaleza si Él no nos la enseña. Por eso nos ha dado su Espíritu Santo, quien nos guía a toda verdad, nos enseña sobre el Padre celestial, y nos da sabiduría a fin de que sepamos lo que Dios quiere que hagamos.

En una ocasión, cuando yo estaba en el Oeste siguiendo mi hobby de la fotografía, un hombre hizo que me detuviera y, unos minutos después, intentaba llevarme a una acalorada discusión. Yo comprendí que él me había visto en televisión y quería hablar. Después de unos minutos, me pidió que le explicara mi idea de Dios. Yo sabía que él en realidad no quería oír lo que yo tenía que decir; simplemente quería decirme lo que él creía. Finalmente dijo: «Cuando yo pueda entender a Dios y verlo, entonces confiaré en Él». Yo respondí: «Hay algunas cosas que usted y yo nunca entenderemos por completo hasta que lleguemos al cielo».

No permita que el orgullo y la arrogancia eviten que usted conozca la verdad más preciosa que recibirá nunca. Quiero desafiarle a apartarse de la incredulidad. Abra la Palabra de Dios y pídale a Él que se le revele a usted. Si usted ora: «Señor, muéstrame tu gloria. Enséñame acerca de quién eres tú, y abre mis ojos para que pueda verte», entonces Dios hará eso y mucho más. El hombre que conocí aquel día mientras tomaba fotografías no oró para recibir a Cristo; estaba enojado porque quería que Dios encajara en el molde que él había diseñado y creado en su mente. El Señor nunca hará eso. Sus caminos son sorprendentes, poderosos, rectos y difíciles a veces, pero siempre son firmes, seguros, verdaderos, justos e increíbles.

Capítulo Tres

DIOS CUMPLE SUS PROMESAS

Dios siempre cumple su Palabra. Si Él le ha dado una promesa concreta, puede usted estar seguro de que la cumplirá. Puede que no lo haga según el calendario que usted tiene, pero siempre será conforme a lo que esté alineado con la voluntad que Él tiene para su vida. Muchas personas se desilusionan con Dios a este respecto; comprenden que Él está guiando en cierta dirección y confían en Él, caminan a su lado en fe, y creen que Él va a hacer lo que ha prometido; pero el tiempo pasa y nada cambia. Ellos regresan a su Palabra día tras día y leen de nuevo lo que creen que Él les ha hablado. Aun así, no hay ningún cambio en su situación, y muchas veces sus circunstancias parecen avanzar en la dirección contraria. Es entonces cuando tienen una oportunidad de producir un testimonio de fe o de permitir que sus corazones se tambaleen con pensamientos de derrota.

Abraham, si estuviera aquí, asentiría con comprensión a esas palabras. Él supo lo que era recibir una promesa irrevocable del Señor; también supo lo que era esperar para ver el cumplimiento de esa promesa. Al estar delante de la zarza ardiente, Moisés sintió eso mismo; y los discípulos también supieron lo que era que sus corazones fueran levantados por las palabras de Cristo: «Yo los haré pescadores de hombres», y más adelante ver a su Señor y Salvador morir de una de las formas más crueles de muerte.

Cuando oramos y aceptamos a su Hijo como nuestro Salvador, Dios nos da una nueva esperanza y la promesa eterna: un día estaremos con Él para siempre. Él también ha prometido no dejarnos ni abandonarnos nunca (Jn. 14.18). Pero hay promesas —palabras que se nos han dado en momentos de oración y de estudio de su Palabra— que no son reveladas o cumplidas de inmediato.

Desde la soledad de su prisión, el profeta Jeremías se aferró a un solo hilo de esperanza: que un día Israel sería liberado de su cautividad. Dios dio esa promesa al pueblo. Sin embargo, a pesar de ese pensamiento esperanzador, nada cambió con respecto al destino de Judá. La nación siguió en cautividad, pero el pueblo tenía una promesa con respecto al modo en que Dios obraría en el futuro. Ellos habían recibido luz en cuanto a los caminos de Dios: su modo de pensar y una vislumbre de su plan futuro. Ellos serían liberados, pero su liberación estaba basada en una condición: su obediencia.

Vino palabra de Jehová a Jeremías la segunda vez, estando él aún preso en el patio de la cárcel, diciendo: Así ha dicho Jehová, que hizo la tierra, Jehová que la formó para afirmarla; Jehová es su nombre: Clama a mí, y yo te responderé, y te enseñaré cosas grandes y ocultas que tú no conoces... Y haré volver los cautivos de Judá y los cautivos de Israel, y los restableceré como al principio. Y los limpiaré de toda su maldad con que pecaron contra mí; y perdonaré todos sus pecados con que contra mí pecaron, y con que contra mí se rebelaron. (Jer. 33.1-3, 7-8)

Reconocer la importancia de las promesas de Dios

Dios dio a Judá muchas promesas con respecto a su bendición futura; sin embargo, ellos no comprendieron la importancia de lo que Dios estaba diciendo y, como consecuencia, no pudieron entender por qué sus circunstancias no cambiaban. Jeremías y el remanente del pueblo tuvieron que esperar. También tuvieron que soportar un trato severo a manos de sus enemigos antes de que la promesa comenzara a cumplirse. Dios es fiel. A su tiempo, Él cumplió sus promesas, y hará lo mismo en su vida. Puede preguntarle: «Señor, ¿por qué has permitido que suceda esto en mi vida?» Él puede contestarle o no; sin embargo, una vez que comience usted a entender que la pregunta no es *por qué* sino más bien «¿cómo respondo yo, Señor?», entonces descubrirá lo que muchas personas pasan por alto: el plan de Dios para sus vidas. Tristeza, dolor y sufrimiento pueden ser una parte del proceso espiritual de madurez.

Muchas personas no quieren esperar la liberación; no pueden ver más allá de su inmediata necesidad, dolor o deseo, y preguntar: «¿qué puedo obtener de esta experiencia? ¿Qué quiere Dios que yo aprenda? ¿Qué me está diciendo?» Tampoco imaginan la grandeza de la respuesta de Él a sus oraciones más íntimas. El pueblo de Judá iba a ser liberado de la cautividad, pero el proceso de su liberación no iba a ser agradable. ¿Y no es eso lo que la mayoría de nosotros queremos? Una vida agradable con pocas preocupaciones, sin momentos difíciles, y mucha felicidad. No hay nada de malo en querer eso, y ciertamente Dios quiere suplir a nosotros, pero sus caminos no están basados en lo que a nosotros nos hace felices todo el tiempo; están basados en su justicia, su fidelidad y su amor incondicional por nosotros. Cuando andemos en sus caminos, tendremos cada una de esas cosas y muchas más. Cuando decidimos tomar otra ruta distinta a lo mejor que Él tiene, sufrimos. Pero aún en momentos de oscuridad, Dios siempre oye, siempre responde a nuestras oraciones pidiendo ayuda, y siempre es fiel. Sus promesas están basadas en dos tipos de declaraciones: absoluta y condicional.

Las *declaraciones absolutas* son afirmaciones que Él expresa con respecto a lo que hará; son cosas que Él va a hacer y que están absoluta y totalmente separadas de cualquier cosa que usted pueda o no hacer. Cuando Dios dice: «Yo haré», entonces es como si ya estuviera hecho. Las circunstancias no son ningún problema; Dios hará lo que ha decidido hacer. Tener una fe firme en la capacidad que Él tiene es crucial. Habrá cosas que sucedan que usted no entienda. Usted no puede conocer todo lo que Dios conoce, pero puede aprender sus caminos y descansar en el hecho de que Él es soberano: sobre todas las cosas, quien tiene todo el control, y que no es movido ni cambiado por las pruebas y las tristezas de la vida. Él conoce lo que traerá el futuro y lo que usted necesita hacer para afrontarlo en victoria. La preocupación se desvanece cuando su corazón está fijo en Él. Los sentimientos de ansiedad desaparecen cuando usted comprende que Alguien le ama con un amor infinito. Puede que no entienda cómo puede ser cierto eso, pero en lo profundo de su espíritu usted sabe que Dios está obrando y que no permitirá que usted se tambalee o caiga cuando su corazón está verdaderamente decidido a agradarlo a Él.

Las *declaraciones condicionales* indican cómo actuará Él si somos obedientes. Moisés escribió: «Acontecerá que si oyeres *atentamente* la voz de Jehová tu Dios, para guardar y poner por obra todos sus mandamientos que yo te prescribo hoy, también Jehová tu Dios te exaltará sobre todas las naciones de la tierra. Y vendrán sobre ti todas estas bendiciones, y te alcanzarán, si oyeres la voz de Jehová tu Dios» (Dt. 28.1-2, *énfasis añadido*). La palabra clave en estos versículos es *atentamente*. Dios quiere que lo busquemos con diligencia, pero muchas veces acudimos a Él solamente cuando necesitamos algo. Por el contrario, debemos buscarlo con sinceridad de corazón y de mente, queriendo conocerlo porque nos creó y porque nos ha dado vida. Israel no pudo llegar a establecer esta conexión mental, y muchas personas de hoy en día tampoco pueden. Estamos muy ocupados o terminamos sintiendo que nuestros problemas y circunstancias son más importantes que hacer lo que Dios nos ha mandado que hagamos. Pero Él deliberadamente mandó al pueblo que obedeciera al Señor atentamente, y si ellos lo hacían, entonces recibirían su bendición. Él le estaba dando al pueblo una declaración condicional. Hay algunas cosas que Dios hará a pesar de lo que nosotros hagamos. Y también hay cosas que Él hará solamente si nosotros actuamos de acuerdo a sus caminos y sus principios.

Un principio similar es este: cosechamos lo que sembramos, más de lo que sembramos, después de sembrarlo. Pero eso no evita que algunos desobedezcan a Dios; no creen que sus decisiones tengan consecuencias simplemente porque, por el momento, están experimentando un sentimiento de felicidad. Creen que de alguna manera escaparán de las consecuencias de su pecado o que éstas les pasarán por alto y, por tanto, continúan cometiendo todo tipo de maldades, alejándose cada vez más de Dios al ceder a la maldad, la desobediencia y las cosas viles que los destruyen por completo. Con cada paso que dan, se dicen a sí mismos: «No va a sucederme nada. No me agarrarán». Lo fundamental es esto: ellos no creen la sencilla verdad de la Palabra de Dios. No lo toman a Él en serio.

Cuando usted y yo tomemos a Dios seriamente, creeremos que Él hará lo que dice que hará. Cuando Él dice: «Yo haré», entonces lo hará sin excepción. Cuando Él dice: «Te bendeciré si me obedeces», entonces hará lo que dice. Cuando Él le indica, o usted siente una seria inquietud en su espíritu y sabe que lo que está a punto de hacer no está de acuerdo a la voluntad de Él para su vida, entonces puede esperar experimentar su juicio. La nación de Israel no aprovechó la oportunidad ni entró en la tierra prometida la primera vez que Dios los guió hasta un punto en que ellos podían reclamar la promesa de Él como suya propia. Sin embargo, la segunda vez que llegaron a la tierra, entraron sin ninguna discusión ni duda (Jos. 3.1-4).

Dios es nuestro increíble Dios de amor, bendición, gozo y paz. Uno de sus mayores gozos es darnos los deseos de nuestro corazón. Pero cuando Él dice: «No harás», significa *no lo hagas si quieres experimentar mi amor, mi protección y mis bendiciones.* Sé que muchas personas se sientan en la iglesia semana tras semana escuchando sermones y oyendo la verdad de Él solamente para salir del santuario y seguir desobedeciéndolo. En su desobediencia, ellos están diciendo: «Realmente no creo que Él me castigará. Él es el Dios de amor, bondad y misericordia; Él no nos hace cosas malas». Lo cierto es que, si le desobedecemos, Él permitirá que experimentemos las consecuencias que acompañan a nuestra desobediencia.

El amargo dolor del pecado

Las personas que ceden a la tentación puede que digan: «No estoy haciendo daño a nadie», pero eso no es cierto. El pecado tiene un efecto en cadena que llega a tocar las vidas de nuestros seres queridos. Dios es fiel para advertirnos que no sigamos un curso de acción pecaminoso. Si nosotros persistimos, Él permitirá que sigamos y hasta se hará a un lado porque conoce la determinación de nuestra voluntad. Él no quiere que cedamos al pecado, pero nos ha dado un libre albedrío limitado. Eso quiere decir que, aunque Él es soberano sobre todas las cosas, nos creó con la capacidad de decidir entre el bien y el mal. Podemos escoger desobedecer a Dios o hacer lo contrario a lo que sabemos que es correcto.

También podemos permitir que nuestros sentimientos lleguen a ser tan dominantes que ya no seamos capaces de sentir la guía de Dios mediante el Espíritu Santo. Yo animo a las personas a que oren y pidan a Dios que les dé un pasaje bíblico al que aferrarse cuando su fe se vea desafiada en lugar de responder y reaccionar de inmediato a la situación. Si Dios le dice: «adelante», que pueda usted recordarle la promesa que recibió de Él para afrontar las pruebas y para saber si habrá hecho la elección correcta. No se limite a abrir la Biblia y reclamar la primera promesa que vea, porque eso podría ser totalmente incorrecto.

Tome tiempo para orar y poner el asunto delante del Señor. Él conoce su corazón, y comprende la profundidad de sus sentimientos. Cuando usted aprende sus caminos, hacer esto no parece muy difícil. En lugar de desear haber tenido una respuesta rápida, comenzará a esperar con ilusión el tiempo que pasa en oración buscando la sabiduría y la guía de Él. La oración no cambia nuestras circunstancias automáticamente. Dios es motivado por nuestras palabras, pero no se ve obligado a actuar. Por el contrario, la oración —el tiempo que se pasa en su presencia— nos cambia a nosotros.

Moisés salió de la experiencia de la zarza ardiente con una perspectiva totalmente diferente de Dios. Él había oído de Dios, pero después de haber estado en su presencia, Moisés nunca fue el mismo, ni vio la vida del mismo modo. Después, cuando Dios liberó a la nación de Israel de los egipcios, él ya no veía los obstáculos como cosas imposibles. ¿Cometió Moisés errores en el futuro? Sí. Y usted también lo hará. Pero Dios quiere que usted aprenda de sus errores.

El objetivo de Dios al enseñarle acerca de sus caminos es acercarlo más a sí mismo. Él sabe que habrá momentos en que usted fallará; sin embargo, quiere moldear su vida a fin de que su carácter refleje la influencia piadosa de Él. Cada vez que usted lee su Palabra u ora, hay un tremendo potencial para que se produzca crecimiento espiritual. Dios no puede mentir. Él nos dice que si clamamos a Él, nos responderá, «y te enseñaré cosas grandes y ocultas que tú no conoces» (Jer. 33.3). Podemos reclamar esta promesa que también refleja la naturaleza de Dios: Él desea revelarse a sí mismo a nosotros. No podemos conocer sus caminos, pero debemos buscarlo a Él. Él nos dice que cuando lo hagamos, lo encontraremos (2 Cr. 15.4).

Algo no negociable: las consecuencias del pecado

El Señor les hizo una clara advertencia a Adán y Eva ; les dijo: «del árbol de la ciencia del bien y del mal no comerás; porque el día que de él comieres, ciertamente morirás» (Gn. 2.17). Observemos que Él no dijo: «Si hacen esto, entonces sucederá esto otro». Él sabía lo que iba a suceder, y ya estaba poniendo el fundamento para la redención de ellos. El hecho de que Él caminara por el huerto del Edén como si buscara a quienes había creado era realmente para nuestro beneficio. Adán y Eva oyeron su llamada. Ellos desobedecieron un plan de Dios muy sencillo, y Él estaba a punto de revelar la fuente del problema, el pecado. Fue un final triste para un comienzo prometedor.

Separación de Dios

Hubo un sentimiento inmediato de separación de la comunión con Él. En el momento en que Adán oyó la voz de Dios llamándolo, comprendió que algo iba mal, así que se ocultó. La comunión rota es una de las cosas más difíciles que podemos experimentar, en especial cuando la persona a quien hemos conocido como amigo es muy querida. Por eso la separación de Él es tan devastadora. Él nos creó para que le conozcamos y le amemos; nos formó para que tuviéramos comunión con Él mismo y con otras personas. Pero si permitimos que el pecado entre en nuestras vidas, entonces nuestra comunión con el amoroso Dios del universo se ve rota, y lo sabemos. En lo profundo de nuestros corazones y nuestras almas nos duele cuando no podemos orar o hablar con Él sin pensar en nuestro pecado. La verdad aún más triste es que, con el tiempo, en realidad podemos volvernos insensibles o endurecidos con respecto al pecado y nunca notar o considerar lo que nos estamos perdiendo al negarnos su amistad.

Adán nunca había estado separado de Dios. Cuando desobedeció a Dios su vida se vio presa por un mal presentimiento de separación que siguió creciendo dentro de su corazón y su mente. Pero Dios, en su misericordia y gracia, no lo abandonó. Podemos experimentar una comunión continua con Dios por medio de Jesucristo, su Hijo. No tenemos por qué vivir en un estado de separación. Cuando cedemos al pecado y al sentimiento de separación que llega mediante la desobediencia, podemos buscar el perdón de Dios y saber que Él nos restaurará.

Sentimiento de vergüenza

Un sentimiento de vergüenza llenó los corazones de Adán y Eva. Ellos no entendieron de inmediato la culpabilidad y la convicción de pecado; se ocultaron de Dios porque sus conciencias revelaban que algo iba mal. Quizá ni siquiera sabían lo que estaban sintiendo. Lo único que sabían era que, cuando oyeron la voz de Dios, quisieron ocultarse.

Piense en cuántas personas se ocultan hoy día debido al pecado que hay en sus vidas. Algunos han crecido en hogares cristianos y saben lo que está bien y lo que está mal, pero han escogido desobedecer la ley de Dios y están sufriendo debido a sus decisiones. Los psicólogos —cristianos y seculares— saben cuál es el efecto de la culpabilidad en nuestras vidas. En el momento en que violamos nuestra brújula moral, suena una alarma en nuestro interior. Si no prestamos atención a la advertencia y seguimos adelante —en contra de lo que sabemos que es correcto—, sentiremos un estrés emocional cada vez mayor, el cual puede conducir a otros problemas, algunos de los cuales son muy graves.

Pensemos en todas las personas a las que Jesús amó y aceptó. Él nunca rechazó a nadie. Cuando acudimos a Él, Él nos acepta. Él tiene conocimiento perfecto. Él sabía lo que Adán y Eva habían hecho, pero tenía un plan para el resto de sus vidas. Su voluntad no se vio alterada. La necesidad que ellos tenían de perdón se convirtió en un catalizador para la salvación de la humanidad. El plan eterno de Dios comenzó a desarrollarse en ese punto, y no tenemos que tener temor de acudir a Él buscando su perdón y su restauración. Su misericordia y su gracia —dadas gratuitamente— disuelven las más profundas sombras del pecado.

Orgullo

El orgullo fue sacado a la luz. La tentación de Satanás incluía un anzuelo muy malvado; les dijo a Adán y Eva que si comían del árbol, no morirían sino que, de hecho, serían semejantes a Dios. ¿Cuántas veces ha oído usted la voz del orgullo susurrar: «Haz esto y otros lo notarán. Serás reconocido por tu potencial; después de todo, nadie parece estar apreciándolo ahora. Pero si sigues adelante, captas cierto interés, y haces que otros parezcan un poco ineptos, obtendrás la atención del jefe y serás ampliamente recompensado por tus esfuerzos?» Pero eso nunca sucede.

Las mentiras de Satanás están llenas de ideas vanas. Siempre que hay un impulso para pasar por encima de los mandatos de Dios, podemos estar seguros de que aparecerán problemas, porque siempre cosechamos lo que sembramos, más de lo que sembramos, después de sembrarlo. Aunque el amor de Dios por Adán no disminuyó, eso no detuvo ni previno las consecuencias del pecado en su vida. Él desobedeció y tuvo que enfrentarse a lo que había hecho. Se reveló su orgullo. Dios sacó a la luz la oscuridad de su obra. El orgullo es precisamente aquello con que batallan la mayoría de creyentes en la vida. Aunque amamos al Señor, el enemigo nunca se cansa de proponernos que desobedezcamos al Señor; por tanto, necesitamos pedirle a Dios que nos haga sensibles a las estratagemas de Satanás, o si no seguiremos afrontando una derrota espiritual tras otra.

Muerte

Finalmente hubo muerte. Hay una muerte espiritual y una muerte física. La primera de ellas fue la que Adán experimentó inmediatamente después de su acto de desobediencia. Hasta el momento en que sucumbió a la tentación, él estaba eternamente vivo en Dios. Espiritual, emocional y mentalmente él estaba sintonizado con el Señor. Físicamente no estaba sujeto a la enfermedad, el hambre ni ninguno de los problemas físicos que nosotros afrontamos en la actualidad. Todas sus necesidades estaban perfectamente satisfechas. Entonces, ¿por qué pecó? Cuando Dios creó al hombre, le dio un libre albedrío limitado. Es decir, Él nos ha dado la capacidad de escoger el bien o el mal. Él es soberano sobre todas las cosas, pero también quiere que nosotros tengamos la elección de amarlo, honrarlo, adorarlo y obedecerlo. ¿Qué bien puede obtenerse si Él nos obliga a amarlo? Dios no es honrado por la obligación; es honrado por nuestro deseo de obedecer simplemente porque sabemos que su camino es el mejor, y porque también entendemos que Él nos ama.

La muerte es el castigo por el pecado —y esta no es una parte del plan de Dios para la humanidad—, pero ciertamente podemos escoger negarlo a Él y enfrentarnos a ese final de la vida. Sin embargo, para quienes aceptan a Cristo como Salvador y Señor, la vida no termina cuando llega la muerte física. Dios envió a su Hijo, el Señor Jesucristo, a la tierra para vencer precisamente eso. Por medio de la fe en Él, se nos da vida eterna. Aunque Él fue crucificado, resucitó de la muerte y está vivo hoy en nosotros mediante el poder y la presencia del Espíritu Santo. Cuando le desobedecemos, entristecemos su corazón. Pablo nos advirtió que no hagamos eso: «Y no contristéis al Espíritu Santo de Dios, con el cual fuisteis sellados para el día de la redención» (Ef. 4.30).

Puede que usted pregunte: «Si Adán y Eva —creados por Dios y escogidos para vivir en un ambiente perfecto— eligieron deliberadamente desobedecerlo, ¿siguen en marcha las consecuencias de su pecado?» La respuesta es sí. Por ahora, vivimos en un mundo caído. Separación, vergüenza, sufrimiento y muerte son las consecuencias del pecado de la primera pareja. Dios no ha cambiado su ley; pero es aquí donde los caminos de Dios no son los nuestros. Él ha hecho provisión para nuestro pecado, no para que podamos seguir viviendo en desobediencia, sino para que podamos experimentar su perdón y restauración. La vida en esta tierra nunca será perfecta del modo en que lo fue al principio, pero podemos tener al amor perfecto viviendo en nuestro interior por medio de la fe en Cristo. También podemos estar seguros de que, un día, caminaremos con Él en perfecta paz, amor, gozo y contentamiento cuando estemos con Él en el cielo. Sin embargo, aun ahora podemos disfrutar de ello al acercarnos a Él, aprender sus caminos y descansar en su presencia.

Cumplir una promesa

¿Qué hace usted cuando sabe que Dios ha hecho una promesa, pero cualquier señal de su cumplimiento no parece estar más cerca que cuando Él se la dio por primera vez hace meses o hasta años? Noé es un ejemplo extremo de tener fe en las promesas de Dios. Leemos en el libro de Génesis:

> Vio Jehová que la maldad de los hombres era mucha en la tierra, y que todo designio de los pensamientos del corazón de ellos era de continuo solamente el mal. Y se arrepintió Jehová de haber hecho hombre en la tierra, y le dolió en su corazón. Y dijo Jehová: Raeré de sobre la faz de la tierra a los hombres que he creado, desde el hombre hasta la bestia, y hasta el reptil y las aves del cielo; pues me arrepiento de haberlos hecho. Pero Noé halló gracia ante los ojos de Jehová...
>
> Dijo, pues, Dios a Noé: He decidido el fin de todo ser, porque la tierra está llena de violencia a causa de ellos; y he aquí que yo los destruiré con la tierra. Hazte un arca de madera de gofer; harás aposentos en el arca, y la calafatearás con brea por dentro y por fuera... Y he aquí que yo traigo un diluvio de aguas sobre la tierra, para destruir toda carne en que haya espíritu de vida debajo del cielo; todo lo que hay en la tierra morirá. Mas estableceré mi pacto contigo, y entrarás en el arca tú, tus hijos, tu mujer, y las mujeres de tus hijos contigo. (6.5-8, 13-14, 17-18)

El arca no se construyó en una semana ni varios meses; se necesitó una cantidad tremenda de tiempo y de esfuerzo para construir la estructura flotante. Cada golpe del hacha de Noé cuando cortaba y encajaba las placas de madera de gofer de la embarcación era un trabajo práctico de fe. Cada palada de brea caliente que se aplicaba al arca se hacía porque el Señor le había mandado que lo hiciera; él también comprendió que cuando se terminó de construir el arca, el trabajo recién comenzaba. A continuación tenía que llenarse de animales y almacenar provisiones adecuadas para la supervivencia de todos y de todo.

Al cumplir su misión, Noé nunca vaciló ni le pidió a Dios que le diera una señal de que estaba haciendo lo correcto. Él lo sabía. No había pasado por alto lo que el Señor estaba diciendo. La única decisión que había que tomar era una decisión de obediencia, y Noé nunca pensó en otra cosa sino en la obediencia. Algunos eruditos calculan que el arca tenía al menos seis pisos de altura y era tan larga como dos campos de fútbol. Era una embarcación con la base recta y se construyó sin siquiera pensar cómo avanzaría en medio de grandes olas o sería dirigida. Pero Noé no se preocupó; Dios era el Capitán. Era un arca: una barcaza flotante que fue mecida en el providencial cuidado de Él.

A pesar de lo que otros dijeran o pensaran de él, Noé se mantuvo en el curso que se había trazado para él. Mientras la construcción continuaba por años, Satanás utilizó el prolongado proceso para tejer su engañosa red, tentando al siervo de Dios a desanimarse y a detener el proceso de construcción; pero Noé nunca lo hizo. En más de una ocasión, probablemente tuviera que recordarse a sí mismo las palabras del Señor, y en particular su promesa. Llegaría el diluvio. Sería una realidad, y su familia sobreviviría.

La Biblia dice: «E hizo Noé conforme a todo lo que le mandó Jehová» (Gn. 7.5). Los caminos de Dios son fieles, y nunca fallan. Aun así, muchas veces no respondemos según su promesa de provisión. Sin embargo, Noé sí lo hizo. El salmista afirmó: «Tu reino es un reino eterno; tu dominio permanece por todas las edades. Fiel es el Señor a su palabra y bondadoso en todas sus obras» (Sal. 145.13 NVI).

Tal como Dios había prometido, comenzó a caer una tremenda cantidad de lluvia durante cuarenta días y cuarenta noches. Finalmente dejó de llover, pero Noé y su familia tuvieron que esperar aún más tiempo antes de experimentar la plenitud de la promesa de Dios. El agua no se retiró durante meses; por tanto, día tras día el arca flotaba sin tener a la vista ni siquiera un rastro de tierra:

Y reposó el arca en el mes séptimo, a los diecisiete días del mes, sobre los montes de Ararat. Y las aguas fueron decreciendo hasta el mes décimo; en el décimo, al primero del mes, se descubrieron las cimas de los montes. Sucedió que al cabo de cuarenta días abrió Noé la ventana del arca que había hecho, y envió un cuervo, el cual salió, y estuvo yendo y volviendo hasta que las aguas se secaron sobre la tierra. Envió también de sí una paloma, para ver si las aguas se habían retirado de sobre la faz de la tierra. Y no halló la paloma donde sentar la planta de su pie, y volvió a él al arca, porque las aguas estaban aún sobre la faz de toda la tierra. Entonces él extendió su mano, y tomándola, la hizo entrar consigo en el arca. Esperó aún otros siete días, y volvió a enviar la paloma fuera del arca. Y la paloma volvió a él a la hora de la tarde; y he aquí que traía una hoja de olivo en el pico; y entendió Noé que las aguas se habían retirado de sobre la tierra. Y esperó aún otros siete días, y envió la paloma, la cual no volvió ya más a él. (Gn. 8.4-12)

Si está usted esperando que la promesa que Dios le ha hecho se cumpla, no se dé por vencido. Al comienzo de este capítulo en Génesis, leemos: «Y se acordó Dios de Noé, y de todos los animales, y de todas las bestias que estaban con él en el arca; e hizo pasar Dios un viento sobre la tierra, y disminuyeron las aguas» (v. 1). «Y se acordó Dios de Noé», y Él no le olvidará a usted. Sus caminos son fieles, sus promesas seguras, y aunque pueda usted encontrarse esperando durante un periodo indefinido de tiempo, siga haciéndolo porque, cuando llegue la respuesta, habrá valido la pena. Forzar, manipular las circunstancias y calcular lo que usted puede hacer a continuación a fin de hacer que Dios responda a sus incansables peticiones es perder el tiempo. Noé utilizó una sabiduría extrema mientras esperó a lo largo de los años. Observemos que él:

No acosó a Dios por una explicación. Él nunca preguntó *por qué*. Noé sencillamente obedeció a Dios, y eso dice mucho de su carácter y su fe en Él: «Y lo hizo así Noé; hizo conforme a todo lo que Dios le mandó» (Gn. 6.22).

No argumentó con Dios sobre si debería hacer el trabajo o no. Noé sabía que no estaba a la altura de la tarea; él no era el jefe de una exitosa empresa de construcción; no había buenos equipos de trabajadores esperando para hacerse cargo y completar la construcción si él no era capaz. Podemos imaginar que, mes tras mes, a medida que progresaba el proceso de construcción, igualmente lo hacían los comentarios de sus familiares y amigos. Nadie estaba dispuesto a ayudar, y él no les pidió que lo hicieran. Sencillamente siguió haciendo lo que se le había encomendado porque sabía lo que Dios había dicho que haría; y él le creyó a Dios.

No se desanimó, aunque el proceso le tomó años. Es evidente que Noé entendía algo sobre los caminos de Dios, y es lo siguiente: Él hará exactamente lo que ha dicho. Aunque Noé no era perfecto ni estaba sin pecado, encontró favor ante los ojos de Dios; quizá porque estaba dispuesto a confiar al gran YO SOY su propia vida y las vidas de sus seres queridos. Toda su vida estaba dedicada a una sola cosa: obediencia a Dios.

Aprender a confiar a un nivel más profundo

Hace años, me levanté un domingo en la mañana y me preparaba para ir a la iglesia cuando me vi abrumado por un problema que estaba afrontando, y era mucho mayor de lo que yo mismo podía manejar. Hasta ese momento, yo había orado y sentía que el Señor decía: *Simplemente confía en mí*, pero el impacto que estaba causando en mi vida era tremendo. Yo no podía escapar, y no sabía cómo saldría de aquello. Entré en mi dormitorio, me arrodillé al lado de mi cama y oré y comencé a clamar a Dios: «¿Por qué no hay progreso en esto?», me oí decir a mí mismo. Al igual que todos nosotros hacemos a veces, yo me había vuelto impaciente. Recuerdo estar arrodillado y batallar, y llorar un poco. Usted sabe cómo Dios le habla, y yo sé cómo me habla a mí. Él no podría haber dejado eso más claro.

De repente, sentí que Él me susurraba: *Puedes confiar en el perfecto amor.* Cuando Él dijo eso, mi peso se quitó de inmediato; mi frustración y mi ansiedad desaparecieron. Me levanté, terminé de vestirme, y seguí preparándome para ese día. Desde entonces, mi entendimiento del amor de Dios y de sus caminos en tiempos de espera dio un tremendo paso hacia delante. Comprendí que Dios, que me ama infinitamente, me estaba diciendo: «Mi amor por ti es digno de confianza en cualquier situación en que te encuentres en la vida». Puede que yo no entienda por qué Él permite que sucedan algunas cosas, pero puedo confiar en Él. No hay ninguna otra conclusión. Moisés estuvo en su presencia y salió convencido de que Dios era exactamente quien Él decía que era; él no sabía cómo sería usado para guiar a Israel hasta el umbral de la tierra prometida, sencillamente sabía que tenía que hacer lo que se le había dicho que hiciera. Ese fue el resultado de la conversación. Nosotros necesitamos obedecer a Dios en base a quién es el que habla. El perfecto amor es digno de confianza, y ese es el único tipo de amor que Dios conoce.

Alguien que esté leyendo esto podría pensar: *Dios nunca me ha hablado a mí. ¿Cómo puedo conocer sus caminos cuando ni siquiera puedo oír su voz?* Quiero que entienda que Él le ha hablado. Si es usted creyente, Él le habló cuando le dio convicción de su pecado y le mostró que necesitaba ser salvo. Cuando usted se vio tentado a dudar de su salvación o del amor de Él por usted, pero leyó en su Palabra acerca de cómo Él le ama con un amor eterno y cómo murió en la cruz por sus pecados, estaba oyendo la voz de Dios. Él nos habla mediante su Palabra, mediante la presencia del Espíritu Santo que vive en el interior de cada creyente, y mediante hombres y mujeres piadosos. La única vez en que deberíamos sentir que Dios está en silencio de modo distante es cuando hemos pecado contra Él deliberadamente. Puede que no oigamos su voz en todo momento en que estamos despiertos. Él habla a nuestros corazones cuando necesitamos oír lo que Él tiene que decir. Pero debería haber una calidez ardiendo en nuestro interior que nos recuerde el íntimo cuidado que Él tiene.

Puede que usted se pregunte si Él está al tanto de sus necesidades. Le aseguro que lo está. No puede permitir que sus sentimientos gobiernen el modo en que usted ve los caminos de Dios y su bondad. Hubo un punto en el que Sara dudó que iba a tener un hijo. Dios le había dado a su esposo, Abraham, una promesa, pero a medida que pasaba el tiempo, ella no veía cómo podría cumplirse. Dios es especialista en milagros. Cuando parecía que no había manera en que Él hiciera lo que había prometido, el Señor se apareció a Abraham y le recordó que Él no había olvidado lo que dijo:

Después le apareció Jehová en el encinar de Mamre, estando él sentado a la puerta de su tienda en el calor del día. Y alzó sus ojos y miró, y he aquí tres varones que estaban junto a él; y cuando los vio, salió corriendo de la puerta de su tienda a recibirlos, y se postró en tierra, y dijo: Señor, si ahora he hallado gracia en tus ojos, te ruego que no pases de tu siervo... Entonces Abraham fue de prisa a la tienda a Sara, y le dijo: Toma pronto tres medidas de flor de harina, y amasa y haz panes cocidos debajo del rescoldo... Tomó también mantequilla y leche, y el becerro que había preparado, y lo puso delante de ellos; y él se estuvo con ellos debajo del árbol, y comieron. Y le dijeron: ¿Dónde está Sara tu mujer? Y él respondió: Aquí en la tienda. Entonces dijo: De cierto volveré a ti; y según el tiempo de la vida, he aquí que Sara tu mujer tendrá un hijo. Y Sara escuchaba a la puerta de la tienda, que estaba detrás de él. Y Abraham y Sara eran viejos, de edad avanzada; y a Sara le había cesado ya la costumbre de las mujeres. Se rió, pues, Sara entre sí, diciendo: ¿Después que he envejecido tendré deleite, siendo también mi señor ya viejo? Entonces Jehová dijo a Abraham: ¿Por qué se ha reído Sara diciendo: ¿Será cierto que he de dar a luz siendo ya vieja? ¿Hay para Dios alguna cosa difícil? Al tiempo señalado volveré a ti, y según el tiempo de la vida, Sara tendrá un hijo. Entonces Sara negó, diciendo: No me reí; porque tuvo miedo. Y él dijo: No es así, sino que te has reído. (Gn. 18.1-3, 6, 8-15)

Dicho con sencillez: Sara no creyó que Dios cumpliría su promesa. Pero Él siempre lo hace. Si Él le dice que hará algo o si usted siente sinceramente que Él tiene un plan que implica alguna parte de su futuro, necesita estar atento, confiar y ser paciente a medida que espera que se cumpla. Sara no lo hizo; convenció a Abraham para que tuviera un hijo con su sirvienta, y el Medio Oriente aún sigue convulsionado hoy día como resultado de su infiel decisión. Ismael es el padre del Islam.

Observemos lo que Dios hizo cuando Sara decidió tomar el asunto en sus propias manos. Él no evitó que ella hiciera lo que estaba decidida a hacer, y aun así, Él demostró ser fiel. Él cumplió su promesa según su tiempo y no según lo que Sara sentía que era mejor. ¿Se ha adelantado usted alguna vez a Dios y deseó no haberlo hecho nunca? La mayoría de nosotros lo hemos hecho. También sabemos muy bien lo que se siente al lamentar lo que hemos hecho. Cuando no tenemos todos los datos, necesitamos esperar a que Dios nos muestre el siguiente paso. A pesar de lo difícil que esto pueda parecer, es mejor esperar en fe que avanzar y terminar tomando una mala decisión para luego lamentar lo que haya sucedido.

¡Quiero oír tu voz!

Sara no pudo deshacer lo que había hecho; tuvo que vivir con las consecuencias, pero eso no hizo que Dios retirara su bendición. Cuando pase usted por un valle emocional, recuerde que Dios nunca cambia. Él ha declarado su amor incondicional por usted, y aun cuando sienta que ha cometido un tremendo error, Dios le sigue amando y Él nunca le abandonará ni le dará la espalda. Lo que sí rechazará es su pecado. Usted puede escoger alejarse de Él, pero Él nunca se alejará de usted. Si no está oyendo la voz de Dios, pídale que le muestre si se ha apartado usted de Él; también ore para que Él le aclare si está usted creyendo las mentiras del enemigo: palabras que le dicen que usted ha decepcionado al Señor y que no hay manera en que Él se tome tiempo para hablar con usted. A fin de oír a Dios, usted debe creer algunas verdades básicas.

Él le ama

El principal versículo con respecto al amor de Dios por usted es uno que sabe usted de memoria: «Porque de tal manera amó Dios al mundo, que ha dado a su Hijo unigénito, para que todo aquel que en él cree, no se pierda, mas tenga vida eterna» (Jn. 3.16). El Señor tomó una decisión consciente de venir a la tierra para demostrar su amor por usted al vivir e identificarse con cada una de sus necesidades. Pero su amor no se detuvo ahí. Él murió por sus pecados; Él hizo lo que usted no podía hacer por sí mismo. Él se convirtió en la expiación por toda trasgresión

—pasada, presente y futura— que usted cometerá. No hay amor mayor que este: el amor que Dios tiene por usted.

Él disfruta estar con usted

La Biblia nos dice que Dios se goza con nosotros: «Y como el gozo del esposo con la esposa, así se gozará contigo el Dios tuyo» (Is. 62.5). Aunque este versículo se refiere a Israel, demuestra la naturaleza y el carácter de nuestro amoroso Dios, quien halla deleite en aquellos que le aman y le honran.

Él tiene un plan para su vida

A pesar de lo joven o mayor que usted sea, o de cuántos errores haya cometido, no hay casos sin esperanza ante los ojos de Dios. Cuando Él mira su vida, solamente ve el potencial. Puede que usted pregunte: «¿Pero no mantiene Él un registro de todo lo que he hecho mal?» Él no tiene que hacerlo; Él es Dios, y es omnisciente; Él sabe todo lo que usted hará en el futuro. El pasado está detrás de usted, pero el futuro está por delante. Usted puede en este momento tomar la decisión de vivir el resto de su vida haciendo lo que Dios le diga y disfrutando de sus bendiciones. O puede resistirse a Él, perseguir sus propios sueños, y es más que probable que no llegue a su potencial.

Moisés cometió un horrendo crimen: mató a otro hombre. Pero después de haber sufrido las consecuencias de sus imprudentes actos, Dios comenzó a obrar en su vida, moldeándolo y preparándolo para un futuro servicio. Si usted le preguntara a Moisés: «¿Pensó usted alguna vez que Dios podría usarlo después de haberse adelantado a Él y haber actuado con tan poca sabiduría?», él probablemente le diría que no. En tales situaciones, Dios retira el velo de nuestra humanidad a fin de que podamos comprender la profundidad de su inagotable amor y compromiso.

Moisés siguió siendo el hombre que Dios quería para sacar a su pueblo de Egipto. Y lo mismo es cierto cuando se trata de usted y de su futuro. El plan general de Él no ha cambiado. El pecado puede alterar el modo en que Él cumpla su plan para su vida, pero Él nunca abandonará la obra de sus manos (Sal. 138.8).

Conocer los caminos de Dios nos prepara para el futuro

Pensamos erróneamente: *Si solamente pudiera ganar más dinero, todo sería mejor*, pero nunca lo estará porque Dios quiere que nos enfoquemos en él y no en nuestros ingresos. Él conoce la dirección que necesitamos tomar para lograr los objetivos que Él ha establecido para nosotros. Muchas cosas que hacemos cada día encajan dentro de su voluntad; pero cuando nuestro deseo y motivación están puestos en obtener cosas de modo egoísta a fin de poder decir que tenemos más, no estamos viviendo plenamente ni de la manera en que Él quiere que vivamos. Esencialmente, nos estamos conformando con mucho menos de lo que podríamos tener si rindiéramos nuestras vidas y permitiéramos que Él nos guiara.

Moisés llegó a esa conclusión después de oír que Dios le había escogido para sacar a Israel de la esclavitud en Egipto. Dios es siempre muy explícito en su instrucción: «Y dijo Jehová a Moisés: Cuando hayas vuelto a Egipto, mira que hagas delante de Faraón todas las maravillas que he puesto en tu mano; pero yo endureceré su corazón, de modo que no dejará ir al pueblo» (Éx. 4.21). Ante esas palabras, la mayoría de nosotros quisiéramos decir: «Espera un momento, Señor. Pensé que tú dijiste que habías visto la aflicción de tu pueblo que está en Egipto. Si "endureces" el corazón del Faraón, entonces él nunca permitirá que el pueblo se vaya, y seguirán en esclavitud. Estoy desperdiciando mi tiempo tratando de sacarlos de la tierra».

Dios estaba en el proceso de abrir los ojos de Moisés a la realidad de su situación, y también preparándolo para lo que sucedería. Nosotros no tenemos un conocimiento infinito, pero el Señor sí lo tiene. Él sabía exactamente por qué iba a hacer que Faraón se resistiera y se negara a dejar ir a la nación de Israel. Moisés, sin embargo, tuvo que manejar esa situación basándose en el hecho de que Dios era soberano y sabía lo que hacía. De hecho, Él estaba trazando su plan delante de Moisés para que lo siguiera.

Dios le había dado percepción de lo que iba a suceder. Él con frecuencia hará lo mismo por nosotros. Cuando lo hace, es responsabilidad nuestra confiar en Él y no mirar a nuestro alrededor y cuestionar su capacidad. Puede que arrecie la tormenta, como sucedió con los discípulos en el mar de Galilea (Mt. 8.23-27), pero aun así, debemos mantener la fidelidad de Dios en el centro de nuestros pensamientos. Cuando Él nos llama a hacer algo, Él nos da la fortaleza que necesitamos y la manera de hacerlo.

Desde una perspectiva humana, la tarea parecía imposible. Milagrosamente, Dios llamó a Moisés desde la zarza ardiente. Muchas veces, el modo en que Él nos habla estará de acuerdo a la misión que Él nos encomiende. Él tuvo que captar la atención de Moisés, y escogió hacerlo hablando desde la zarza ardiente. Moisés nunca olvidó lo que sintió al estar en la presencia del Señor. Con frecuencia, Dios obrará en nuestras vidas de tal manera que sepamos que Él está actuando y no podamos negarlo. Luego, más adelante, cuando nuestra fe sea desafiada, recordaremos lo que Él ha hecho, y nos mantendremos firmes en lugar de ceder a los sentimientos de duda y de temor.

El plan requería fe. Dios abrirá una puerta de oportunidad, pero no nos empujará para que la atravesemos. Nosotros debemos avanzar y, cuando lo hagamos, sentiremos su presencia abriendo el camino para que avancemos. Y puede que hasta haya algún momento en que hagamos lo que hizo David; andaremos «en valle de sombra de muerte» (desaliento o desesperanza) sin llegar a estar temerosos porque sabemos que Él está con nosotros en cada paso del camino (Sal. 23.4).

Moisés oró al Señor:

Si tu presencia no ha de ir conmigo, no nos saques de aquí. ¿Y en qué se conocerá aquí que he hallado gracia en tus ojos, yo y tu pueblo, sino en que tú andes con nosotros, y que yo y tu pueblo seamos apartados de todos los pueblos que están sobre la faz de la tierra? Y Jehová dijo a Moisés: También haré esto que has dicho, por cuanto has hallado gracia en mis ojos, y te he conocido por tu nombre. (Éx. 33.15-17)

Se necesita fe para pedirle al Señor que haga conocer su presencia o, por lo menos, para reafirmar que lo que usted está haciendo está en armonía con su plan. Cuando Él deja clara su voluntad, usted avanza por fe y sigue moviéndose hasta que el diga basta. Aun si es usted tentado a sentirse temeroso, el enemigo se dispersará a medida que usted proclame su fe y su obediencia a Dios, pues no puede soportar la idea de que usted honre al Señor con su vida.

Dios respondió a las oraciones de Israel. Aunque el pueblo tropezó en su caminar con Dios, Él siguió amándolos. Él tenía un plan para sus vidas que era mucho mayor de lo que ellos podían imaginar. Mientras ellos se preocupaban por pequeñeces, tratando de decidir si seguirían a Moisés y obedecerían a Dios, el Señor seguía sacándolos de su comodidad. Ellos serían librados de la esclavitud, y se produciría como resultado de su misericordia y su gracia obrando en sus vidas. También debemos recordar que el plan de Dios para la redención del hombre está obrando a lo largo de la historia. Cada evento, cada palabra escrita en la Biblia conduce a una conclusión: Dios nos ama y envió a su Hijo a la tierra para morir por nosotros a fin de que podamos llegar a conocerlo y tener vida eterna. Hoy día, obtenemos libertad de la esclavitud no por estar dispuestos nosotros mismos a ser libres, sino por poner nuestra fe en la persona de Jesucristo: el único que puede librarnos de todo pecado y temor.

Promesas cumplidas basadas en la obediencia

Recientemente, durante un desayuno para hombres, oí un testimonio de un joven que dijo que Dios le había mostrado con mucha claridad que tenía que dejar su empleo. Dijo que lo volvió a consultar con el Señor en oración porque nada parecía ir mal en su lugar de trabajo. Sin embargo, siguió la dirección del Señor y dejó el empleo. Poco tiempo después, se abrió una oportunidad que, de haber seguido en su anterior empleo, él nunca habría observado. Lo siguiente fue que él estaba recibiendo un salario varias veces más elevado del que tenía en su anterior empleo. Él simplemente esperó por un breve periodo de tiempo a que Dios obrara. La clave de la bendición fue su obediencia. Él no entendía todos los *porqués*; simplemente supo dar un paso hacia delante, confiando en que Dios conocía más de lo que él podía ver o imaginar.

Muchas veces no podemos esperar hasta verlo todo perfectamente. Dios puede que nunca nos dé todos los detalles que hay detrás de su plan y su propósito para nuestras vidas. De hecho, después Él nos revela solamente lo que necesitamos saber en el momento. Más adelante, puede que deduzcamos por qué ciertas cosas resultaron del modo en que lo hicieron. Podemos ver la mano de bendición de Él obrando hasta en las secuelas de una dificultad extrema; sin embargo, en el fragor de la batalla, cuando los sentimientos de decepción, tristeza o conmoción se embravecen en nuestro interior, podemos hacer solamente una cosa: confiar en Él.

A Moisés no se le dieron todos los detalles desde un principio; él tuvo que aceptar un día, un mes, un año y un evento a la vez. No podía pedirle al Señor que le pusiera al tanto de por qué la nación estaba siendo perseguida hasta llegar a las profundidades del mar Rojo; sencillamente tuvo que confiar y avanzar. Habrá momentos en que Dios le llame a usted a hacer lo mismo: avanzar por fe. La promesa de Dios al pueblo de Israel estaba basada en la obediencia de ellos. Él quería que ellos avanzaran y confiaran en Él para lo que parecía ser imposible. Usted puede aplicar este mismo principio a su vida. Cuando sienta que se está enfrentando al mar Rojo de la desesperanza, pida a Dios que abra un camino para que usted atraviese la dificultad. Luego confíe en Él. Puedo asegurarle esto: siempre saldrá adelante poniendo su fe en Dios y en su capacidad de obrar por usted. Recuerde: las aguas del mar no se abrieron hasta que el sacerdote entró en ellas. En otras palabras, el pueblo tuvo que demostrar su fe en un Dios soberano y santo. Cuando lo hicieron, el camino se abrió delante de ellos y caminaron sobre tierra seca.

Yo me he enfrentado a muchos desafíos, cuando había una sola cosa que podía hacer, y era confiar en Dios. Hay dos ocasiones en que sobresale esta verdad en mi memoria. La primera fue cuando escogí obedecer al Señor y trasladar a mi familia a Atlanta, Georgia, en el otoño del año 1969. Después de haber pasado mucho tiempo en oración, sentí que Dios decía: *Esto es lo que yo voy a hacer.* Él no dijo *si es que,* o *pero*; dijo: *Esto es lo que yo voy a hacer.* No había lugar para argumentar. Yo sabía que Él me había hablado, y el asunto quedaba resuelto. Él tenía un plan en mente, y mi único curso de acción era obedecerlo. Si yo me hubiera resistido, el resultado habría sido costoso para mi ministerio. La segunda vez tuvo que ver con el ministerio televisivo de In Touch. Una vez más,

Él me dijo: *Esto es lo que yo voy a hacer. ¡Confía en mí!* En ambas situaciones, Dios nunca dijo: *Mi decisión está sujeta a ser modificada. Dime qué te parece.* Él me motivó a acercarme a Él, y luego Él moldeó mi voluntad a fin de que encajase perfectamente en su plan para mi vida. Él ni siquiera me movió a orar porque eso era lo que yo más quería hacer: orar y aprender más sobre sus planes. Yo no quería perderme lo que Él estaba haciendo.

En ambas ocasiones Dios preparó mi corazón para lo que estaba por llegar. Yo había estudiado su Palabra, había escuchado su voz de enseñanza, y había abierto mi corazón a sus principios. Entonces, cuando llegó el momento de que Él me guiara en cierta dirección, yo estaba preparado. No me preocupé de tener o no tener alternativas, pues eso no era ningún problema. Lo que había principalmente en mi mente era estar en la posición de ser bendecido por Él, porque la obediencia siempre conduce a la bendición. ¿Hará Dios lo mismo en la vida de usted? Sí. Si es algo crucial que tiene el potencial de afectar su futuro, Él hará lo mismo por usted. Cuando pienso en las personas que dicen: «No, Señor. No voy a hacer eso», me siento muy mal porque sé que han perdido una oportunidad de obedecer a Dios, recibir sus bendiciones, y colocarse en una posición para un mayor servicio. Si yo hubiera dicho: «No, no voy a moverme de este lugar. Me encanta vivir cerca de la playa, así que olvídalo, Dios», habría pasado por alto hacer durante todos estos años las cosas para las cuales Él me creó.

Habrá momentos en que digamos no a Dios y nos perdamos una oportunidad muy importante; y puede que sea la oportunidad de toda una vida. ¿Significa eso que Él ya no puede volver a usarnos nunca? No. En cualquier momento podemos decir: «Heme aquí, Señor», y Él nos tomará y nos usará de maneras que están por encima de nuestra capacidad de entender. Nunca subestime lo que Dios hará en su vida. Esté dispuesto a aprender, a escuchar y a comenzar a obedecerle en las cosas sencillas. Luego, cuando llegue a decisiones cruciales, sabrá cómo estar atento a los caminos de Él y responder correctamente. Quizá usted nunca haya confiado en Jesucristo como su Salvador, y pueda darme varias razones convincentes de por qué no cree que Él le salvará. Hace unos años un hombre mayor que yo me dijo: «He sido rebelde toda mi vida. Soy alcohólico, y he tratado mal a la gente. No soy apto para vivir con Dios, y no hay manera de que Él cumpla una sola promesa a una persona como yo». Pero Dios lo hace. Dios anhela bendecirnos y usarnos para su gloria. Jesús dijo: «Al que a mí viene, no le echo fuera» (Jn. 6.37). Él nos ama a pesar de lo grave que pueda parecer nuestro pecado o nuestra rebelión. Cuando Él envió a su Hijo a morir en la cruz, proclamó al mundo su amor incondicional por usted. Y si usted le pide que le perdone sus pecados basándose en la muerte expiatoria de su Hijo, Él lo hará. Él le perdonará, le limpiará, y le moldeará para que sea la persona cuya vida contiene un gran potencial eterno. Un día usted reinará con Él en el cielo para siempre. Puede que no comprenda cómo eso puede ser posible, pero lo es. Cuando comience a entender el modo en que Dios opera, sentirá su cuidado eterno rodeándolo y, al igual que Él hizo con Moisés, guiándolo en cada paso del camino.

Capítulo Cuatro

LAS MANERAS EN QUE DIOS SE REVELA A NOSOTROS

¿Ha pensado alguna vez seriamente sobre el modo en que Dios obra en su vida? Sus actos no son al azar. Cada evento y cada lección son parte de un plan mayor. Hasta en momentos que consideramos como casi insignificantes, Dios está obrando de manera maravillosa. Cuando yo me interesé en la fotografía, quedé sorprendido por la increíble creación de Dios. Observé todas las cosas grandes: montañas cubiertas de nieve, glaciares, cascadas pintorescas, olas gigantescas rompiendo en las rocosas costas del Norte de California, bosques cubiertos de neblina, gigantescas secoyas, y hectáreas y hectáreas de hermosas flores. Quedé absorto en las cosas grandes. Pero entonces me preparé para concentrarme en mi mensaje artístico, y un mundo totalmente distinto se abrió delante de mí. Comencé a ver otra cara de la belleza de Dios. En lugar de fotografiar un campo lleno de flores, me centré solamente en una. Vi lo más maravilloso: la delicada, compleja y detallada creación de Dios. Lo mismo es cierto sobre conocerlo a Él, solamente a una escala mucho mayor. Cuanto más nos acercamos a Él, mejor entendemos sus caminos. La vida tiene dimensión; no es plana o ancha sin color. Hay profundidad, y hay gozo.

Recuerdo una ocasión en que mi nieta tenía solo diez años, y yo pensé en pedirle que fuese conmigo a tomar algunas fotografías en el patio trasero de la casa de sus vecinos. Le dije: «Annie, ¿quieres ir con Gimps (como ella me llama) a tomar fotografías?» Ella enseguida respondió que sí. Fuimos juntos, y cuando yo armé la cámara, ella iba de un lado a otro mirando las hermosas flores. Después de haber examinado la zona, decidí tomar una fotografía de cerca de aquella flor totalmente maravillosa que estaba en plena floración. Luego le pedí a ella que mirase por el objetivo de la cámara. Nunca olvidaré la expresión de su cara. Ella dijo: «¡Guau, Gimps!» Desde aquel momento en adelante, nunca tuve que preguntarle si quería venir conmigo. Ella quedó atraída a la fotografía con una sola mirada.

Lo mismo sucedió cuando yo estaba en el Oeste con unos amigos. Íbamos en dos autos, y cuando giramos en la carretera nos saludó un inmenso campo de flores. Yo quedé sorprendido por la escena y decidí detenerme y fotografiarla, pero del modo en que la esposa de mi amigo pensó que debía hacerse. Ella observaba mientras yo me adentraba en el campo y preparaba mi cámara a fin de poder fotografiar una flor en particular. Después de unos minutos, ella caminó hasta donde yo estaba trabajando y preguntó: «¿Por qué te estás esmerando tanto en sacar tu equipo del auto y llegar hasta esta colina, y preparar todo? Podrías sencillamente tomar la fotografía, y sería muy bonita». En aquel momento, mi cámara estaba preparada, y le pedí que mirase la fotografía que yo planeaba tomar. Ella se inclinó y miró por el lente de la cámara. De inmediato miró hacia mí y dijo: «Muy bien, ahora entiendo. Puedo ver lo que estás haciendo».

La vista desde el interior del amor de Dios

Aunque nuestro conocimiento de Dios es limitado, cuando más nos acerquemos a Él, más entendimiento obtendremos. Nuestro conocimiento de Él es limitado. Al igual que una fotografía de un vasto paisaje inspira respeto y admiración, pero no revela lo que está sucediendo en el interior: en los lugares donde la luz se filtra, dando calidez y un sentimiento de pertenencia. Si mantenemos a Dios a distancia, nunca conoceremos el modo en que Él opera, piensa o ama. ¿Por qué la fe de una persona parece pequeña a veces? La respuesta es muy sencilla: él o ella no conoce o entiende la profundidad del amor que Dios tiene. Con *conocer* me refiero a *experimentar*. Podemos experimentar su amor a un nivel tan personal que nuestros corazones se enfoquen en una cosa: conocerlo a Él hasta un grado aún mayor.

Usted puede tener todo lo que su corazón anhela tener mediante una relación personal con Jesucristo. ¿Qué podría haber mejor que eso? No hay manera de negarlo: si usted quiere vivir la vida con plenitud, acérquese a Dios y permita que Él se acerque a usted. Satanás no quiere que usted haga eso; y hará cualquier cosa para evitar que usted experimente la bondad de Dios, pues sabe que cuando eso suceda —cuando tenga una visión más cercana de lo que Él tiene para usted—, dejará de conformarse con la segunda mejor opción, con la tercera o con mucho menos. Mientras que el enemigo moviliza una distracción tras otra, Dios permanece firme e inconmovible en su dedicación hacia usted.

La falsa culpabilidad es una de las armas favoritas de Satanás; le encanta acusarnos y culparnos de cosas que Dios ni siquiera se toma tiempo en considerar. También busca hacernos participar en pensamientos egoístas acerca de nuestro futuro, nuestros sueños, nuestros derechos percibidos y nuestras necesidades. Cuando no pasamos tiempo con Dios en oración o en el estudio de su Palabra, el enemigo enseguida nos reprende con pensamientos de culpabilidad que siguen todos nuestros pasos, diciéndonos que no hay manera posible en que amemos al Señor. A pesar de lo mucho que lo intentemos, él sigue lanzando sus implacables mentiras sobre nosotros, diciendo que nuestras vidas nunca contarán para nada y que, debido a nuestros fracasos pasados, Dios no tiene nada para que nosotros hagamos que valga para la eternidad.

Si usted ha estado escuchando mentiras como esas y más, deténgase. En este momento, deje de escuchar, y comience a abrir su corazón a la verdad de la Palabra de Dios. Si realmente quiere conocer el modo en que Él opera, es ahí donde lo descubrirá. Dios quiere que usted lo conozca íntimamente a fin de poder estar firme contra las mentiras del enemigo. Pero si usted nunca ora, ni asiste a la iglesia, o lee su Palabra, estará sin defensas bajo el ataque del enemigo.

Recuerde que en un capítulo anterior hablamos de la perspectiva que el mundo tiene sobre la intimidad, la cual normalmente implica contacto sexual. Pero eso es una distorsión de lo que Dios quiso que fuese la intimidad. Somos íntimos con nuestros cónyuges, pero también hay una intimidad que está por encima de cualquier forma de contacto físico. Puede usted tener un amigo íntimo, alguien que sepa todo lo que hay que saber sobre usted y que le quiera sin lástima ni vacilación. Eso es intimidad en una forma muy profunda.

Las personas que tienen intimidad la una con la otra pueden estar juntas sin sentir la necesidad de llenar los espacios de silencio con conversación. Es suficiente con estar juntos. Puede que usted ni siquiera esté en presencia de la persona a la que quiere, pero debido a que hay una intimidad entre los dos, existe un vínculo de amor que no puede romperse. La intimidad piadosa y amorosa nos une a quienes amamos. Como también dijimos, es esencial para toda relación duradera, y es especialmente cierto cuando se trata de nuestra relación con Dios. Si nos resulta difícil abrirnos a Él, entonces no viviremos dentro de la esfera de intimidad que Él quiere que conozcamos y disfrutemos.

La verdad más profunda es que si no podemos tener intimidad con Él, no sabremos cómo tener intimidad con otras personas: cónyuges, amigos y familiares. Seremos capaces de llegar a cierto grado de profundidad, pero nunca hasta la profundidad que produce sanidad y un sentimiento de confianza inimaginable. Desde luego, Dios es nuestro amigo más querido. Hay cosas que podemos decirle a Él y que ninguna otra persona entenderá. Yo puedo decir: «Señor, tú sabes cómo me siento», ¡y sé que Él lo sabe! Aunque Él me permite expresar mis sentimientos de gozo, tristeza y decepción, y me alienta a hacerlo, Él lo sabe todo. Y realmente, lo que más tenemos que hacer, en especial cuando estamos sufriendo, es inclinar nuestro corazón en su presencia. Sencillamente acercarnos a Él nos ayuda a entender cómo las cosas imposibles de la vida pueden convertirse en maravillosas oportunidades para que Él demuestre su fidelidad.

Cosas que Dios usa para marcar la diferencia

No podemos meter a Dios en un molde. No podemos decir: «Así es como Él obró en el pasado, y sé que seguirá la misma ruta esta vez». A veces nos limitamos mucho a nosotros mismos al esperar que Dios actúe de cierta manera. Él es fiel a sus promesas, pero no podemos predecir cómo obrará; solamente que Él lo hará si ha prometido hacerlo.

Dios es muy creativo. Él es infinito en conocimiento mientras que nosotros somos terrenales en nuestros pensamientos y razonamiento. La mayoría de nosotros no habría escogido salvar al hombre que un día sacaría a la nación de Israel de la esclavitud poniéndolo en una cesta de mimbre y dejándolo a la deriva en el río Nilo, para ser sacado del agua por la hija del faraón. ¡Moisés se crió en la casa del enemigo de Dios! Cuando la gente habla sobre los caminos de Dios, con frecuencia quiere sacar un libro de teología y señalar fuentes que ellos creen que contienen un gran conocimiento y perspectiva. No hay duda de que el estudio de la teología es importante, pero nuestra búsqueda de conocimiento divino debería comenzar con una fuente primaria, que es la Palabra de Dios, la cual es básica, clara, y directamente aplicable a nuestras vidas. Dios siempre obra de esa manera. Una cesta de mimbre cubierta de alquitrán y brea no es nada hasta que uno pone algo valioso en ella; y entonces se convierte en algo de tremendo valor. La vida de Moisés, durante un periodo, estuvo en una cesta de mimbre, pero esa pequeña arca fue cuidada, protegida y dirigida por la mano del Dios todopoderoso. Podría haberse dirigido hacia las rutas de los barcos o haber flotado durante días hasta que Moisés muriera, pero eso no fue nunca una posibilidad porque Dios tenía un plan, y Él estaba comprometido a proteger a Moisés hasta que este hubiera cumplido el propósito de Dios.

¿Ha pensado alguna vez lo valioso que es usted para Dios? Puede que piense: *¿Qué puedo hacer yo?* Puede comenzar por no subestimar nunca las cosas que Dios usa. Una cesta de mimbre fue apropiada para el primer paso en enviar a su libertador a Egipto, donde un día sería grandemente usado por Dios. Una de las maneras en que Él obra en nuestras vidas es posicionarnos para un futuro servicio. Hay momentos en que niños muy pequeños quieren pasar al frente para recibir a Cristo al final de algunos de nuestros servicios de adoración. Puede que tengan cinco, seis o siete años de edad, y sus actos pueden parecer muy poco importantes para quienes están ansiosos por irse; pero a los ojos de Dios, sus vidas son de la mayor importancia. Él tiene un propósito específico en mente para ellos, y ese es el primero de muchos pasos de obediencia y bendiciones.

Cuando pensamos en las cosas que Dios usa, una de las historias más sorprendentes en la Biblia es la de Jonás. Cuando niños, algunas personas pueden que hayan oído esta historia sobre cómo él fue tragado por un pez muy grande; pero hay más en esta historia que estar en el vientre de una ballena. Jonás era un predicador renegado. Dios lo llamó a hacer algo, pero él se negó a responder a su llamado:

Vino palabra de Jehová a Jonás hijo de Amitai, diciendo: Levántate y ve a Nínive, aquella gran ciudad, y pregona contra ella; porque ha subido su maldad delante de mí. Y Jonás se levantó para huir de la presencia de Jehová a Tarsis, y descendió a Jope, y halló una nave que partía para Tarsis; y pagando su pasaje, entró en ella para irse con ellos a Tarsis, lejos de la presencia de Jehová. (Jon. 1.1-3)

Nínive era la ciudad capital de Asiria. Hoy día sería parte de la ciudad de Mosul, que es una ciudad importante en Irak. Debido a que los ninivitas eran malvados y despiadados guerreros, tenían mucha hambre de sangre y eran también los enemigos directos de Israel. Cuando Jonás oyó que Dios quería enviarlo a predicar arrepentimiento a esa nación, decidió que no había forma alguna de que él lo hiciera.

En algún momento, la mayoría de nosotros hemos hecho lo que hizo Jonás: él corrió en dirección opuesta a la obediencia. La vida se vuelve tormentosa, y las nubes no se van. Llegan los desengaños y se quedan; se acumula el enojo, y lo último que queremos hacer es perdonar a alguien que nos ha hecho daño. Dios nos manda que hagamos una cosa, pero nos negamos a hacerla. En lugar de confiar en Él y obedecerle, somos tentados a hacer lo que parece mejor desde nuestra perspectiva. Y en ese punto muchas personas abren la puerta al pecado y la rebelión. La urgencia de huir de la dificultad y los problemas se hace muy fuerte.

Jonás quería escapar de sus circunstancias pero no porque tuviera temor. El hecho era que estaba enojado; no quería en absoluto que los enemigos de Israel recibieran misericordia de Dios. Sabía que si predicaba arrepentimiento al pueblo de Nínive, y ellos se volvían de su maldad, Dios les perdonaría la vida; pero el deseo de Jonás para las personas que vivían en la ciudad era muerte y destrucción; por tanto, ignoró la voluntad y soberanía de Dios. Consiguió un pasaje en el primer barco que salía para Jope y se dirigió a Tarsis, la cual, en tiempos antiguos, representaba el extremo contrario a la esfera comercial levantina. En otras palabras, no había ningún lugar más lejano donde él pudiera ir. Embarcarse hacia Tarsis era como ir hasta los confines del mundo conocido.

Como profeta de Dios, él sabía que no podía escapar de su presencia, pero lo pasó por alto y tomó una clara decisión de no predicar el mensaje de Dios a las personas de aquella ciudad tan malvada. Sin embargo, aunque Jonás tomó una calculada decisión de irse de la escena, seguía estando bajo la mirada de Dios. Como escribió el salmista: «Aun las tinieblas no encubren de ti, y la noche resplandece como el día; lo mismo te son las tinieblas que la luz» (Sal. 139.12). Si cree usted que hay algún lugar donde pueda ocultarse de Dios, está totalmente equivocado. Es absolutamente necio creer que puede usted huir de su presencia; pero eso es exactamente lo que muchas personas hacen. Piensan que, al negarse a asistir a la iglesia, pueden huir de Él. O creen que cuando pasan por alto la voluntad de Él para sus vidas, Dios de algún modo olvidará aquello que los ha llamado a hacer y cambiará de idea. Cuando las personas son desobedientes, sufren las consecuencias, como le sucedió a Jonás:

Pero Jehová hizo levantar un gran viento en el mar, y hubo en el mar una tempestad tan grande que se pensó que se partiría la nave. Y los marineros tuvieron miedo, y cada uno clamaba a su dios; y echaron al mar los enseres que había en la nave, para descargarla de ellos. Pero Jonás había bajado al interior de la nave, y se había echado a dormir. Y el patrón de la nave se le acercó y le dijo: ¿Qué tienes, dormilón? Levántate, y clama a tu Dios; quizá él tendrá compasión de nosotros, y no pereceremos. (Jon. 1.4-6)

No se engañe: el pecado afecta a todos los que toca. No hace daño solamente a la persona implicada, sino también a quienes están cerca. La negación de Jonás de obedecer a Dios puso a los marineros en un peligro que amenazaba sus vidas, y sus actos egoístas casi costaron la vida de todos los que iban a bordo del barco. Finalmente, los hombres echaron suertes para ver quién era responsable de la calamidad que estaban afrontando, y Dios permitió que la suerte recayera sobre Jonás (v. 7).

¿Puede imaginar la escena cuando los marineros se apresuraron a descender de cubierta para sacar a quien era el responsable de tan inmensa tormenta? Cuando lo subieron a cubierta, el profeta no negó que lo que ellos estaban afrontando era un resultado de que él estuviera a bordo. «Y él les respondió: Soy hebreo, y temo a Jehová, Dios de los cielos, que hizo el mar y la tierra» (v. 9). Observemos lo que él no les dijo: «Yo soy siervo de Dios. He entregado mi vida a su obra, Él me ha dado una tarea que cumplir, y yo me he negado por completo». Él nunca mencionó el hecho de que estaba huyendo de un Dios omnisciente que le había mandado que fuese a una ciudad que estaba en dirección opuesta a donde ellos se dirigían. Él estaba alejado del rumbo, no por unos cuantos kilómetros sino por muchos, y tenía graves problemas.

La tarea de Jonás era obedecer al Señor. Dios no está abierto a la discusión, y es ahí donde muchas personas no hacen lo correcto. Ven una situación que no encaja en el modo en que ellos creen que Dios opera, y terminan no haciendo lo que Él quiere que hagan; de ahí la razón de la rebelión de Jonás. Si Dios le envía en cierta dirección, esté seguro de que tiene un plan. Él quiere que usted llegue a su destino a su tiempo y no que planee usted su propio rumbo, el cual le conducirá a un lugar que está lejos de la voluntad de Él.

Qué hacer cuando usted sabe que está equivocado

Jonás debió de haber sabido que su destino estaba sellado porque no pudo soportar estar en cubierta. Aunque el mar estaba violento y era necesaria la oración para que todos sobrevivieran, él siguió actuando de modo irresponsable al quedarse dormido e ignorar el problema. Ese curso de acción nunca funciona. Usted puede intentar hacer a un lado una situación, pero nunca mejorará hasta que dé usted los siguientes pasos:

Admitir el problema

Con frecuencia hablo con personas que han permitido que la amargura y la falta de perdón permanezcan en sus corazones por años. Cuando les pregunto sobre eso, ellos responden: «Usted no sabe lo que ella me hizo. ¡Nunca la perdonaré!» Verdaderamente creen —o debiera decir que están totalmente comprometidos a creer— que sus actos son correctos. Dios nos manda que perdonemos a quienes nos han herido, y se debe a una razón: Él no quiere que estemos cautivados por ninguna otra cosa sino su amor. Puede que usted diga: «Yo no permanezco cautivo por él o ella», pero lo cierto es que sí lo está.

Perdonar no significa que lo que la otra persona hizo fue correcto; significa que usted perdona a esa persona porque Dios le ha mandado que lo haga. Él es totalmente capaz de tratar con quien le ha ofendido, pero mientras esté usted decidido a guardar rencor y mantener su defensa con enojo, Él se verá obstaculizado en sus actos por usted. Sí, Él puede tratar, y tratará, con la persona que le haya hecho daño; pero su trato puede que incluya el arrepentimiento y la salvación de esa persona. Jonás no quería que eso les sucediera a los ninivitas y su vida terminó en desgracia, pero la de usted no tiene por qué terminar del mismo modo. Dios oye sus oraciones; Él conoce el dolor y la frustración que usted siente. Si pide usted su ayuda y su comprensión, Él quitará su carga y le liberará de la atadura del resentimiento y la amargura.

Reconocer la soberanía de Dios

Cuando usted llega al punto en que se inclina ante una zarza ardiente, comprende que Dios es más grande que usted o cualquier cosa que usted pueda hacer para ayudarse a sí mismo. A las personas que tienen riqueza y poder normalmente les resulta difícil inclinarse ante el Señor porque tienen los recursos financieros para rescatarse a sí mismos. Hay otros que se endurecen ante la perspectiva de que Dios les diga lo que deben hacer. Recuerdo mi asombro cuando una mujer mayor me confesó que había abandonado a su esposo y se había trasladado a otra parte del país. Me dijo: «Él quería decirme lo que yo tenía que hacer, y nadie me dice lo que yo deba hacer o no». Por un momento yo me quedé sin palabras, porque comprendí que, a medida que seguíamos hablando, su esposo nunca había abusado de ella. Él era un fiel proveedor, pero ella sencillamente no quería estar bajo su autoridad como esposo y padre de sus hijos. A kilómetros de distancia de su hogar ella estaba batallando con una grave enfermedad, y se negaba a reconocer que Dios podría estar tratando de captar su atención.

Con frecuencia no vemos el cuadro completo, el cual es la voluntad y el plan de Dios para nuestras vidas como creyentes. Por el contrario, caemos en la trampa de que nuestros sentimientos y lo que nos gusta es más importante que hacer lo que es correcto ante los ojos de Dios. Esa mujer no comprendía que desde el momento en que nacemos hasta el momento de morir Dios sitúa varias figuras de autoridad en nuestras vidas. Puede que nos alejemos de una situación, pero si no hemos hecho lo correcto y lo mejor desde la perspectiva de Él, nos enfrentaremos al mismo desafío una y otra vez. Así es como Dios obra. Él no nos castiga o envía disciplina a nuestras vidas sin razón. Cuando actuamos con rebelión, podemos estar seguros de que Él permitirá que surja otro asunto, el cual abordará el mismo problema. Yo he instado a personas a responder correctamente a la disciplina de Dios la primera vez en que surge algún problema. Usted no tiene por qué terminar como Jonás. Cuando entregue sus heridas y sus dudas al Señor, Él le llevará paso a paso hasta un lugar en su corazón donde pueda usted aceptar su voluntad y crecer en medio de esa experiencia de una manera que producirá una multitud de bendiciones.

Pedir a Dios que perdone su pecado y su rebelión

La distancia más corta entre un problema y su solución está entre nuestras rodillas y el piso. Dios sabe cuándo está siendo usted sincero y cuándo está sirviéndole de labios para afuera. Estoy convencido de que quienes se niegan a entregar sus desengaños y sus heridas al Señor no son plenamente conscientes de la soberanía de Dios. Si lo fueran, no dudarían del inmenso amor que Él tiene por ellos, de su deseo de sanar sus heridas, y de su promesa de que todo obre para bien según su propósito y su plan. Negarse ante Él es decir no a un Dios santo y omnipotente que le ama con un amor que es más poderoso y resistente que cualquier cosa que este mundo haya conocido o conocerá.

Orar por su dirección

Jonás podría haber pensado que era hombre muerto; pero quedó claro que la voluntad de Dios prevalecería. Al principio, los marineros paganos que estaban con el profeta se negaron a lanzarlo al agua; sin embargo, pronto comprendieron que, a menos que lo hicieran, todos morirían. Sus intentos de llegar a tierra fracasaron, y ellos oraron: «Te rogamos ahora, Jehová, que no perezcamos nosotros por la vida de este hombre, ni pongas sobre nosotros la sangre inocente; porque tú, Jehová, has hecho como has querido» (Jon. 1.14). Ellos agarraron al profeta y lo lanzaron al embravecido mar, e inmediatamente las aguas se calmaron. Entonces ofrecieron un sacrificio al Señor.

He conocido a algunas personas que han tratado de huir de Dios, y se metieron en una grave tormenta. Es muy probable que alguien que esté leyendo este libro esté huyendo de Dios. Hacia todas partes a donde se dirige el viento sopla con fuerza contra usted; las olas de estrés se amontonan, y usted se siente como si estuviera a punto de hundirse. Finalmente está comprendiendo que no puede dejar atrás a Dios. En el momento en que Jonás llegó al vientre de la ballena, supo que tenía solamente una elección que hacer, y era la obediencia a Dios.

Dios utilizó la desobediencia de Jonás para obtener la atención de todos, incluyendo a su profeta descarriado. De repente, todos los que estaban a bordo de ese barco supieron que Dios tenía el control del viento, la lluvia y el océano. Después de que el mar se calmara, los marineros ofrecieron un sacrificio al Señor por haberles salvado la vida.

Dios estrechó el mundo de Jonás hasta un punto en que el profeta no tuvo otra opción sino obedecer al Señor. Dios utilizó la abrumadora situación para captar la atención de su profeta. Jonás sabía exactamente por qué el tiempo se había vuelto tan tormentoso, y también comprendía que había solamente un modo de calmar la furia que se estaba desplegando, y era mediante la rendición personal. Si siente usted que Dios está agitando su vida, no espere hasta estar en la misma posición que Jonás. No intente poner a prueba la paciencia de Dios, y se arriesgue al resultado de la desobediencia. Los caminos de Dios son profundamente amorosos, pero también son poderosos, con propósito e impredecibles. Usted no puede decir: «Dios no tratará este pecado en mi vida». Sí, Él lo hará porque le ama demasiado para permitirle que se vaya a Tarsis y se pierda su bendición. O puede que Él permita que haga usted la mitad del viaje, pero como Jonás, puede que termine en el vientre de un pez muy grande.

Dios redirigió el enfoque de la búsqueda de Jonás. «Pero Jehová tenía preparado un gran pez que tragase a Jonás; y estuvo Jonás en el vientre del pez tres días y tres noches» (Jon. 1.17). El profeta ni siquiera pudo morir apartado de Dios. En las trágicas circunstancias, Dios estaba en el proceso de dirigir su vida, llevar la voz cantante y obtener su atención. Y Jonás finalmente respondió: «Invoqué en mi angustia a Jehová, y él me oyó; desde el seno del Seol clamé, y mi voz oíste» (Jon. 2. 2). Después de que el profeta orase, la siguiente imagen visual que tenemos en la Escritura es la del pez liberándolo a tierra seca que apuntaba en dirección a Nínive.

Dios utilizó a Jonás para motivar a una nación muy malvada a buscar el perdón de Dios. La mayoría de nosotros sabemos cómo termina esta parte de la historia. Jonás predicó un mensaje de avivamiento a las personas que vivían en esa ciudad y ellos se arrepintieron de su maldad. Dios cumplió su propósito, pero Jonás siguió estando amargado y enojado.

Finalmente hizo lo que Dios le había llamado a hacer, pero la última vislumbre de su vida que se nos da en la Escritura es desalentadora. Él estaba enojado porque Dios se había aplacado y no había destruido la ciudad:

> Pero Jonás se apesadumbró en extremo, y se enojó. Y oró a Jehová y dijo: Ahora, oh Jehová, ¿no es esto lo que yo decía estando aún en mi tierra? Por eso me apresuré a huir a Tarsis; porque sabía yo que tú eres Dios clemente y piadoso, tardo en enojarte, y de grande misericordia, y que te arrepientes del mal. Ahora pues, oh Jehová, te ruego que me quites la vida; porque mejor me es la muerte que la vida. (Jon. 4.1-3)

¡Jonás no lo entendió! Nunca comprendió que el camino de Dios en este asunto no era el camino de él. A regañadientes obedeció a Dios y luego se puso furioso cuando el Señor no llegó a la misma conclusión que él creía que era la correcta. No había ni pizca de gozo al hacer lo que Dios le había dicho que hiciera. Aunque el Señor logró su propósito, Jonás salió como perdedor.

Ningún límite para la capacidad de Dios

¿Cuál es el objetivo de Dios para nuestras vidas? No hay duda de que Él no quiere que vayamos en dirección a Tarsis. Él quiere que tengamos el deseo de obedecerlo, pero no porque sabemos que debemos, o porque los cimientos de la vida se desmoronarán tras nosotros. No es así como Dios quiere que vivamos nuestras vidas con Él. Él nos ama y quiere que deseemos algo mejor: entender sus caminos. Si Jonás hubiera dejado atrás sus sentimientos de enojo y amargura, probablemente habría adoptado una perspectiva diferente, una que proclamase: «Dios, aunque yo no entiendo por qué querrías que yo predicase arrepentimiento a nuestros enemigos, lo haré. En lugar de orar por su destrucción, oraré para que ellos lleguen a conocerte a ti como el Dios del universo porque sé que tus caminos no son mis caminos. Al final, creo que tú reivindicarás a tu pueblo». No podemos enredarnos en el «¿por qué, Dios?» Debemos confiar en Él y saber que está obrando a pesar de lo que nosotros podamos ver.

En este caso, Dios utilizó a un pez inmenso para hacer cambiar a Jonás. Utilizó una zarza ardiente para captar la atención de Moisés. Y podemos pensar en otros ejemplos de cosas que Dios utilizó en las vidas de aquellos que se registran en su Palabra. David descendió hasta un arroyo y escogió cinco piedras lisas, las puso en un morral a su costado, y regresó al campo de batalla donde se enfrentó a Goliat (1 S. 17.40). El rey Saúl trató de persuadirlo para que se pusiera su armadura real, pero el corazón de David estaba decidido a obtener la victoria del modo en que Dios le había enseñado: utilizando elementos tan ridículamente sencillos que quienes estaban reunidos para la batalla se verían tentados a reírse de él. ¿Puede ver usted la sabiduría de Dios obrando en esos eventos? Él es el único que debe recibir la gloria. Moisés era el libertador escogido por Dios, pero solamente el Señor podía hacer los milagros necesarios para liberar a la nación. David era el rey ungido de Israel, pero era Dios quien gobernaba en su corazón y ganó la victoria el día en que luchó contra el gigante filisteo.

¿Qué es lo que Dios está utilizando en su vida para obtener un gran triunfo? Sus caminos no están limitados a cosas que parecen exitosas a primera vista; Él puede utilizar hasta el fracaso si usted le entrega su vida y le permite hacer restitución. Eso fue lo que Él quiso hacer en la vida de Jonás; y eso fue lo que hizo en la vida de Pedro. Aunque él había estado con Jesús por tres años, aún había un sentimiento de engreimiento en su vida. Dios utilizó su negación de Cristo como el momento más crucial para alejarlo de su incrustado orgullo (Lc. 22.34). Después de la resurrección, Jesús le restauró y le encargó, junto a los otros discípulos, a llevar su palabra de esperanza y verdad a un mundo perdido. No existe ningún límite para lo que Dios puede hacer cuando usted le da libre acceso a su vida.

¿Cambia Dios a todos? ¿Salva Él a todas las personas? No. Eso es lo que Él desea, pero algunas personas se niegan a permitirle obrar en sus vidas. O si bajan la guardia, lo hacen solamente hasta cierto nivel y no por completo. Usted y yo debemos reconocer que Dios utiliza todo tipo de cosas para captar nuestra atención y finalmente cumplir su voluntad. Una cesta de mimbre salvó a Moisés. Una piedra en manos de David se convirtió en un arma que condujo a una gran victoria. El logro de una gran victoria para Dios podría haberse producido en la vida de Jonás. Y aunque el pueblo de Nínive respondió al llamado al arrepentimiento de Dios, su profeta terminó lleno de enojo. Él perdió una oportunidad divina, algo que no sucede todos los días; tampoco experimentó el gozo que se produce al obedecer al Señor.

Hay demasiadas personas que viven hoy día en una tormenta porque están huyendo de Dios. Piensan que si beben lo suficiente, toman bastantes drogas, tienen bastante dinero, o tienen bastantes relaciones, de algún modo serán capaces de silenciar los vientos y calmar las violentas olas de temor; pero no pueden hacerlo. ¿Por qué tantas personas quieren suicidarse? Llegan al extremo de sus fuerzas, al final de sus capacidades, al final de la vida, y se siguen negándose a orar pidiendo ayuda a Dios. Están totalmente desesperadas, y no ven ninguna esperanza. Pero quiero asegurar a todo aquel que lee estas palabras que hay esperanza. Si está usted dispuesto a escuchar la voz de Dios y a responder a su llamado, Él utilizará algo para llamar su atención, llevarlo a un nivel más profundo de amor y devoción a Él y, en el proceso, transformar las vidas de quienes lo rodean. El compromiso de Pedro no se detuvo ante la derrota: se hizo más profundo. Dios lo agitó y lo refinó hasta tal grado que él llegó a ser el abanderado de su verdad ante todo aquel con quien se encontraba. El propósito del Señor es siempre para bien, no solamente para usted sino también para alguna otra persona.

Cuando pienso en la capacidad de Dios de utilizar cosas que la mayoría de nosotros descartaríamos, recuerdo cómo Jesús alimentó a cinco mil personas con el almuerzo de un joven:

> Después de esto, Jesús fue al otro lado del mar de Galilea, el de Tiberias. Y le seguía gran multitud, porque veían las señales que hacía en los enfermos. Entonces subió Jesús a un monte, y se sentó allí con sus discípulos. Y estaba cerca la pascua, la fiesta de los judíos. Cuando alzó Jesús los ojos, y vio que había venido a él gran multitud, dijo a Felipe: ¿De dónde compraremos pan para que coman éstos? Pero esto decía para probarle; porque él sabía lo que había de hacer. Felipe le respondió: Doscientos denarios de pan no bastarían para que cada uno de ellos tomase un poco. Uno de sus discípulos, Andrés, hermano de Simón Pedro, le dijo: Aquí está un muchacho, que tiene cinco panes de cebada y dos pececillos; mas ¿qué es esto para tantos? (Jn. 6.1-9)

Dios no está limitado por las circunstancias. A veces usted cree que Él no puede usarle. Él usó una piedra, una honda, un gran pez, una cesta y una zarza, y Él ciertamente puede usarle a usted. Aquel joven probablemente había llegado con su familia para oír al Salvador, y terminó estando en el lugar correcto en el momento correcto para ser usado por el Señor de manera milagrosa. Jesús quería hacer entender el hecho de que Él era el Hijo de Dios y nuestra única fuente de provisión y fortaleza.

Muchas personas se pierden grandes oportunidades porque sienten que lo que tienen que ofrecer no es mucho. O quizá haya algo en su pasado que sea un punto de vergüenza personal. Otros puede que crean que lo que Dios les pide que hagan no encaja con sus esperanzas y planes para el futuro, y por eso permiten que la oportunidad llegue y se vaya sin aceptar la oferta suya. En su búsqueda por conocer a Dios, Moisés fracasó horriblemente; terminó asesinando a un egipcio y siendo desterrado al desierto por cuarenta años. Pero cuando Dios supo que Moisés estaba preparado para aceptar su desafío, le habló desde el fuego de la zarza ardiente.

Todo lo que aquel muchacho tenía para ofrecer eran dos peces y apenas cinco panes; sin embargo, fue más que suficiente en las manos de Jesús:

Entonces Jesús dijo: Haced recostar la gente... Y tomó Jesús aquellos panes, y habiendo dado gracias, los repartió entre los discípulos, y los discípulos entre los que estaban recostados; asimismo de los peces, cuanto querían. Y cuando se hubieron saciado, dijo a sus discípulos: Recoged los pedazos que sobraron, para que no se pierda nada. Recogieron, pues, y llenaron doce cestas de pedazos, que de los cinco panes de cebada sobraron a los que habían comido. Aquellos hombres entonces, viendo la señal que Jesús había hecho, dijeron: Este verdaderamente es el profeta que había de venir al mundo. (Jn. 6.10-14)

Con frecuencia, los milagros de Dios se dan de tal manera que satisfacen importantes necesidades. Pero una cosa es segura: siempre son usados para atraer a personas a Él mismo. Nosotros nunca pensaríamos en tratar de repartir varios panes y alimentar a miles de personas, pero Jesús lo hizo porque Él es Señor de todas las cosas y Él es el Pan de vida. A fin de que su hambre fuera saciada, las personas solamente necesitaban degustar lo que Él les ofrecía.

Las consecuencias de decir no a Dios

Puede vivir cuarenta, cincuenta años o más, y luego, de repente, mirar atrás y pensar: *Dios, no sabía que eso era lo que tú querías hacer*. No podemos ver los resultados futuros de nuestra obediencia; podemos imaginar lo que Dios podría hacer, pero no tenemos manera de saber con seguridad cómo usará Él las cosas que nosotros le ofrecemos. Supongamos que aquel joven hubiera dicho no y se hubiera ocultado entre la multitud. Usted podría pensar: *Bueno, él habría tenido otra oportunidad*. Puede que eso sea cierto, pero no sería como la que Jesús le ofreció en aquel momento. Durante el resto de su vida, aquel joven recordó lo que era estar en presencia del Salvador cuando le entregó su pequeño pero muy significativo almuerzo.

Otro ejemplo de fe y obediencia extremas es la viuda que se menciona en Marcos 12.41-44. Cuando ella echó dos pequeñas monedas a la ofrenda, Jesús les dijo a sus discípulos: «De cierto os digo que esta viuda pobre echó más que todos los que han echado en el arca; porque todos han echado de lo que les sobra; pero ésta, de su pobreza echó todo lo que tenía, todo su sustento». Cuando usted y yo estamos totalmente rendidos a Dios, le entregamos todo a Él. Cualquier manera en que Él escoja usarnos la decide Él; pero quiero que entienda que con frecuencia Él usa las cosas más sencillas y comunes para producir los mayores resultados. La cantidad que aquella mujer dio era menos de un céntimo, pero eso no tenía la menor importancia; lo importante era su obediencia y su devoción a Dios. Se trataba de la actitud. ¿Estamos dando nosotros sencillamente una parte de nosotros mismos a Dios, o le damos todo? Lo que aquella mujer echó en el arca de la ofrenda no fue una propina; fue mucho más porque dio no de lo que le sobraba, sino de su pobreza. El mundo mira a las personas que son muy ricas y busca elevarlas; pero Dios ignora precisamente las cosas que parecen ser muy populares en la sociedad.

Yo probablemente podría enumerar muchas cosas a las que a usted le gustaría aferrarse y no entregar al Señor: dinero, una relación, un deseo o una posición social. Con frecuencia, las personas darán a la obra de Dios porque creen que eso aliviará su culpabilidad. Puede que se sacrifiquen de otras maneras, y hasta se sientan impulsadas a hacer algo más que ayudar a quienes tienen menos que ellos. Las cosas que deberían negarse a darnos son las pocas cosas a las que renuncian con demasiada facilidad: la oración, la adoración, el servicio y la amistad con Dios. Quieren creer que al final de sus vidas, de algún modo, el bien que hayan hecho pesará más que cualquier mal en el que hayan participado en su vida. Dios nos perdona cuando confesamos nuestros pecados, pero somos nosotros quienes perdemos mucho.

Suceden varias cosas cuando nos negamos a rendirnos a Dios:

Nos perdemos sus bendiciones. Si yo le preguntara si querría tener las bendiciones de Dios, las cosas que Él envíe a su camino que son abundantes y están por encima de cualquier cosa que pueda usted imaginar o que podría hacer por sí mismo, sé cuál sería su respuesta. Nadie en su sano juicio diría: «Tomaré lo que yo pueda hacer por mí mismo separado del Dios omnipotente y soberano». Pero incontables personas hacen precisamente eso. Dicen: «No, gracias, Señor», y pasan a vivir vidas muy estrechas y restrictivas aunque sus viajes puedan llevarles por todo el mundo. Salomón preguntó: «¿Y de qué le aprovechó trabajar en vano?

Además de esto, todos los días de su vida comerá en tinieblas, con mucho afán y dolor y miseria» (Ec. 5.16-17). En otras palabras, ¿cuál es el propósito de vivir y obtener tanto separado de Dios? Sus caminos no son un misterio para quienes viven según sus principios. Puede que usted no sepa todo lo que hay que saber, pero las cosas que conocerá y experimentará serán: paz, gozo, amor, felicidad, contentamiento, comunión y vida eterna. Puede usted tener todo lo que pueda reunir y adquirir, o puede tener lo que Dios da, que siempre es mucho más.

Nos perdemos la comunión con Él. Hace años aconsejé a un hombre que había mantenido una aventura amorosa adúltera. Su esposa lo había perdonado, pero él no podía perdonarse a sí mismo. Ese sentimiento creaba una distancia entre él y ella que evitaba que ambos disfrutasen de la comunión el uno con el otro. Estaban juntos y hasta se reían y hablaban, pero había un muro que los separaba. Cuanto más batallaba el esposo con lo que había hecho, más trataba el enemigo de convencerlo de que había una oportunidad de que volviera a repetir la misma ofensa. Su relación con Dios sufría debido a que él se sentía culpable.

Fue necesario que transcurriera mucho tiempo, pero finalmente él se rindió a la verdad de que a pesar de lo que había hecho, Dios le amaba. Comenzó a abrirse realmente al amor de Dios; oraba en la mañana antes de irse al trabajo, y durante el día hacía una pausa a propósito para pensar en la bondad de Dios hacia él. Un día llamó a mi oficina emocionado y simplemente quería decirme que todo iba a estar bien porque había descubierto que Dios no había dejado de amarlo. Y podía arriesgarse a amar a su esposa debido a la relación que había establecido con el Señor.

Nuestra relación con Jesucristo afecta a nuestras relaciones con los demás. Si nos sentimos fríos o reservados hacia Dios, sentiremos eso mismo hacia quienes amamos. En este caso, la restauración y la verdad piadosa fueron los factores clave para producir sanidad y victoria emocional sobre el plan de Satanás. Muchos de nosotros crecimos cantando el coro de "Tal como soy":

Tal como soy, de pecador,
Sin más confianza que tu amor,
Ya que me llamas, vengo a ti,
Cordero de Dios, heme aquí.

La sencilla verdad es esta: cuando usted acude a Dios, Él abre sus brazos y le atrae a sí mismo. No tiene usted que ser ni hacer otra cosa más de lo que es ahora. Y puede que le conozca a Él como su Salvador, pero ha batallado, como Jonás, en contra de lo que sabe que Él le ha llamado a hacer. Su camino es muy sencillo: «Obedéceme y obsérvame obrar en tu vida. O resístete y experimenta cómo es la vida huyendo hacia Tarsis».

Nos perdemos la increíble experiencia de ser cautivados en su íntimo amor y cuidado. Mientras nos mantengamos a la distancia —sin rendirnos plenamente a Dios—, seremos quienes salgamos perdiendo. Nos perdemos la oportunidad más increíble que nunca tendremos en la vida: ser amados personalmente e incondicionalmente por Dios. No hay nada comparable a eso. Si nuestra mente está llena de otras cosas y no somos serios en cuanto a nuestra relación con Él, no aprenderemos cómo estar seguros y «en casa» con el Dios del universo. Las personas buscan sin descanso maneras de sentir que son verdaderamente amadas; se meten en relaciones que son cualquier otra cosa menos piadosas, y se preguntan por qué se sienten solas y olvidadas.

La única Persona que ha prometido no olvidar nunca está justamente a su lado. No le dé la espalda a su amor; permita que Él le abrace y cuide de usted. Puedo prometerle esto: si lo hace, nunca volverá a sentirse solo. Puede que haya veces en que esté usted solo, pero cuando el amor de Dios arde en su corazón, podrá afrontar cualquier cosa y sabrá que Él está agarrando su mano.

Dios eligió que su Hijo muriera en una cruz, la cual probablemente fue talada a mano de la madera de un árbol muy corriente. ¿Por qué cree usted que Él quiso que Jesús fuera clavado a una cruz? Recientemente pensé sobre esto y me pregunté: *¿Quién cortó aquel árbol? ¿Cuántos años tenía? ¿Cuánto tiempo estuvo erigido, y dónde estaba situado?* Dios sabía todas las respuestas a esas preguntas. Él permitió que el talador lo talara y lo moldeara. Probablemente fue un ciudadano romano quien trabajó en la cruz que crucificaría al Hijo de Dios. Después de ser armada, probablemente fue apilada junto con otras esperando ese momento crucial en que llevaría el peso del Salvador del mundo.

Poner a Jesús en una cruz le situó para ser visto por todos los que estaban presentes. No había cuestión alguna sobre su crucifixión; sucedió tal como los profetas predijeron. Había un árbol, con un par de manos que moldeaban la madera: cortándola, talándola y preparándola. Desde nuestra perspectiva, estaba siendo preparada para una obra horrenda, pero desde el punto de vista de Dios era exactamente lo que Él había planeado. Jesús vino a la tierra a morir por nuestros pecados. Él pagó la deuda del pecado del mundo a fin de que cualquiera que acuda a Él experimente perdón y amor incondicional, y vida eterna. No era solamente un árbol. Era *el* árbol.

¿Qué puede hacer Dios en su vida si está usted dispuesto a cantar el siguiente coro?

Todo a Cristo, yo me rindo, con el fin de serle fiel;
Para siempre quiero amarle, y agradarle sólo a Él.

La respuesta es más de lo que usted puede imaginar y mucho más que cualquier cosa que pueda obtener por sí mismo separado de Él. Hay solamente una manera de descubrir lo mejor de Él, y comienza en el momento en que usted lo rinde todo.

Capítulo Cinco

DIOS SACA BIEN DEL MAL

La mujer que estaba al teléfono parecía más que frustrada. Se la oía descorazonada, un sentimiento que cada uno de nosotros ha experimentado en algún momento. Ella había pasado por una serie de pérdidas personales y pruebas que la habían dejado exhausta mental y emocionalmente. Yo la escuché con atención a medida que ella me explicaba dolorosamente lo que había pasado últimamente. Después le ofrecí el mismo consejo que había funcionado para mí siempre que me enfrentaba a problemas por todos los frentes. Le aconsejé que estuviera quieta delante del Señor, para buscar su sabiduría, y que a pesar de lo tentada que estuviera a querer tomar las cosas en sus propias manos, rindiera todo pensamiento y deseo de usar su propia fuerza a Él en oración. En otras palabras: «Quédense quietos, reconozcan que yo soy Dios» (Sal. 46.10, NVI). En el Salmo 37 David escribió lo siguiente sobre descansar en el Señor:

Guarda silencio ante Jehová, y espera en él.
No te alteres con motivo del que prospera en su camino,
Por el hombre que hace maldades.
Deja la ira, y desecha el enojo;
No te excites en manera alguna a hacer lo malo.

Porque los malignos serán destruidos,

Pero los que esperan en Jehová, ellos heredarán la tierra.

Pues de aquí a poco no existirá el malo;

Observarás su lugar, y no estará allí. (vv. 7-10)

A veces, los caminos de Dios pueden parecer perplejos. Una razón es nuestra falta de entendimiento del modo en que Él obra; otra razón es nuestro deseo de ser liberados enseguida de los problemas, el dolor o el desengaño. El hecho es que a nadie le gustan las dificultades; puede que aceptemos el desafío cuando aparecen los problemas por primera vez, pero después de un tiempo estamos listos para ser liberados de nuestro dolor emocional, físico o mental. El enemigo nos tienta a pensar que Dios realmente *no* está haciendo lo mejor en nuestras vidas, y terminamos cuestionando su sabiduría.

La mujer que mencioné anteriormente concluyó nuestra conversación con un pensamiento muy interesante. Dijo: «Supongo que sencillamente no sé cómo Dios opera». Yo le aseguré que hay una manera de conocer a Dios: cómo piensa, trabaja y responde a nuestras necesidades. Podemos conocer sus caminos, pero debemos estar comprometidos a conocerlo de manera íntima y personal. Eso significa abrir su Palabra y pedirle que nos dé el deseo de leer lo que Él ha escrito. A pesar de lo grande que sea la tragedia o el problema, siempre acuérdese que el amor de Dios es más profundo, y Él siempre tiene un propósito fantástico en mente para cada prueba que afrontamos.

Una de las maneras en que Él opera es usar al malvado para cumplir su plan en nuestras vidas. La mayoría de nosotros conocemos la historia de José de memoria. A primera vista, probablemente hay muy poco de lo que yo podría hablar que parecería nuevo y revelador; pero en lugar de mirar su situación desde las perspectivas de lo que él hizo o no hizo, quiero examinar lo que Dios permitió que sucediera y por qué Él actuó del modo en que lo hizo.

Enredado y atrapado

Quizá usted sienta que está afrontando un problema tras otro. Parece como si cuanto más ora y mayor es su compromiso, más se desenmaraña la vida. Si pudiera, usted agarraría una aguja y una hebra de hilo fuerte y la cosería; pero no es eso lo que Dios ha proporcionado. No hay atajos en el sufrimiento, ni manera fácil de atravesar el problema que Dios le pide que afronte. Puede que llegue a un punto en que piense que lo único que parece usted tener es su fe en Dios. Si ese es el caso, quiero asegurarle que eso es más que suficiente.

Los hermanos de José lo despreciaban; sus celos y su envidia eran tan profundos que conspiraron para matarlo (Gn. 37.18). Habrá momentos en que la vida no será fácil. Algunos de nuestras mayores heridas emocionales provienen de manos de personas a quienes queremos y creíamos conocer. Pero al igual que tenemos promesas de Dios en las que confiar en momentos de desaliento, también tenemos su buena perspectiva del dolor que afrontamos.

De hecho, David escribió:

Escucha, oh Dios, mi oración;

Y no te escondas de mi súplica.

Está atento, y respóndeme;

Clamo en mi oración, y me conmuevo,

A causa de la voz del enemigo,

Por la opresión del impío;

Porque sobre mí echaron iniquidad,
Y con furor me persiguen.
Mi corazón está dolorido dentro de mí,
Y terrores de muerte sobre mí han caído.
Temor y temblor vinieron sobre mí,
Y terror me ha cubierto.
Y dije: ¡Quién me diese alas como de paloma!
Volaría yo, y descansaría...
Porque no me afrentó un enemigo,
Lo cual habría soportado;
Ni se alzó contra mí el que me aborrecía,
Porque me hubiera ocultado de él;
Sino tú, hombre, al parecer íntimo mío,
Mi guía, y mi familiar. (Sal. 55.1-6, 12-13)

La conclusión que David sacó de sus pésimas circunstancias debiera unir nuestros corazones para confiar aún más en Dios, incluso cuando no entendamos por qué nos han salido al paso varias pruebas: «Echa sobre Jehová tu carga, y él te sustentará; no dejará para siempre caído al justo» (v. 22).

Dios puede usar malas circunstancias para cumplir su propósito, y lo hará. Puede que usted piense: *No hay modo en que eso pueda suceder. He experimentado la tragedia y un dolor muy profundo. Ni estoy seguro de que podré confiar en Dios.* Desde una perspectiva humana, José pudo haber sido tentado a estar de acuerdo con eso, pero cuando volvió su corazón hacia Dios, no hubo cuestionamiento; él supo que su única opción era confiar en el Señor.

Nada escapa a la atención de Él, en especial las situaciones y circunstancias que tocan la vida de usted. Al igual que estuvo al tanto de cada necesidad de José, está al tanto de las que usted tiene. Él lo sabe y lo entiende; Él nunca menosprecia o pasa por alto al injusto, al malvado y las malas obras. Puede que se pregunte dónde está Él y por qué no se manifestó cuando usted más lo necesitaba. Lo cierto es que Él nunca se va. Nunca hay un momento en que Él se aleje de su vida o se tome un descanso. Él siempre está atento a lo que está sucediendo, y quiere que usted sepa que Él está al cien por ciento en su equipo. Él lo creó a usted y conoce el plan que tiene para su futuro. Puede que usted afronte adversidad, pero puede estar seguro de que también experimentará momentos de extrema bendición a medida que vaya conociendo los caminos de Dios, su amor y sus planes. Estoy seguro de que José se preguntó cómo llegó a lo que parecía ser un callejón sin salida. Dios le había dado una increíble perspectiva del futuro: un día él reinaría sobre sus hermanos (Gn. 37.1-11). Pero al comienzo, su desenfrenada valentía, unida al hecho de que su padre, Jacob, lo quería profundamente, solamente alimentó los celos de sus hermanos hasta un punto en que reaccionaron con maldad.

Dios permitió que José afrontara los desafíos que llegaron por ser traicionado por miembros de su propia familia. Para usted, la traición puede llegar mediante un buen amigo o un compañero de trabajo. En lugar de matarlo, los hermanos de José decidieron lanzarlo a un pozo que había sido cavado para capturar animales salvajes, y luego se alejaron sin ningún cargo de conciencia. Sus hermanos habían sacado a José del pozo y decidido venderlo como esclavo a una banda de mercaderes de —origen ismaelita— que pasaba por allí, por veinte siclos de platas (Gn. 37.26-28). Solamente Rubén regresó al pozo y vio que José ya no estaba (Gn. 37.29). Aquellos hombres lo llevaron a Egipto, donde fue comprado por Potifar, un oficial egipcio de Faraón (Gn. 37.36; 39.1).

Sin que ellos se dieran cuenta, el Señor usó a los hermanos de José para comenzar el proceso de la futura liberación de Israel de la esclavitud. Aunque estaba a años de distancia, la meta final de Dios era establecer un fundamento para su futura redención. El sufrimiento de José fue una plataforma para la liberación del pueblo de Dios: no sólo de Israel, sino de todos los hombres y mujeres. Cuando intente usted discernir los caminos de Dios, mantenga siempre una perspectiva que tenga el futuro en mente. Ser corto de vista le tentará a creer que debe usted recibir una respuesta a su problema en *este momento*. Pero tener el deseo de ver sus circunstancias desde el punto de vista de Dios cambia el modo en que usted responde a la situación y a otras personas.

Dios usa la tragedia

¿Se ha preguntado alguna vez al estar al lado de la tumba de un ser querido cómo podría salir algo bueno de su muerte? En algunos casos, es fácil entender lo que Dios está haciendo, pero otros es más difícil. Recientemente, una amiga me habló de un funeral a la que ella asistió. La mujer anciana que había muerto había sido cristiana por muchos años; sin embargo, aquella santa fiel había pasado el último año de su vida peleando una batalla perdida contra el cáncer. Cuando sus hijos se reunieron para el servicio en su memoria, varios de ellos expresaron dudas sobre la soberanía de Dios al permitir que su madre sufriera. En sus años de juventud, ella había sido un pilar de fortaleza para la familia después de la inoportuna muerte de su padre. ¿Por qué permitió Dios que una enfermedad tan terrible la golpeara y se llevara su vida? No parecía correcto desde la perspectiva de ellos, pero aquella piadosa mujer entendía algo más sobre el Señor de lo que ellos habían entendido.

Tiempo antes de morir, cuando se sintió lo bastante bien para visitar a su pastor, le dijo exactamente cómo quería que fuera su funeral, sin expresar tristeza o ni siquiera el menor indicio de derrota. Musitó: «Cuando todos aquí estén llorando, ¡yo me estaré regocijando y alabando a Dios!» Luego pasó a explicar que sabía que varios de sus familiares no conocían al Salvador; nunca habían orado para recibirlo como Señor de sus vidas. En aquel momento ella estaba a punto de estar delante de Él cara a cara, y su deseo antes de morir era que cada uno de ellos llegara a conocer el gozo de tener una relación personal con Jesucristo. Y eso es exactamente lo que pasó. Al final del funeral, el pastor preguntó a los presentes quién quería aceptar a Cristo como su Salvador. Varios miembros de la familia levantaron la mano.

Dios usa la tragedia —hasta las circunstancias malas— para cumplir sus propósitos. José fue lanzado a un pozo que se usaba para atrapar animales salvajes. Más adelante, fue vendido como esclavo en Egipto, pero las pruebas no finalizaron allí. La esposa de Potifar trató de seducirlo, y cuando él no aceptó la oferta ella mintió acerca del incidente y lo metieron en la cárcel. Imagine lo que pasó por su mente. Dios había preservado su vida y hasta lo había bendecido, aunque estaba cautivo en un país extranjero. Potifar le había nombrado jefe de su casa. José tenía poder, cierta cantidad de seguridad, y hasta una posición, pero todo eso se disolvió con mucha rapidez cuando el Señor permitió que una persona malvada atacara su carácter.

La mayoría de nosotros habríamos estado de rodillas preguntando *por qué*, pero en realidad no vemos a José haciendo eso en la Escritura. Podemos imaginar que él se preguntaba qué estaba sucediendo, pero lo único que resalta en esta historia de fe en medio de la prueba es el deseo de José de permanecer firme y no pecar contra Dios. No estuvo en la cárcel mucho tiempo hasta que el carcelero se fijara en que era un joven muy dotado, y le convirtió en supervisor de la cárcel: «Pero Jehová estaba con José y le extendió su misericordia, y le dio gracia en los ojos del jefe de la cárcel. Y el jefe de la cárcel entregó en mano de José el cuidado de todos los presos que había en aquella prisión; todo lo que se hacía allí, él lo hacía» (Gn. 39.21-22). Desde una perspectiva humana, parecía que cualquier esperanza de futuro que tuviera José se había terminado. Pero quiero desafiarlo a no calcular nunca una situación sin añadir la fidelidad de Dios.

¿Cómo podría salir algún bien de esta mala situación? Cuando Dios participa, siempre hay un camino. Él estaba situando a José para un propósito mayor. El mal que le hicieron fue parte del omnisciente plan de Dios. Él no dejó a José en la cárcel para siempre; sin embargo, antes de su liberación, el Señor permitió que experimentase aún más traición. Esta vez, otro prisionero prometió acordarse de José cuando fuese liberado; pero eso no sucedió, y José pasó más tiempo encerrado en un lugar en el que nunca debió haber sido obligado a entrar.

Piense en esto: Faraón nunca habría pensado en él para el puesto de primer ministro. Ningún líder de Egipto habría aceptado la idea de que un muchacho hebreo se uniera a su gabinete; pero cuando José estaba de modo seguro en el país sin ninguna esperanza de escapar y regresar a su padre, Dios pudo comenzar a trabajar. A su tiempo, la capacidad de José de interpretar sueños quedó al descubierto, y tuvo la oportunidad perfecta para utilizar su talento en presencia del faraón mismo. El resultado no solamente fue la liberación de José de la cárcel, sino también su liberación y ascenso a administrador a cargo de todo Egipto. Pasó de la mazmorra al palacio sin hacer ninguna parada intermedia. Fue únicamente el resultado de la increíble obra de Dios en su vida. Y justamente a tiempo, una hambruna sacudió la tierra y golpeó especialmente fuerte a Israel.

Conocemos el final de la historia. José salvó a su familia, y finalmente al pueblo de Dios, de una muerte segura. Debido a que él era el primer ministro y debido a que estaba a cargo de los graneros del país, sabía que Egipto tenía superávit. Cuando él y sus hermanos se reunieron, José trasladó a su familia para que vivieran seguros en el país extranjero (Gn. 42–46). El Señor usó a personas incrédulas y malvadas para lograr su objetivo. Cada situación, dolor, carga y momento pasado en soledad tuvo propósito.

Años después, el actual faraón comenzó a pensar en los israelitas y en el poder que tenían debido a su gran número. Los doce hijos de Israel ya no eran una familia pequeña; los miembros de esa familia habían aumentado hasta convertirse en miles.

Y murió José, y todos sus hermanos, y toda aquella generación. Y los hijos de Israel fructificaron y se multiplicaron, y fueron aumentados y fortalecidos en extremo, y se llenó de ellos la tierra. Entretanto, se levantó sobre Egipto un nuevo rey que no conocía a José; y dijo a su pueblo: He aquí, el pueblo de los hijos de Israel es mayor y más fuerte que nosotros. Ahora, pues, seamos sabios para con él, para que no se multiplique, y acontezca que viniendo guerra, él también se una a nuestros enemigos y pelee contra nosotros, y se vaya de la tierra. Entonces pusieron sobre ellos comisarios de tributos que los molestasen con sus cargas. (Éx. 1.6-11)

La mayoría de nosotros conocemos el relato de la historia de memoria, pero veamos de modo distinto lo que yo creo que Dios estaba haciendo en la vida de la nación. Es lo mismo que Él quiere hacer en nuestras vidas.

La desventaja de ver la vida desde una perspectiva humana

Siempre necesitamos recordar que los caminos de Dios *no* son los nuestros. Muchas veces, el curso que nosotros escogeríamos para viajar no es lo que Él planea; por tanto, vemos su obra y no entendemos lo que Él hace. O si el proceso se vuelve demasiado doloroso, queremos saltar y buscar la primera puerta abierta que haya para huir de la herida. Nuestros corazones se rompen, nuestras vidas se tambalean, y nos sentimos como si el sol nunca más volviera a brillar, pero seguimos luchando contra la voluntad de Dios.

No podemos entender plenamente el modo en que Él piensa. Tenemos capacidades limitadas; Dios, sin embargo, es infinito en naturaleza. Llegan las dificultades, y lo primero que la mayoría de personas hacen es preguntarse: *Señor, ¿en qué me equivoqué?* Persistimos, y nos convencemos de que nosotros somos los culpables, aunque normalmente ese no sea el caso. Dios no asigna culpabilidad del modo en que nosotros lo hacemos. Él sabe cuándo hemos cometido un error crítico, y trata con nosotros en ese punto. Pero con frecuencia, cuando experimentamos la maldad de este mundo que produce sentimientos de estrés y una indecible presión, se debe a que hemos ido en contra de las fuerzas malignas de un mundo caído.

A los jóvenes les gusta decir: «supéralo» cuando se enfrentan a una situación que tiene poco sentido. De cierto modo, nosotros también necesitamos «superar» nuestro frenético deseo de vivir en un mundo perfecto mientras estemos en esta tierra. Eso no va a suceder, y debemos «sobreponernos» a nuestros temores y comenzar a vivir en la infinita luz y la increíble esperanza que son nuestras por medio de Jesucristo. No estamos derrotados porque el poder de su resurrección vive dentro de nosotros. Nada es más grande, ofrece un futuro más brillante, y tiene más potencial que eso. El mundo pasa, pero Dios está justamente donde Él dijo que estaría: con usted en cada paso que da. *No vemos su meta final, que es siempre para lo mejor.* Podemos ser cegados por nuestros sueños sobre el futuro o por lo que creemos que debería ser cierto o suceder. He visto a muchas personas tropezar en este punto. Creen que su camino es mejor, y aunque Dios les envía ayuda y dirección, ellos siguen comprometidos con su curso de acción, y con frecuencia terminan tomando desvíos o perdiéndose por completo lo mejor de Él. En lugar de estar comprometido a avanzar, comprométase en primer lugar a estar en el centro de la voluntad de Dios, y entonces sabrá lo que es la verdadera paz y el gozo. Y recuerde que el gozo, la paz y la bendición no siempre llegan en forma material: poseer una casa grande, vivir en el barrio «correcto», conducir un auto nuevo, y tener un empleo de alto nivel. El gozo, la paz, y la bendición llegan cuando vivimos en armonía con los propósitos y los planes de Él. Nada produce mayor recompensa personal que estar justamente donde Dios quiere que usted esté.

No siempre podemos discernir su propósito. Aunque puede que no sepamos lo que Dios está pensando, podemos aprender a estar quietos y ver y escuchar para obtener su guía. Él nos dice que si le buscamos, Él nos hablará: «Yo te instruiré, yo te mostraré el camino que debes seguir; yo te daré consejos y velaré por ti» (Sal. 32.8 nvi). Él hace eso mediante la oración, mediante el estudio de su Palabra, y mediante aquellos que nos ministran. Asegúrese siempre de que, cuando escuche, le pida también a Dios que le dé su discernimiento a fin de que sepa cuándo avanzar, cuándo esperar y cuándo descansar en el cuidado de Él.

Necesitamos orar, pero estamos demasiado cautivados por nuestros deseos, necesidades, sentimientos y presiones. Satanás no se detendrá ante nada para distraernos y evitar que veamos el poder de Dios en nuestras vidas, mediante ellas y rodeándonos; él susurra falsas acusaciones a nuestra mente y nuestro corazón, y cuando no respondemos volviéndonos temerosos y desalentados, él agudiza sus ataques diciéndonos que otros sienten que somos incompetentes, insensibles, distantes, y cualquier otro número de acusaciones incorrectas. No caiga en sus débiles amenazas y miserables mentiras. Dios le ha escogido a usted con un propósito; Él le salvó basado en su amor incondicional por usted, y Él tiene un plan para su vida (Jer. 29.11). Él ha puesto su sello de posesión en su vida (2 Co. 1.21-22). Usted le pertenece a Él, y el Dios del universo, cuyos pensamientos están todos dirigidos en dirección a usted, le ama íntimamente.

Dios nunca cambia; Él es el Dios de amor

No hay excepciones a los principios de Dios, pero ciertamente hay veces en que Él sabe que la prueba que estamos afrontando es demasiado grande para que podamos manejarla. Es perfectamente normal, y hasta razonable, preguntar cómo puede Él usar en nuestras vidas algo tan horrible como el abuso, la violación, o cualquier otro acto perverso. ¿Cómo podemos pensar en vivir la vida plenamente cuando no podemos sobreponernos al dolor que sentimos? *En primer lugar*, necesitamos comprender que Dios no es el autor del mal; ese papel le pertenece estrictamente a Satanás, que es quien quiere que suframos. Pero no se nos deja solos para batallar contra su maldad. *En segundo lugar*, necesitamos saber que Dios mismo es nuestro refugio y defensa. El salmista declaró:

Dios es nuestro amparo y fortaleza,
Nuestro pronto auxilio en las tribulaciones.

Por tanto, no temeremos, aunque la tierra sea removida,

Y se traspasen los montes al corazón del mar;

Aunque bramen y se turben sus aguas,

Y tiemblen los montes a causa de su braveza.

Del río sus corrientes alegran la ciudad de Dios,

El santuario de las moradas del Altísimo.

Dios está en medio de ella; no será conmovida.

Dios la ayudará al clarear la mañana. (Sal. 46.1-5)

Dios es firme y fiel. Hay algunas cosas que vemos que no tienen mucho sentido. Algunas cosas —especialmente situaciones siniestras y malvadas— nunca tendrán pleno sentido para nosotros. David nos ayuda a obtener una perspectiva crucial sobre este asunto al escribir:

Maquina el impío contra el justo,

Y cruje contra él sus dientes; El Señor se reirá de él;

Porque ve que viene su día.

Los impíos desenvainan espada y entesan su arco,

Para derribar al pobre y al menesteroso,

Para matar a los de recto proceder.

Su espada entrará en su mismo corazón,

Y su arco será quebrado. (Sal. 37.12-15)

Y en el Salmo 34 leemos:

Los ojos de Jehová están sobre los justos,

Y atentos sus oídos al clamor de ellos.

La ira de Jehová contra los que hacen mal,

Para cortar de la tierra la memoria de ellos.

Claman los justos, y Jehová oye,

Y los libra de todas sus angustias.

Cercano está Jehová a los quebrantados de corazón;

Y salva a los contritos de espíritu.

Muchas son las aflicciones del justo,

Pero de todas ellas le librará Jehová. (vv. 15-19)

Cuando nos enfrentamos a cualquier tipo de maldad, el Señor es nuestra torre fuerte, nuestra roca inconmovible, y nuestro libertador (Sal. 18).

Dios había situado deliberadamente a José en un lugar donde años más tarde el pueblo sería librado de la esclavitud. Nada es una coincidencia. Dios participa o conoce de antemano a cada situación que se produce. Vivimos en un mundo caído; Él no planea el mal, pero utilizará sus desagradables resultados para moldear nuestra vida y nuestros corazones a fin de que se conviertan en reflejos de su misericordia.

Cada vez que desobedecemos a Dios, las ruedas del juicio comienzan a girar. Él había dado al pueblo de Israel dos advertencias: no adorar a otros dioses, y no casarse con extranjeros (Dt. 7). ¿Por qué estaba Él interesado en sus parejas? Porque Él sabía que si se casaban con personas de culturas paganas, serían tentados a adorar a dioses paganos. La adoración a ídolos de cualquier tipo va totalmente en contra de los mandamientos de Dios. Meterlos en su casa y en su familia diluirá su amor por Dios y le tentará a cuestionarse la autoridad de Él y su relevancia. Sucede en la esfera espiritual, y cambia a la persona desde dentro hacia fuera.

Gran parte de la maldad que hay en nuestro mundo hoy día es el resultado de una decisión impía tras otra. Dios dice: «Eso es detestable para mí; no lo hagas». Y nosotros cedemos en nuestros actos o buscamos justificar lo que estamos haciendo diciéndonos a nosotros mismos que realmente no es tan malo, que nadie resultará dañado, o que todos los demás lo hacen. La pregunta que yo a menudo planteo es la siguiente: «Si todos los demás lo hacen y sus vidas son tan desgraciadas, ¿quiere usted hacer eso mismo?» En una ocasión planteé esa pregunta a un joven que estaba a punto de cometer un terrible error en una relación. Él se había comprometido a dar un paso que yo sabía que conduciría a una profunda tristeza y frustración. Él enseguida respondió: «La mayoría de mis amigos lo hacen, y todos estamos felices».

Yo le respondí: «Espera unos meses y verás si su felicidad permanece», y así lo hizo. De hecho, pasaron varios meses y un día observé que él estaba en la iglesia después de haber estado faltando una temporada. Enseguida recordé nuestra conversación. Después del servicio, él se acercó a mí, tomó mi mano y me susurró: «Estoy cansado. Quiero regresar». A ningún pastor le gusta ver sufrir a la gente por causa de su pecado; sino que quiere responder del modo en que Dios responde, que es siempre en amor.

Después de su pecado con Betsabé, el rey David oró:

Contra ti, contra ti solo he pecado,
   Y he hecho lo malo delante de tus ojos;
   Para que seas reconocido justo en tu palabra,
   Y tenido por puro en tu juicio...
Crea en mí, oh Dios, un corazón limpio,
   Y renueva un espíritu recto dentro de mí.
No me eches de delante de ti,
   Y no quites de mí tu santo Espíritu.
Vuélveme el gozo de tu salvación,
   Y espíritu noble me sustente.

Entonces enseñaré a los transgresores tus caminos,
Y los pecadores se convertirán a ti. (Sal. 51.4, 10-13)

¿Entiende lo que hizo David? Él confesó que lo que había hecho
estaba mal; era consciente del juicio de Dios de su pecado, pero entendió
el íntimo amor del Señor por él. Oró no solamente para que Dios lo
perdonara, sino también por restauración a fin de poder ser usado para
advertir a otros que no desobedecieran a Dios.

El sendero hacia el fracaso

Otro aspecto del pecado de Israel es su progresión. Desde el comienzo
mismo, los corazones del pueblo se alejaron de Dios. Él los libró, pero
ellos no estaban satisfechos con tenerlo a Él como su rey. La estructura
política de las naciones paganas captó su atención, y comenzaron a pre-
sionar al Señor para que les diera un rey que reinase sobre ellos. Ellos
tenían al Rey de reyes para guiarlos y protegerlos, pero querían un líder
terrenal que los gobernara. Me sorprende cuando oigo a personas decir
que el amor de Dios es restrictivo, y pienso de inmediato: *Usted no conoce
el amor de Dios, el amor íntimo, abundante y sacrificial del Dios Todopoderoso.
Si lo conociera, las palabras* restrictivo *y* limitativo *nunca vendrían a su
mente.* Lo único que limitó a Dios a no derramar su amor y sus bendiciones en abundancia fue la desobediencia de Israel.

Lo mismo restringe su obra en nuestras vidas en la actualidad. Él
quiere bendecirnos, pero nuestro pecado evita que lo haga. Sin embargo,
aun ahí —en momentos de conducta vil y malvada—, Dios obra llevando a hombres y mujeres a un punto de arrepentimiento. Su propósito
final para la nación de Israel era ser un canal por medio del cual llegaría
el Mesías; sin embargo, su propósito inmediato para el pueblo era

enseñarles a amarlo y honrarlo a Él sobre todas las cosas. Su promesa a Abraham nunca perdió su atractivo. Él dijo: «Y te multiplicaré en gran manera, y haré naciones de ti, y reyes saldrán de ti. Y estableceré mi pacto entre mí y ti, y tu descendencia después de ti en sus generaciones, por pacto perpetuo, para ser tu Dios, y el de tu descendencia después de ti» (Gn. 17.6-7).

Dios siempre cumple su palabra. Cuando Él hace una promesa, la cumple a su tiempo y a su manera. Cuando Israel salió de Egipto y comenzó el viaje hacia la tierra prometida, el pueblo no recordaba quién era Abraham. Habían oído de él, pero no había una identificación personal. Por medio de Moisés, el Señor comenzó a enseñarles y moldearlos para que llegaran a ser la nación de «la promesa». Hoy día nosotros somos el pueblo de la promesa, pero necesitamos entender que nuestro viaje tiene un propósito. Y hasta el fracaso que afrontemos puede ser usado para cambiarnos y motivarnos a desear la voluntad de Él por encima de la nuestra. Vivir la vida cristiana, literalmente requiere un cambio de actitud, donde llegamos a un punto de comprensión acerca de quién es Dios: Él es soberano sobre todas las cosas, y también nos ama con un amor eterno y tiene un increíble plan para nuestras vidas.

Hace unos años, pensé en esto de una manera fresca y nueva. Estaba realizando un viaje fotográfico por el Noreste de los Estados Unidos, y una inesperada tormenta de nieve amenazaba con pasar por los lugares que yo quería visitar. Muchas veces podemos planear exactamente cómo queremos que algo se desarrolle y luego ver que resulta de modo diferente. Yo sigo disfrutando del proceso de preparación aun antes de salir hacia mi destino. Preparar mi ropa, reunir mi equipo de fotografía, y pasar tiempo mirando mapas de la zona que visitaré siempre elevan el nivel de mi emoción. Hoy día puedo meterme en la Internet y buscar toda la información que necesite sobre un lugar dado; también puedo imaginar cómo será estar allí y tomar fotografías.

En ese viaje, ninguno de mis planes podría haberme preparado para lo que encontré. Cuando llegué a mi destino, hubo un dramático cambio de tiempo. Empezó a nevar mucho. Recuerdo haber dicho: «Muy bien, Señor, debes tener alguna otra cosa en mente». Le pedí que me mostrara cuál era la mejor ruta la mañana siguiente. Cuando la nieve no cesaba, me sentí tentado, como les pasa a muchos, a preguntarme si había tomado una mala decisión al viajar a esa parte del país en aquella época del año. Cuando veía las noticias sobre el tiempo y comprobaba la última hora, seguía sintiendo que Él decía: *Confía en mí*. Dios está interesado hasta en situaciones pequeñas, como las vacaciones, que de repente parecen llegar a un punto muerto.

Cada vez que la idea de confiar en Él entraba en mis pensamientos, me sentía alentado. Cada vez que encendía el televisor y veía la gran tormenta que estaba sobre lo que parecía ser mi cabina, sentía lo contrario: desánimo. Yo razonaba: «Aun si sale el sol, nunca podré abrirme paso a través de varios metros de nieve recién caída». Estaba equivocado. A la mañana siguiente, el cielo estaba azul, y aunque no se podía circular por todas las carreteras, las que conducían a hermosas vistas estaban abiertas. Pero había algo más. Debido a la tormenta de nieve, vi lo que me rodeaba de modo distinto; no era necesario conducir una gran distancia a fin de ser testigo de la maravilla de la creación de Dios. La nieve recién caída había dejado el monte circundante lleno de una belleza tan inmensa que todo lo que vi y fotografié me sorprendió.

Puede que usted se pregunte cómo terminó llegando al lugar donde está. Los hombres y mujeres entregados se han preguntado eso mismo. El peso del futuro de la nación de Israel recaía sobre los hombros de Ester. José dejó su casa una mañana para reunirse con sus hermanos, pero nunca volvió a regresar a su hogar. Ana oró por un hijo prometiendo dedicarlo al servicio del Señor. Moisés levantó su vista y vio una zarza ardiente, y descubrió que su futuro había cambiado instantáneamente. David regresó del campo con las ovejas y fue ungido como futuro rey de Israel. Una mañana, Pedro, Santiago y Juan llevaron sus barcas a la orilla y comenzaron a remendar sus redes; unos minutos después, Jesús se detuvo a hablar con ellos, y lo dejaron todo para seguirlo. El viaje hacia el entendimiento de los caminos de Dios es necesario. Cada uno de los hombres y mujeres a quienes Dios usó afrontaron muchos desafíos. Problemas, enfermedades, desengaño, fracaso, profunda tristeza, y hasta la muerte oscurecieron cada uno de sus pasos, y muchos fueron malentendidos, pero nada de eso alteró lo que Dios había planeado que ellos hicieran antes del comienzo del tiempo. Para que entendamos cómo obra Él, debemos aceptar el hecho de que las presiones y las tragedias de la vida desempeñan un papel muy importante en nuestro desarrollo espiritual.

Por tanto, Dios usa circunstancias desagradables y hasta situaciones y personas malvadas para desarrollar un increíble testimonio en nuestras vidas. Pronto, los enemigos de Israel comenzaron a reconocer que Israel adoraba a Dios y que Él era grande. Faraón se encontró con el poder de Dios de primera mano cuando sus ejércitos murieron ahogados en el mar Rojo. ¿Estuvo Dios en eso? Claro que sí. Él estuvo en cada aspecto sin excepción. Nosotros pensaríamos que el pueblo de Israel nunca cambiaría en su devoción a Dios, pero lo hicieron. Una y otra vez, el Señor tuvo que recordarles su grandeza; y una vez tras otra ellos tuvieron que soportar graves pérdidas y contratiempos. Su amor a Dios se vio diluido por un amor a las pasiones del mundo y a los dioses de sus enemigos. Como resultado de su pecado, la nación fue debilitada al romper el compromiso pactado con Dios.

Nosotros seguimos por el mismo sendero. Nuestros líderes políticos se han movido para quitar la Biblia de nuestras escuelas, no dejar que nuestros niños oren, y reconocer la homosexualidad como un estilo de vida aceptable. Nuestros jóvenes creen que vivir juntos antes del matrimonio es perfectamente normal y aceptable. Hay un espíritu de falta de respeto por los principios de Dios que se ha metido en nuestra sociedad. Tengo un amigo que es psicólogo, y me dice que está viendo más problemas emocionales que nunca. Siempre pagamos el precio de las malas decisiones. La tragedia es esta: todos resultan heridos en el proceso. Usted no puede cambiar las leyes de Dios; no puede alterar sus principios. Si olvidamos la historia, estaremos destinados a repetirla. Israel pasó cuarenta años en el desierto antes de entrar en la tierra prometida. Una vez que estuvieron allí, no guardaron los mandamientos de Dios e hicieron sacrificios a dioses extraños.

Su descarrío llegó a ser tan grande que Dios permitió que sus enemigos —a quienes ellos habían querido imitar en su adoración— los destruyeran y los llevaran cautivos. ¿No es exactamente eso lo que el pecado nos hace hoy día? Comienza con una motivación, actitud o acto erróneos, y se convierte en un hábito, lujuria u obsesión. Una vez que el enemigo tiene toda nuestra atención, cierra la trampa, y no podemos librarnos de la atadura. Somos hechos cautivos como resultado de nuestros descarriados actos.

Tuvimos que luchar en la Primera Guerra Mundial, y pasamos por la Gran Depresión. Luego vino la Segunda Guerra Mundial, después la guerra de Corea, y hemos luchado en Vietnam y en otros conflictos desde entonces. Batallamos por años contra los comunistas; pero creo que ahora nos enfrentamos a una amenaza que es mucho más grave que cualquier enemigo al que nos hayamos enfrentado en combate hasta ahora, porque implica la religión, y eso hace que sea mucho más peligrosa y desastrosa. No se engañe pensando que Dios nunca permitiría que le sucediera nada a Estados Unidos. Él tiene un propósito que es mucho mayor que asegurar nuestra comodidad y deseos egoístas.

No podemos desafiar las leyes de Dios, pasar por alto sus principios, y actuar como si sus mandamientos no existieran. Hacer eso a cualquier nivel —como nación o como individuos— es echar el fundamento para el suicidio espiritual. Sabemos mucho; tenemos mucha verdad. La realidad es que no tenemos excusa. El pueblo de Dios necesita despertar y comenzar a vivir del modo en que Él nos ha llamado: vidas puras y honestas que estén totalmente entregadas a Él y a sus principios. Dios no va a permitirnos que lo pasemos por alto sin sufrir las consecuencias de nuestro pecado. Puede que respondamos a este pensamiento de modo muy casual, pero lo cierto es que en algún momento —sea ahora o en las generaciones de nuestros hijos y nietos— Dios usará cualquier medio necesario para llamar nuestra atención. No me gusta escribir estas palabras. Nunca disfruto al decírselas a mi congregación, pero ignorarlas es hacer oídos sordos al modo en que Dios opera. Él usa a los malvados para castigar el pecado.

¡Misión cumplida!

Antes de terminar este capítulo, quiero mostrarle cómo Dios hizo precisamente eso en la vida de Jesús. En primer lugar, Él usó a César Augusto para preparar el escenario para el lugar de nacimiento del Salvador. Fue Augusto quien hizo un decreto diciendo que se realizaría un censo y que todos tenían que regresar al lugar donde nacieron. José tomó a María y se dirigieron a su ciudad natal, que era Belén. Fue allí donde nació Jesús, lo cual era el cumplimiento de una profecía muy concreta del Antiguo Testamento (Mi. 5.2). En segundo lugar, Herodes oyó sobre su nacimiento y dictó un decreto ordenando que todos los niños de hasta dos años de edad fueran asesinados. Él estaba seguro de que ese acto se libraría del nacimiento de Cristo; pero un ángel del Señor habló a José en un sueño, advirtiéndole del peligro y diciéndole que tomara al bebé y a su madre y los llevara a Egipto, donde estarían a salvo. Por tanto, la familia huyó a Egipto y más adelante, cuando el peligro hubo pasado, regresaron a Nazaret, donde vivieron.

Cuando llegan los problemas o el mal ataca, su curso de acción más inteligente es pedirle a Dios en oración que le muestre lo que tiene que hacer. Si hay pecado, pídale que le perdone; si ese no es el caso y usted está siendo atacado, entonces Él lo solucionará. José y María estaban en armonía con el plan de Dios, pero eso no evitó que tuvieran que afrontar una amenaza muy malvada, que llegó debido al nacimiento del Mesías. No había modo alguno en que Satanás fuera a quedarse quieto y permitir que Jesús creciera sin una sola amenaza. Pero notemos lo que hizo José: él obedeció a Dios. Es más que probable que él no entendiera lo que estaba sucediendo. Nunca leemos que José tuviera un entendimiento perfecto en cuanto al nacimiento de Cristo; pero sabía lo suficiente para comprender que necesitaba hacer lo que Dios le estaba indicando que hiciera. Y el Señor guardó a su Hijo, el Mesías.

En cada situación en su vida, Jesús afrontó algún tipo de amenaza por parte de los gobernantes de su época (Lc. 20.19-20). Los fariseos y saduceos inventaron cargos contra Él; Pilato lo condenó a muerte; y los romanos fueron quienes físicamente lo crucificaron. Si pensamos en la vida de Jesús, encontramos que los líderes religiosos de su tiempo estaban decididos a matarlo; ellos estaban motivados por el odio y la ambición egoísta que se centraba en sus puntos de vista religiosos. Se perdieron la llegada del Mesías porque Jesús no encajaba con la descripción que ellos tenían de lo que debería ser el Salvador. Él no era un hombre político, que era lo que ellos buscaban en el Mesías: un hombre que los liberase del gobierno y la opresión de los romanos. Los ojos de sus corazones estaban fijos en una sola cosa: ellos mismos y no Dios. Para ellos, la libertad no era un asunto espiritual; era un problema político, pero Jesús vino por una razón distinta. Él no vino a fin de poder ser un rey terrenal; vino para salvarnos de una muerte eterna. Dios utilizó a los malvados para poner a su Hijo sobre una cruz y luego en un sepulcro, pero la muerte no tuvo poder sobre Él. El sepulcro está vacío, y podemos tener vida eterna por medio de la fe en Jesucristo.

El Señor utilizó todo mal, toda maquinación para cumplir su propósito, que era traer al Redentor a este mundo. Más adelante el mismo patrón estuvo en funcionamiento en las vidas de los discípulos. Cuanto más predicaban Pedro y los apóstoles el evangelio, más perseguidos eran (Hch. 5.17-41). Y con cada situación Dios limitaba su enfoque, llevándolos más cerca a Él, y fortaleciéndolos para que hicieran la obra para la cual Él los había creado. Muchos murieron debido a su fe, pero no dejaron esta tierra sin cumplir la misión que se les había encomendado.

Aunque el enemigo ataca y busca destruir al pueblo de Dios, nunca logrará su objetivo, pues es un enemigo derrotado. Estaba seguro de que había ganado ventaja en la vida de Saulo, pero después de la muerte de Esteban, Dios salvó a este hombre camino a Damasco; también le dio un nombre nuevo, una nueva pasión y una nueva ocupación. Saulo se convirtió en Pablo, un apóstol del Señor Jesucristo. Su vida fue cambiada, pero hasta que tuvo un encuentro con el Salvador el mal le acechaba, llenando su mente de mentiras y pensamientos que no estaban en armonía con la voluntad de Dios ni con su plan.

En el libro de Hechos, Lucas registró que Saulo estaba al frente y observó el apedreamiento de Esteban; en esencia, él dio su aprobación a lo que se hizo (Hch. 7). ¿Por qué permitió Dios que sucediera eso?

Solamente el Señor lo sabe con certeza, pero puedo decirle lo que yo creo que fue uno de los resultados positivos para la iglesia del Nuevo Testamento que se produjo por la persecución de Saulo y de otros como él. Es este: el testimonio y los testigos de la verdad de Dios comenzaron a esparcirse por todo el mundo conocido. La iglesia primitiva fue fortalecida —no debilitada— por la persecución. Jesús había mandado a sus seguidores que llevaran su mensaje del evangelio al mundo; sin embargo, después de su resurrección, ellos se quedaron en Jerusalén y tuvieron un maravilloso tiempo de comunión y de conversación acerca de todo lo que habían visto durante la vida de Jesús en la tierra. Dios tuvo que usar medidas extremas para motivarlos a salir de la ciudad y obedecer su mandato; por tanto, Él permitió la persecución. Al igual que Esteban, muchos fueron apedreados; otros fueron obligados a abandonar a su familia y sus amigos y trasladarse a otras regiones. Nerón era el emperador, y estaba comprometido a matar y expulsar de Roma tantos judíos como fuera posible. Fue así como el mensaje del evangelio comenzó a difundirse.

Los creyentes huyeron para salvar sus vidas o fueron expulsados de ciudades, y dondequiera que iban les hablaban a otros de la gracia salvadora del Señor Jesucristo. A lo largo de su vida, Pablo se enfrentó a numerosas dificultades, y Dios no lo libró de ellas. Muchas veces terminó en la cárcel. Puede que usted piense: *Yo nunca he entendido por qué Dios permitió que él pasara tanto tiempo en la cárcel.* La respuesta es fácil de suponer. El calendario de Pablo estaba lleno. El Señor permitió que pasara tiempo en la cárcel para que pudiera escribir, y fue allí donde escribió las cartas de Efesios, Colosenses, Filipenses, Filemón, Romanos y 1 y 2 Corintios. Denominamos a esos libros de la Biblia las Epístolas de la Prisión, y cada uno de ellos contiene valiosas lecciones sobre quién es Dios y cómo debemos vivir.

A veces pensamos que algo es injusto o cruel, pero el Señor sabe cuál es su valor potencial. Puede que sintamos que algo es injusto o un error, pero Dios lo ve encajando perfectamente con su plan. Si Pablo hubiera sido un hombre libre, probablemente hubiera estado tan cautivado por predicar el evangelio y plantar iglesias que nunca habría escrito las cartas a las varias iglesias que él plantó. Esas cartas o libros a las iglesias constituyen una inmensa parte del Nuevo Testamento. Esto es sólo una conjetura mía, pero creo que Dios lo metió en la cárcel a fin de que pudiera registrar sus preceptos, los cuales serían dados a su pueblo. Los líderes malvados y motivados por el egoísmo creían que habían eliminado a Pablo de la escena; sin embargo, eso estaba muy lejos de ser cierto. Él estaba en el núcleo de la acción y situado perfectamente para instruir a las gentes de su época, pero también a millones de personas de generaciones posteriores, porque nosotros leemos y estudiamos las palabras que Dios le dio para que escribiera.

Sabemos que el Señor usa obras y personas rectas para cumplir su voluntad, pero puede ser muy difícil para algunas personas entender cómo Él usa a los malvados para lograr sus propósitos. Es mucho más atractivo pensar en cómo Él usa cosas buenas para moldear nuestras vidas en lugar de la maldad o la tristeza para formarnos y prepararnos para su servicio. Sin embargo, puedo decir sin vacilación que mis mayores lecciones de fe han provenido de épocas de extrema dificultad: momentos en que me sentí perseguido, traicionado o rechazado. También puedo decir que cada vez que miré atrás a esa situación pude ver la mano de Dios obrando, guiándome y preparándome para una tremenda bendición.

Lo mismo es cierto para usted. Puede parecer como si su mundo se hubiera hundido, pero no hay nada que esté fuera de la omnipotente capacidad de Dios. Él puede redimir, recobrar y restaurar todo lo que se haya perdido de una manera mucho mayor de lo que usted podría nunca imaginar. Puede que no se vea exactamente igual, pero puedo asegurarle que cuando Él está involucrado, será aún mejor que cualquier cosa que usted haya experimentado.

Pedro escribió por experiencia:

> Sed sobrios, y velad; porque vuestro adversario el diablo, como león rugiente, anda alrededor buscando a quien devorar; al cual resistid firmes en la fe, sabiendo que los mismos padecimientos se van cumpliendo en vuestros hermanos en todo el mundo. Mas el Dios de toda gracia, que nos llamó a su gloria eterna en Jesucristo, después que hayáis padecido un poco de tiempo, él mismo os perfeccione, afirme, fortalezca y establezca. (1 P. 5.8-10)

Dios nunca permite que afrontemos una adversidad más tiempo del necesario para lograr su propósito. Israel entró en la tierra prometida, y usted lo hará también si mantiene fijos los ojos de su corazón en agradar a Aquel que se entregó a sí mismo por usted (Is. 50.7).

Capítulo Seis

LAS VISITAS INESPERADAS DE DIOS

Me encantan las sorpresas, pero también me gusta sorprender a quienes conozco y quiero. Esa es una de las razones por las que me gusta la Navidad. Mientras que proporciona la ocasión adecuada para que hagamos una pausa y pensemos en el mayor regalo que se le ha hecho a la humanidad, el regalo del Hijo de Dios, es también una época en que podemos ver a nuestros seres queridos abrir regalos que han sido elegidos cuidadosamente para ellos. Expresamos nuestro gozo, amor y gratitud a quienes significan mucho para nosotros. Cuando mis hijos eran jóvenes, yo me quedaba hasta muy tarde en Nochebuena armando casitas de muñecas, trenes o algún juguete de construcción en miniatura que sin duda serían abrazados o recibidos con gritos de gozos. Al ensamblar las piezas de los juguetes, me imaginaba mentalmente las caras de Andy y Becky a la mañana siguiente. La idea de ver sus ojos llenos de maravilla y sorpresa siempre me motivaba a hacerles los regalos. Y aún sigue siendo así.

¿Le gustan a usted las sorpresas? ¿Cosas que aparecen de repente y le llenan de un sentimiento de asombro y maravilla? Dios sabe exactamente lo que anhelamos tener; Él conoce las necesidades y los deseos de nuestro corazón, y quiere que confiemos plenamente en que Él nos dará cosas buenas porque somos sus hijos (Mt. 7.11). Con frecuencia, sus regalos vienen en forma de una visita sorpresa. ¿Le gusta abrir la puerta y que lo sorprenda alguien que ha llegado a visitarle? Puede que se ría y piense: *Bien, depende de quién sea.* Entiendo esa manera de pensar. A algunas personas no les gustan las visitas sorpresa por la sencilla razón de que les pone nerviosas. Quieren estar seguras de que la casa esté limpia antes de que el visitante aparezca en la puerta. No podemos prepararnos para las sorpresas. A veces, las personas llegan solamente para vernos. Dependiendo de quién sea —un amigo cercano o un familiar—, puede que nos sintamos perfectamente bien. ¿Pero qué hace usted cuando un extraño o alguien a quien respeta mucho aparece? Podría usted sentirse muy incómodo, o podría llenarse de alegría.

Hay veces en que Dios aparece en nuestras vidas sin previo aviso. De repente, estamos conscientes de su presencia. Un escéptico podría decir: «Yo creo que Él ya no se muestra a sí mismo. Decir que usted puede sentir su cercanía no es una realidad. Solamente los débiles mentales piensan de ese modo». Mi corazón se parte cuando oigo esas palabras, porque yo sé que esa persona se está perdiendo algo increíblemente maravilloso: una relación personal con el Señor Jesucristo. A lo largo de este libro estamos estudiando los caminos de Dios: sus motivos, sus planes, y sus objetivos para nuestras vidas. Hemos hablado de que Él siempre tiene un propósito concreto para todo lo que hace, y eso incluye sus visitas sorpresa. En esas ocasiones sabemos que Él nos está hablando particularmente a nosotros. Mediante varias maneras, Él nos hace saber que está muy consciente de nuestra devoción, amor, compromiso o circunstancias.

Después de su resurrección, Jesús sorprendió a sus seguidores en varias ocasiones al aparecer en el centro mismo de su confusión y dolor. Ha habido momentos en mi vida en que he estado batallando con un asunto, y aunque he orado y he entregado la situación o el problema al

Señor, un pequeño recordatorio incómodo de su intensidad ha permanecido conmigo. Entonces he regresado al Señor en oración y he admitido mi frustración: «Señor, no sé cómo manejar esto. Una manera parece correcta, pero comprendo que tú sabes lo que es mejor». La oración siempre corrige el enfoque de mi corazón y mi mente. Si mis pensamientos no están en armonía con los de Dios, Él normalmente me lo hace saber, porque entiende que mi mayor deseo es agradarle. En más de una ocasión Él me ha respondido hablando directamente a mi espíritu con tres palabras muy sencillas pero consoladoras: *Confía en mí.* En el momento en que siento que Él dice eso, me relajo porque sé que esa es una manera en que Él me recuerda que tiene todo bajo control y que está interesado en mí. Lo mismo es cierto con usted. El salmista escribió estas alentadoras palabras:

> Confía en Jehová, y haz el bien;
> Y habitarás en la tierra, y te apacentarás de la verdad.
> Deléitate asimismo en Jehová,
> Y él te concederá las peticiones de tu corazón.
> Encomienda a Jehová tu camino,
> Y confía en él; y él hará.
> Exhibirá tu justicia como la luz,
> Y tu derecho como el mediodía. (Sal. 37.3-6)

Dios nunca ha fallado a la hora de cumplir cada una de sus promesas. Si le dice que confíe en Él, puede usted poner totalmente su fe en Él y saber que cualquier cosa que le preocupe, le preocupa también a Él, y Él obrará a favor de usted. No tiene por qué preocuparse, asustarse o preguntarse lo que debería hacer, porque cuando llegue el momento de que dé usted un paso, Él se lo dejará perfectamente claro. Y una de las maneras en que Él lo hace es mostrándose en su vida.

Dios se manifiesta en nuestras circunstancias

Después de la crucifixión, María Magdalena se acercó al sepulcro de Cristo, pero se dio cuenta que algo andaba mal. La inmensa piedra que se había puesto en su lugar para cubrir la entrada al sepulcro había sido movida. Los eruditos se preguntan cómo planeaban las mujeres moverla a fin de poder llegar al cuerpo del Señor; pero Dios dio la respuesta. De inmediato ella regresó corriendo al lugar donde estaban los otros discípulos y les dijo a Pedro y Juan lo que había visto. Cuando ellos regresaron al huerto del sepulcro y descubrieron que estaba vacío. María se llenó de tristeza. Los otros se fueron de la zona, pero ella se quedó atrás, llorando:

> Pero María estaba fuera llorando junto al sepulcro; y mientras lloraba, se inclinó para mirar dentro del sepulcro; y vio a dos ángeles con vestiduras blancas, que estaban sentados el uno a la cabecera, y el otro a los pies, donde el cuerpo de Jesús había sido puesto. Y le dijeron: Mujer, ¿por qué lloras? Les dijo: Porque se han llevado a mi Señor, y no sé dónde le han puesto. Cuando había dicho esto, se volvió, y vio a Jesús que estaba allí; mas no sabía que era Jesús. Jesús le dijo: Mujer, ¿por qué lloras? ¿A quién buscas? Ella, pensando que era el hortelano, le dijo: Señor, si tú lo has llevado, dime dónde lo has puesto, y yo lo llevaré. Jesús le dijo: ¡María! Volviéndose ella, le dijo: ¡Raboni! (que quiere decir, Maestro). (Jn. 20.11-16)

En el versículo 9 leemos: «Porque aún no habían entendido la Escritura, que era necesario que él resucitase de los muertos». Aunque

Jesús había enseñado sobre la necesidad de su muerte y resurrección, nadie había entendido el concepto de la necesidad de su crucifixión. Ellos no entendían por qué Él tenía que morir, y veían toda la situación desde una perspectiva humana. Su aparición a María fue una visita sorpresa. Él se presentó con importantes noticias y palabras de aliento. La esperanza que ellos habían experimentado durante la vida terrenal de Cristo había sido más que destruida; había sido eliminada. Es decir, hasta la resurrección, cuando Jesús comenzó a aparecerse a aquellos que le amaban. En este caso, fue María quien lo vio primero. Su compasión por ella al ver su tristeza no pudo contenerse, y Él la sorprendió al revelarle su verdadera naturaleza.

El amor de Dios por usted y por mí no es un misterio. Su deseo no es ocultarse o hacer que su voluntad y su plan sean difíciles de discernir. El enfoque de María estaba en el Hijo de Dios: *¿Dónde está Él? ¿Cómo puedo encontrarlo? Dímelo para que pueda hacerme cargo de su cuerpo.* El corazón de Dios es movido a compasión cuando ve devoción a este nivel. Puede que no vea a dos ángeles delante de usted, pero puedo asegurarle que si usted anhela verdaderamente conocer lo que Él piensa sobre una situación en particular, Él le responderá. No le dejará a un lado de la vida cuestionando si habrá hecho lo correcto o no.

Con frecuencia, nuestra mayor consideración es cómo algo nos afectará. Queremos ver la vida desplegarse según lo que nosotros consideramos correcto. Imagine cómo sería la vida si los caminos de Dios estuvieran basados en nuestros deseos y sentimientos. No habría otra cosa sino caos en nuestro mundo. ¿Ha estado alguna vez en una posición en que se ha preguntado: *Dios, ¿dónde estás? ¿No puedes ver que me estoy hundiendo y que no creo que podré salir de este oscuro estado emocional?* De repente, Dios le envía a alguien con palabras de aliento. Él se abre paso en medio de la oscuridad que usted siente, diciéndole que no tire la toalla. El mensajero puede que sea humano, pero la comunicación viene de Dios. O puede que Él simplemente hable a su espíritu: solo una palabra o dos que tocan un nervio en su interior y encienden una pequeña llama de esperanza. *Confía en mí* son solamente tres de las palabras que Él usa con frecuencia para alentarme cuando necesito saber que todo está bien. Él también nos habla por medio de su Palabra. Puede que estemos leyendo algo que parezca que no tiene nada que ver con las circunstancias de nuestra vida pero, de repente, las palabras parecen escritas expresamente para tratar nuestro problema o situación. Eso sucede muchas veces cuando estamos orando por dirección y necesitamos la sabiduría de Dios a fin de tomar la decisión correcta. Justamente cuando necesitamos saber que lo que estamos haciendo es correcto, Dios habla a nuestros corazones.

Necesitamos recordar varias cosas con respecto a esos encuentros con Dios.

Las visitas sorpresa de Dios siempre tienen un propósito

Es esencial recordar esto, en especial cuando nuestro mundo se vuelve al revés. Si no mantenemos una perspectiva eterna, podemos correr el riesgo de quedar profundamente decepcionados o desalentados. Dios prometió a Abraham que tendría un hijo (Gn. 18); pero tuvo que esperar años antes de ver la promesa convertida en realidad. Solamente podemos imaginar el gozo que él y Sara experimentaron por el nacimiento de Isaac. Unos años después, el Señor lo llamó, pero el mensaje no era de alegría y deleite: «Toma ahora tu hijo, tu único, Isaac, a quien amas, y vete a tierra de Moriah, y ofrécelo allí en holocausto sobre uno de los montes que yo te diré» (Gn. 22.2). Justamente cuando Isaac había crecido hasta una edad en que podía viajar con su padre, escuchar sus historias de tener fe en Dios, y entender solamente una vislumbre de su milagroso nacimiento, Dios le dio a Abraham una instrucción que ninguno de nosotros esperaríamos ni querríamos oír. Él le dijo que tomara a su hijo y viajara hasta cierto lugar donde ofrecería al muchacho como sacrificio.

Aquella era la única información que se le dio; no hubo ninguna razón explicando el por qué, ni ninguna promesa futura. La única hoja de instrucciones contenía palabras profundamente perturbadoras; sin embargo, en el versículo siguiente leemos: «Y Abraham se levantó muy de mañana, y enalbardó su asno, y tomó consigo dos siervos suyos, y a Isaac su hijo; y cortó leña para el holocausto, y se levantó, y fue al lugar que Dios le dijo» (v. 3). Observemos lo que Abraham no trató de hacer. No trató de convencer a Dios para que cambiase su decisión; aunque tuvo que ser lo más difícil que jamás había hecho, salió y cortó suficiente leña para el sacrificio y comenzó el viaje. Su obediencia fue duramente probada, y pasó la prueba.

Dios llamó a Abraham su *amigo* (Is. 41.8), confirmando así lo que Abraham sabía: el amor de Dios y su cuidado providencial eran infinitos. Justamente cuando estaba a punto de sacrificar a Isaac, el Señor lo llamó: «Abraham, Abraham… Y dijo: No extiendas tu mano sobre el muchacho, ni le hagas nada; porque ya conozco que temes a Dios, por cuanto no me rehusaste tu hijo, tu único» (Gn. 22.11-12). Lo único que le importaba a Abraham era hacer lo que Dios le había dicho que hiciera. Habrá veces en que Él nos motivará a hacer algo que no entendemos. Si confiamos en Él, no solamente veremos cómo hace que todo obre para nuestro bien, sino que también permaneceremos en armonía con su plan para nuestra vida.

Dios quiere hacer que su voluntad sea clara para nosotros

A veces, la vida es un proceso paso a paso. El Señor le dice que dé un paso adelante por fe y usted lo hace, pero puede que también se pregunte: *¿Qué viene a continuación?* Muchas veces Él nos da solamente luz y entendimiento suficientes para dar un paso a la vez. Él sabe que si nos revela su plan completo, podríamos sentirnos temerosos, desalentados o, en algunos casos, orgullosos. Yo con frecuencia advierto a quienes acuden a mí buscando consejo, que nunca supongan que saben lo que Dios quiere que hagan. Es importante estar en armonía con el plan de Él, aun si avanza con más o menos rapidez del ritmo que ellos escogerían.

Aunque no podemos saber todo lo que hay que saber sobre la voluntad de Dios, Él revelará lo suficiente a fin de que sepamos exactamente qué hacer. Una mujer expresó una total frustración por sus circunstancias: «Simplemente no lo entiendo. ¿Cómo puede Dios permitir que esto suceda? ¿Acaso no sabe que me he preparado para un puesto de gerencia? Pero aquí estoy, atascada en lo que parece ser un trabajo sin posibilidades». Muchas veces, el objetivo de Dios para nuestras vidas es sencillamente que estemos dispuestos y contentos con lo que Él nos ha dado. En los momentos de quietud, aprendemos a confiar en Él y también tenemos la oportunidad de crecer más en nuestra relación con Él.

Usted no puede correr a un ritmo rápido por mucho tiempo y mantener a la vez una relación cercana e íntima con el Salvador. Jesús se aseguró de tomar tiempo para estar con el Padre celestial. Su ministerio terrenal era extremadamente importante; de hecho, por eso vino Él a la tierra, para hacer la voluntad del Padre. Pero no podía cumplir el plan de Dios si siempre estaba en movimiento, siempre con prisa, y nunca quieto en la presencia de Dios. El Señor le mostrará exactamente lo que usted tiene que hacer y cuándo hacerlo. Pero antes de que eso pueda suceder, debe aprender a estar quieto y esperar su venida.

Dios espera obediencia

Las visitas sorpresa de Dios con frecuencia llegan como respuesta a nuestra obediencia. Puede que Él aparezca cuando nos hemos alejado de su voluntad, pero también lo hace de manera sorpresiva cuando estamos caminando en armonía con su plan. Hay un tremendo sentimiento de gozo que aguarda a aquellos que no desean otra cosa sino adorarlo y vivir para Él. No tiene usted que estar en el ministerio para hacer eso; y realmente no tiene que estar en ninguna situación especial para adorar a Dios, aunque yo creo que cada uno de nosotros necesita aprender cómo orar y estar quieto delante de Él. De hecho, aunque nuestros horarios puedan ser abrumadores a veces, lo más sabio que podemos hacer es orar cada mañana antes de comenzar el día. He hablado con madres y padres que dicen que no hay manera en que puedan lograrlo; no duermen mucho en la noche porque tienen niños pequeños, y después pasan todo el día ajetreados. Pero yo creo que si se lo pedimos, Dios nos ayudará a sacar momentos en que podemos hacer una pausa y orar a Él. Eso es lo más importante que podemos hacer. No podemos satisfacer adecuadamente las demandas de nuestro mundo, nuestros empleos y nuestras relaciones sin la sabiduría de Dios. El Hijo de Dios no pudo hacerlo, y nosotros tampoco podemos.

Una mamá soltera me dijo: «Estoy demasiado cansada para orar»; y luego pasó a explicarme que había veces en que sentía como si todas las áreas de su vida estuvieran fuera de control. Yo le sugerí que comenzara con cortos períodos de tiempo; en otras palabras, que sus expectativas fuesen realistas. Como tenía un empleo y niños pequeños que preparar para la escuela, cuarenta y cinco minutos en oración podían parecer demasiado. Entonces ella comenzó con veinte minutos de tiempo a solas en la mañana; también se dio cuenta de que podía orar fácilmente por las actividades del día y por otros que estaban sufriendo o tenían necesidades. En poco tiempo, noté que su aspecto se había avivado. Ella también dijo que leía su Biblia antes de apagar la luz en la noche. Su obediencia estuvo marcada por un aumento en su capacidad de hacer todas las cosas en su lista de compromisos. Dios economiza nuestro tiempo cuando fijamos nuestros corazones en conocerlo a Él y obedecer sus mandamientos. Pruebe poner a Dios en primer lugar durante cuarenta días y vea si no tiene más tiempo en su horario y si también tiene la sabiduría para tomar decisiones firmes en su casa, en su trabajo y en cualquier otro lugar.

Las visitas sorpresa de Dios son siempre bendiciones

Si pudiéramos preguntar a Abraham, Isaías, David, Pablo, Pedro, Juan, Moisés, María y Marta cómo se sintieron por la obra milagrosa de su Señor, puedo imaginar que cada una de esas personas y otras muchas dirían lo mismo. Nada se compara con estar rodeado repentinamente de la sensación de la presencia de Dios. Aun cuando Él tiene una palabra de corrección, es increíble saber que Él desea hablarnos a usted y a mí. No solamente eso, sino que Él también nos ama y quiere usarnos para su gloria.

Al estar delante de la zarza ardiente, Moisés se quitó las sandalias y se postró sobre su rostro en adoración. Después de oír el plan de Dios, ¿se encogió de hombros y volvió a hacer lo que había hecho por años? No. Su vida fue eternamente cambiada por estar en la presencia de Dios. Él regresó a Madián, recogió su lecho, agarró a Aarón, y se dirigió al palacio de Faraón. Dios le había sorprendido y había cambiado su vida y su destino. Una razón por la cual Dios habló a Moisés de un modo tan increíble fue porque le estaba llamando a hacer algo que probaría a Moisés en todas las áreas.

El enemigo tiene muy poco interés en un incrédulo. Si el enemigo ha tenido éxito a la hora de cegar a alguien lo suficiente como para no ver la verdad, el amor y la misericordia de Dios, no va a preocuparse por lo degenerada que se vuelva la vida de esa persona; él teje una malvada telaraña de lujuria, amargura, depresión y muchas más cosas. Cuando una persona cae en ella, queda atrapada, y Satanás queda satisfecho. Pero cuando los ojos son abiertos y una persona llega a conocer a Jesucristo como Salvador y Señor, el campo de juego cambia. De repente, hay una amenaza real y viable obrando contra el reino de las tinieblas. El enemigo sabe que está derrotado, pero, sin duda, no quiere que nadie más comprenda eso.

La visita sorpresa de Dios a Moisés puso en movimiento una cadena de acontecimientos que aún hoy día se siguen desarrollando. Todo lo que Dios hace tiene un propósito y un valor eterno. Si repasamos la historia bíblica, vemos a Dios obrar, entrando en escena exactamente cuando se le necesita, dando dirección, sabiduría y aliento. Él se mueve en las vidas de hombres y mujeres que están dispuestos a ser usados por Él, y luego envía sus bendiciones. Se logran metas, cambian vidas, se restauran relaciones, y crece la intimidad entre Dios y nosotros.

Prepararse para el cambio

Una razón muy importante de que Dios nos visite es prepararnos para algún acontecimiento futuro. En varias ocasiones he mencionado cómo Él habló a mi corazón antes de que me hiciera mudar a Atlanta. Yo había sido el pastor principal en una iglesia en Bartow, Florida, por once meses. Aunque quería a la iglesia, me agradaba la zona, y no tenía ningún deseo de trasladarme, sentí una creciente inquietud en mi espíritu.

Traté de no hacerle caso, pero seguía resurgiendo. Después, cuando estaba fuera de la ciudad predicando, Dios captó mi atención.

La constante sensación de que se aproximaba un cambio me motivó a orar para obtener una respuesta al porqué me sentía de ese modo. Una noche después del servicio, decidí regresar a mi cuarto y pasar tiempo a solas con Él en oración. Yo tenía que saber lo que Él quería decirme. Saqué un cuaderno y anoté varias áreas en las que pensé que Dios podría estar obrando. Al final de mi lista puse un signo de interrogación en una línea. En otras palabras, había algo que Él estaba haciendo, pero yo no sabía qué era.

Después del servicio, a la noche siguiente, regresé a mi cuarto y comencé a orar, pero antes de poder pronunciar muchas palabras, sentí al Espíritu de Dios diciéndome: *Voy a trasladarte*. Eso fue todo. Yo pregunté: «¿Cuándo?», y en los ojos de mi mente vi la palabra *septiembre*. Regresé a mi casa en Bartow después de las reuniones de avivamiento. A la mañana siguiente, un amigo que vivía en Atlanta me llamó. Él era miembro de un comité de búsqueda en la iglesia First Baptist, y comenzó nuestra conversación diciendo: «Quiero hablar contigo de algo que nunca has pensado». En el momento en que oí esas palabras, volví a pensar en lo que Dios me había dicho unos días antes. Él me pidió que pensara en convertirme en el pastor asociado de la iglesia First Baptist en Atlanta. Hablamos un poco más, y yo le expliqué que no estaría interesado porque me encantaba donde estaba y no quería volver a ser un pastor asociado. En el momento en que colgué el teléfono, comencé a llorar y pensé: *Señor, ¿qué estás haciendo?*

Un par de semanas después, varios miembros del comité de First Baptist en Atlanta llegaron para visitarme. Me repitieron la oferta de trabajo, y yo les aseguré que no estaba interesado en trasladarme con mi familia a Atlanta. Sin embargo, ellos continuaron llamándome y diciendo que cada vez que oraban, ¡mi nombre era el único que seguía saliendo a relucir! Finalmente, volvieron a visitarme, y esa vez el pastor principal los acompañaba. Él preguntó: «¿Qué va a tener que hacer Dios (para que usted diga sí)?» Yo respondí: «Va a tener que dejarlo clarísimo». Eso fue exactamente lo que Él hizo en los días siguientes cuando yo seguí orando y leyendo su Palabra. Mientras llenaba el automóvil para irnos, yo sabía que estaba en el centro de su voluntad, y eso era lo único que importaba. Mi felicidad en ese aspecto llegó como resultado de mi deseo de rendirme al plan de Él y olvidar mi comodidad y mi placer. En septiembre me trasladé a Atlanta, Georgia, y unas semanas después estaba en mi oficina en la iglesia First Baptist Church.

Hay otra lección en esta historia: Dios sabe cómo captar nuestra atención. Él conoce la combinación exacta de palabras o de situaciones para motivarnos a detenernos y preguntar: «Señor, ¿qué me estás diciendo? Muéstrame tu voluntad para que pueda hacerla». Pienso en Abraham, y la mayoría de las veces en que Dios lo llamó, él respondió: «Heme aquí» (Gn. 22.11). No hubo ningún alboroto, ni enojo ni cuestionamiento de Dios. «Probó Dios a Abraham, y le dijo: Abraham. Y él respondió: Heme aquí» (Gn. 22.1).

¿Cuál es su primera reacción al llamado de Dios? ¿Es: «Señor, aquí estoy. Quiero oír tu voz»? ¿Quiere salir corriendo porque no está convencido de que hacer su voluntad sea lo mejor? Recuerde a Jonás; él huyó, pero no pudo huir de Dios.

Yo nunca hubiera creído que estaría en Atlanta en tan corto tiempo, pero eso fue exactamente lo que sucedió. El tiempo no es factor alguno para Dios. Él puede usar una breve cantidad de tiempo para lograr una gran obra, o puede escoger tenernos esperando mucho tiempo antes de revelar su voluntad o su plan. Sus objetivos son siempre motivarnos a acercarnos más a Él y aprender a confiar en Él de mayor manera. Nunca llegaremos a un punto en que sepamos todo lo que hay que saber sobre Él. Eso es imposible, porque Él es omnisciente, lo sabe todo, y no hay principio ni fin en su justicia, santidad y amor por usted y por mí. Él también nos permite experimentar algo de su presencia mediante su Espíritu Santo y en momentos en que Él habla a nuestros corazones. Cuando Dios aparece, deberíamos postrarnos.

Piense en la tremenda responsabilidad dada a Josué. Moisés había muerto, y él tenía la tarea de conducir al pueblo a la tierra prometida. El Señor seguramente sabía que él sentía la carga de la inmensa tarea que se le había encomendado. Antes de que la nación de Israel debiera marchar a la ciudad de Jericó, Josué estuvo solo cerca de la ciudad:

> Alzó sus ojos y vio un varón que estaba delante de él, el cual tenía una espada desenvainada en su mano. Y Josué, yendo hacia él, le dijo: ¿Eres de los nuestros, o de nuestros enemigos? Él respondió: No; mas como Príncipe del ejército de Jehová he venido ahora. Entonces Josué, postrándose sobre su rostro en tierra, le adoró; y le dijo: ¿Qué dice mi Señor a su siervo? Y el Príncipe del ejército de Jehová respondió a Josué: Quita el calzado de tus pies, porque el lugar donde estás es santo. Y Josué así lo hizo. (Jos. 5.13-15)

No me imagino que le tomara mucho tiempo quitarse sus sandalias, por la sencilla razón de que Moisés probablemente le dijera cómo Dios lo había llamado desde la zarza ardiente; aquella visita sorpresa condujo a Moisés a convertirse en el redentor de la nación de Israel. Josué estaba experimentando lo mismo, sólo que aquella vez el medio que Dios usó no fue una zarza ardiente; fue el comandante de su ejército celestial. Josué, al igual que Moisés, estaba ante la majestuosa presencia del Dios santo.

Nunca estamos fuera de su presencia. Su Espíritu vive dentro de nosotros, pero el mundo entero y todo lo que el universo contiene son de Él. Él hizo que Josué estuviera consciente de su cercanía, y luego comenzó a darle la estrategia para la batalla. Dios le estaba preparando para el siguiente paso. Y, con frecuencia, el modo en que él hará eso con nosotros es entrando a nuestro mundo de problemas, pruebas y desafíos. Él puede aparecerse igualmente cuando todo parece ir bien y no hay nada que necesite nuestra atención. Muchas veces he sentido su cercanía y su gozo en mi vida; otras veces, cuando el conflicto aumentó y mi capacidad de manejarlo se vio desafiada, Él habló abruptamente a mi corazón a fin de que yo fuese alentado o guiado en cierta dirección.

Puede que no siempre entendamos el razonamiento de Dios. Él estaba a punto de decirle algo a Josué que no encajaba en su formación o genio militar. En todos los años que él había servido junto a Moisés, nunca había marchado alrededor de una ciudad sin decir palabra alguna. El hecho es que probablemente él nunca hubiera pensado en caminar alrededor de la ciudad de Jericó sin desarrollar un ataque frontal. Pero Dios trazó un plan totalmente distinto al que él estaba acostumbrado a hacer. No era avanzar, luchar y conquistar; era avanzar por fe en Dios y luego caminar con una sincera confianza en la capacidad de Dios sobre el enemigo. La victoria sería un resultado de la marcha del pueblo, de tocar las trompetas, y de gritar para la gloria de Dios, lo cual, desde la perspectiva de un líder militar, no tenía ningún sentido.

Cuando Dios le señale en una dirección que vaya en contra del razonamiento humano, es siempre buena idea detenerse y pedirle que se lo muestre con claridad; puede que Él escoja hacerlo o no. Entonces usted tiene que elegir si está escuchando a su imaginación o al Señor. Josué no argumentó con Dios; no respondió diciendo: «Moisés y yo no operábamos de este modo. Esto es lo que hacíamos». No. Por el contrario, él se levantó tras ese encuentro y se preparó para ir a la batalla del modo en que Dios le había indicado. A veces, los planes y métodos de Él no tendrán sentido. Por eso decimos que andamos por fe y no por vista (2 Co. 5.7). No había ninguna otra manera de vivir para Josué, y lo mismo era cierto para la nación de Israel. Cuando recibieron sus instrucciones de caminar, tenían solamente una opción para recibir la bendición, y era la obediencia. Cualquier otra cosa habría dado como resultado desengaño y temor.

Yo creo que una razón por la que tantos cristianos batallan con el temor y la ansiedad es que no tienen suficiente fe para confiar en Dios en momentos de angustia, desafío o dificultad. Aquel fue un momento decisivo para Josué y la nación de Israel porque tenían que hacer a un lado su estrategia y seguir un curso de acción muy poco familiar. Normalmente, Dios nos permitirá ser testigos de su obra antes de pedirnos que hagamos algo que parezca demasiado alejado de lo que nosotros creemos que es práctico. Él edifica nuestra fe, pero también nos lleva a un punto en que *debemos* confiar en Él. No hay ninguna otra manera.

Una y otra vez, Josué fue testigo de la obra de Dios. Él había sido parte del grupo que cruzó el mar Rojo; había estado cerca cuando Moisés golpeó la roca y salió agua de ella; había visto al Señor proveer para las necesidades de un inmenso número de personas. Ahora estaba en el umbral de la tierra prometida una vez más, y había una sola cosa que tenía que hacer: confiar en Dios. Él fue uno de los doce espías originales, uno de los dos hombres que regresaron con un informe favorable e instaron al pueblo: «Subamos luego, y tomemos posesión de ella; porque más podremos nosotros que ellos» (Nm. 13.30). Pero el pueblo se rebeló contra el Señor entonces y, como resultado de su pecado, la nación pasó cuarenta años en el desierto vagando de un campamento a otro.

Cuando mira usted un mapa y traza el curso de Israel, descubre que se ciñe a una sola cosa: un círculo muy grande. Toda una generación falleció, a excepción de Josué y Caleb, antes de que Dios permitiese que el pueblo entrara a la tierra que Él había reservado como una bendición prometida. Esto es lo que queremos evitar: viajar en círculos y sufrir dolor. Sin embargo, conozco a personas que han escogido resistirse a la voluntad de Dios aun después de que Él aparezca en sus vidas de manera poderosa; ellos continúan diciendo no al plan de Dios, y sus vidas están rodeadas de desgracia, desengaño y fracaso. Él los ama, pero sus bendiciones son limitadas porque no puede bendecir al pecado o la desobediencia, y no lo hará. Sin embargo, se mueve para actuar cuando ve que nuestra fe en Él aumenta.

Las palabras de Dios sirven para instruir

En Josué 6 leemos: «Ahora, Jericó estaba cerrada, bien cerrada, a causa de los hijos de Israel; nadie entraba ni salía. Mas Jehová dijo a Josué: Mira, yo he entregado en tu mano a Jericó y a su rey, con sus varones de guerra» (vv. 1-2). Antes de que Josué y el pueblo ni siquiera se acercaran a los muros de Jericó, Dios dejó claro que Él les había entregado la ciudad. Sus visitas sorpresa con frecuencia son puntos de aliento, al hacernos saber que Él es quien nos ha llevado a ese punto y quien nos conducirá a la victoria. Necesitamos saber que cuando hemos hecho la elección correcta, cuando hemos dado el paso correcto, cuando hemos dicho no al pecado, o cuando hemos escogido seguir un camino que nuestros amigos no hubieran tomado, Dios se agrada y es honrado por nuestros actos. Su aliento nos mantiene avanzando cuando somos tentados a mirar a las olas que se levantan o a retraernos con temor cuando los vientos de adversidad comienzan a soplar.

El enemigo nos tentará a pensar en lo que hemos hecho. Satanás observa cómo respondemos a un desafío o a una idea. Si mantenemos nuestra vista en alcanzar la meta, él hará todo lo que pueda para desanimarnos y tentarnos a abandonar. Sin duda, Josué tuvo que tratar con la magnitud de la tarea que se le había encomendado, pero no fue tan difícil como él había imaginado al principio, sabiendo que Dios ya había solucionado el asunto. Jericó estaba conquistada. Los muros cayeron, e Israel había obedecido al Señor.

Esta es una de las razones por las que nunca debiéramos poner límites a la capacidad de Dios. ¿Hay algo demasiado difícil para Él? (Jer. 32.27) Él puede tomar lo que nosotros creamos que es insignificante y de muy poco valor y obrar por medio de ello de manera poderosa. El encuentro de Gedeón con el Señor es otro ejemplo de cómo Él nos sorprende y cambia la atmósfera de nuestra desesperanza convirtiéndola en una llena de vitalidad y victoria. Dios apareció a Gedeón como un ángel: «Y el ángel de Jehová se le apareció, y le dijo: Jehová está contigo, varón esforzado y valiente» (Jue. 6.12). Inmediatamente el Señor se dirigió a él desde una perspectiva positiva. Él entendía que Gedeón y la nación de Israel estaban en circunstancias extremas; también sabía que los corazones del pueblo estaban llenos de terror, pues sus enemigos los oprimían; por tanto, Gedeón respondió a Dios con palabras que reflejaban un corazón cargado: «Ah, señor mío, si Jehová está con nosotros, ¿por qué nos ha sobrevenido todo esto? ¿Y dónde están todas sus maravillas, que nuestros padres nos han contado, diciendo: ¿No nos sacó Jehová de Egipto? Y ahora Jehová nos ha desamparado, y nos ha entregado en mano de los madianitas» (v. 13). Desde la posición de Gedeón, el futuro se veía muy sombrío, y se hacía más deprimente con cada día que pasaba.

Los madianitas tenían el hábito de entrar a la tierra donde Israel vivía y destruir las cosechas, «y no dejaban qué comer en Israel, ni ovejas, ni bueyes, ni asnos. Porque subían ellos y sus ganados, y venían con sus tiendas en grande multitud como langostas; ellos y sus camellos eran innumerables; así venían a la tierra para devastarla. De este modo empobrecía Israel en gran manera por causa de Madián; y los hijos de Israel clamaron a Jehová» (Jue. 6.4-6).

Pero hay otra cara de la historia. Dios había mandado a Israel a que le adorase solamente a Él, y punto. Sin embargo, el pueblo había adoptado las costumbres religiosas de sus enemigos y de las naciones paganas que le rodeaban. Aunque seguían adorando a Dios, añadieron la adoración a Baal y construyeron una representación de Astarot, una deidad femenina, una consorte de Baal, y la diosa de la guerra y la fertilidad. Muchas culturas paganas la adoraban. En Grecia, su título era Afrodita, y en Roma, ella era la diosa Venus. Eran diosas de la fertilidad, y la adoración a esas falsas deidades con frecuencia implicaba prostitución y sacrificio de niños.

Por tanto, Israel, sin ninguna duda, no estaba viviendo una existencia pura delante del Señor; sin embargo, Dios oyó el clamor del pueblo. Nunca debemos olvidar que Él siempre mantiene sus promesas. Experimentamos las dolorosas consecuencias de nuestro pecado, pero, a su tiempo, Dios hará exactamente lo que ha dicho que haría. Su promesa a Israel era llevarlos a la tierra que Él les había dado, y nada había cambiado en su promesa inicial a Abraham. Lo único que seguía evitando que se cumpliera era la determinación del pueblo en adorar y vivir de la manera que ellos querían. Y ciertamente podemos ver que esa pecaminosa actitud sigue operando en la actualidad. Sin duda alguna, sufrimos siempre que suponemos que sabemos más que Dios y nos alejamos del camino que Él ha escogido que sigamos.

Dios no sermoneó a Gedeón con respecto a sus comentarios relacionados con su capacidad; Él conocía el corazón de Gedeón, y dijo: «Ve con esta tu fuerza, y salvarás a Israel de la mano de los madianitas. ¿No te envío yo?» (Jue. 6.14) Con frecuencia sabemos lo que Dios quiere que hagamos, pero vacilamos. Recordamos decepciones del pasado y nos preguntamos si se repetirá lo mismo. No vemos que

- Dios tiene un momento concreto para que suceda cada cosa.
- A pesar de nuestras circunstancias, Él tiene el control.
- Dejamos de confiar en Él cuando los problemas o las situaciones dolorosas continúan durante mucho tiempo.
- Miramos lo que otros tienen y pensamos: *¿Por que yo no, Señor?*

Cuando Dios hace patente su presencia, en especial cuando hemos batallado con la dificultad por mucho tiempo, podemos ser tentados a responder del modo en que lo hizo Gedeón, pidiéndole que nos confirme repetidamente cuál es su voluntad. La mejor manera de manejar sentimientos que se vuelven cínicos es detenernos y pedir a Dios que nos muestre si estamos pensando correctamente o si nos hemos alejado de nuestra fe al creer en las mentiras de Satanás. Con demasiada frecuencia, hay personas que terminan atrapadas en circunstancias que los consumen y evitan que hagan lo que Dios les dijo que hicieran, porque se niegan a levantar sus ojos y ver el potencial que es suyo por medio de Jesucristo. El llamado de Dios a Israel no había cambiado; sin embargo, el pueblo había permitido que sus corazones se vieran ensombrecidos por el pecado, la desobediencia, y la adoración a dioses extraños.

La historia de Gedeón resulta familiar para muchas personas. Él puso un vellón delante del Señor, y dijo: «si el rocío estuviere en el vellón solamente, quedando seca toda la otra tierra, entonces entenderé que salvarás a Israel por mi mano, como lo has dicho» (Jue. 6.37). Eso fue exactamente lo que Dios hizo: vellón mojado y tierra seca. Pero Gedeón seguía sin creer que lo que había oído provenía del Señor. Y el hecho era que el ángel del Señor —Dios mismo— había hablado a Gedeón. Pero en lugar de confiar en Él plenamente, Gedeón regresó una segunda vez y dijo: «solamente probaré ahora otra vez con el vellón. Te ruego que solamente el vellón quede seco, y el rocío sobre la tierra» (v. 39). Con toda justicia, Gedeón había afrontado varias derrotas agotadoras. Fue difícil para él entender la visita sorpresa de Dios, porque el Señor le estaba pidiendo que hiciera algo que él sentía que era imposible: luchar contra Madián y vencer. Habrá ocasiones en que Dios haga lo mismo por nosotros. Puede que estemos buscando que Él obre de cierta manera, y nos negamos a dar un paso de fe.

Hace años, cuando estábamos confiando en Dios en In Touch para que nos diera los fondos necesarios para la construcción de un nuevo edificio, yo estaba convencido de que no deberíamos pedir prestado nada de dinero. La tentación de avanzar y llamar al banco era grande, porque el deseo de difundir el mensaje del evangelio de Dios al mundo era sincero y fuerte. Pero escogimos esperar porque sentíamos que Dios quería que lo hiciéramos. Cada miembro de mi equipo ejecutivo estuvo de acuerdo en que Dios nos proporcionaría el dinero para que siguiéramos creciendo. Una vez que ese asunto quedó resuelto, comenzamos a esperar que Él nos lo diera. Cuando el tiempo de Él fue el adecuado, tuvimos el dinero que necesitábamos para construir y extendernos. A lo largo de los años, eso ha sido un tema fundamental para nuestro trabajo: obedecer a Dios y dejar las consecuencias en sus manos.

El Señor entiende nuestras dudas y temor. Entiende por qué no creemos en Él, por qué vacilamos en obedecer, y por qué vemos una situación al igual que Gedeón, recordando fracasos del pasado en lugar de mirar hacia delante a posibles victorias. Pero nada de eso cambia la mente de Dios ni sus directrices. Condujo a Gedeón a la batalla, pero no del modo que él había imaginado. En lugar de permitirle tener un inmenso ejército a su disposición, sus hombres fueron reducidos a 300 guerreros. Gedeón permitió que 22.000 regresaran a sus casas porque ellos tenían temor de los madianitas, y luego Dios separó y dividió el número restante hasta que lo único que quedó del ejército de Israel fue un pequeño grupo de soldados comprometidos. Pero ellos fueron suficientes. Gedeón había visto al ángel del Señor, y eso cambió por completo su perspectiva: «Ah, Señor Jehová, que he visto al ángel de Jehová cara a cara» (Jue. 6.22).

Cuando los hombres se preparaban para la batalla, Dios permitió que Gedeón se metiera en el campamento de los madianitas, donde descubrió que los soldados enemigos estaban paralizados de temor. Ellos habían oído que el poder de Dios estaba con Israel, y en especial con Gedeón; también creían que el ejército de Israel era mucho mayor que el suyo. A la mañana siguiente, Israel ni siquiera tuvo que caminar hasta el campo de batalla. La noche anterior, Dios los había guiado a crear una conspiración que confundió al enemigo en su propio campamento. Israel tocó las trompetas, encendió teas y creó tanto ruido que sus enemigos estaban seguros de que estaban rodeados por un gran ejército. Estaban tan atemorizados por ese ataque sorpresa que escaparon con terror (Jue. 7.9-25). Dios obtuvo la victoria y el pueblo aprendió una importante lección con respecto a los caminos de Él y su fidelidad.

¿Está usted a la espera de las visitas sorpresa de Dios, o le esquiva e ignora su llamado? Probablemente una de las visitas sorpresa más conocidas involucró a María y al ángel del Señor, quien predijo el nacimiento del Salvador: «Al sexto mes el ángel Gabriel fue enviado por Dios a una ciudad de Galilea, llamada Nazaret, a una virgen desposada con un varón que se llamaba José, de la casa de David; y el nombre de la virgen era María. Y entrando el ángel en donde ella estaba, dijo: ¡Salve, muy favorecida! El Señor es contigo; bendita tú entre las mujeres» (Lc. 1.26-28). Él anunció quién era y luego le dijo a María lo que sucedería en el transcurso de los próximos treinta y tres años y meses. Yo no creo que ella olvidara nunca lo que sintió al estar en la presencia del mensajero de Dios y oír las palabras que le dijo.

No vamos a experimentar sus visitas sorpresa de modo regular. Podemos sentir la presencia de su Espíritu en nuestras vidas, pero las visitas como las enumeradas aquí no suceden con frecuencia. Cuando se producen, recordamos exactamente lo que Dios nos dice. María no podía imaginar cómo ella tendría un hijo, pues era virgen: «¿Cómo será esto?» (v. 34) Pero el ángel enseguida señaló: «Nada hay imposible para Dios» (v. 37).

Puede que esté usted ante lo que parece ser un camino sin salida. O puede que acabe de recibir noticias tan desalentadoras que se pregunte cómo seguirá adelante. Hay una sola manera, y es recordando que el amor de Dios por usted es infinito, incondicional y paciente. Cuando se enfrente a la tristeza y la adversidad, Él lo hace también con usted. Cuando se vea obligado a atravesar un valle que parece no tener fin, Él gustosamente va delante de usted arrojando la luz de su amor a fin de que usted no tropiece en la oscuridad.

Sus visitas sorpresa son como signos de interrogación situados a lo largo de nuestro camino, que nos recuerdan que Él tiene un plan y que no nos abandonará porque nos ha creado en amor y con un propósito. Podemos desviarnos en nuestra devoción a Él como hizo Israel, pero no podemos detenerlo ni evitar que haga su voluntad. El futuro de María le pertenecía al Señor. Ella dijo:

Engrandece mi alma al Señor;

Y mi espíritu se regocija en Dios mi Salvador.

Porque ha mirado la bajeza de su sierva;

Pues he aquí, desde ahora me dirán bienaventurada todas las
generaciones...

Socorrió a Israel su siervo,

Acordándose de la misericordia

De la cual habló a nuestros padres,

Para con Abraham y su descendencia para siempre. (Lc. 1.46-48, 54-55)

El enfoque de María estaba establecido —fijo en el Señor— y nunca cambió.

Zacarías, que era sacerdote y se convertiría en el padre de Juan el Bautista, también recibió una visita de un ángel (Lc. 1.13-16). Aquella fue una sorpresa increíble. Su hijo llegaría a ser el precursor del Mesías y el hombre que anunciaría la venida del Señor. Su encuentro estuvo marcado por el hecho de que Dios le había hablado, había escogido silenciar la voz de Zacarías hasta el nacimiento de su hijo. Cuando el bebé nació, Zacarías pidió una tabla y escribió: «su nombre es Juan». Ese era el nombre que Dios le había dado el día de la visita del ángel. De inmediato, «fue abierta su boca y suelta su lengua, y habló bendiciendo a Dios» (v. 64).

¿Por qué fue necesaria una visita sorpresa? En cada una de estas situaciones, las personas tuvieron dificultad en creer en el resultado que Dios había planeado. María era virgen, Gedeón estaba en desventaja, Zacarías sabía que su esposa era estéril, y Josué estaba abrumado por la tarea que tenía por delante. Pero aquellas fueron precisamente las situaciones que Dios escogió para acercarse a quienes harían su obra. Siempre que Él le hable a usted, lo mejor que puede hacer es escuchar y obedecer.

- No trate de descifrar a Dios.
- No busque limitar a Dios. Recuerde que sus caminos son más altos que los nuestros.
- No suponga lo que Dios hará y no hará.

En el camino de Emaús

Una vez que hubieron pasado la Pascua y la Crucifixión, la gente comenzó a regresar a sus casas. Cleofás y un amigo salieron de Jerusalén con corazones cargados y mentes confusas. Ellos acababan de ser testigos de la muerte de Jesucristo. La Biblia nos dice que ellos eran discípulos, seguidores del Salvador. Mientras caminaban, iban hablando de todo lo que habían visto durante los últimos días. Estoy seguro de que fue una conversación conmovedora; pero parece que el hecho más importante fue omitido, y era cómo los profetas habían predicho que todo eso sucedería (Lc. 24.25). En lugar de preguntar: «Dios, ¿qué estás haciendo? ¿Qué quieres que aprendamos en estos momentos tan difíciles?», ellos estaban centrados en su pérdida y en la dificultad de estar en un clima tan políticamente inestable.

Mientras caminaban, un extraño, que en realidad era el Señor, se les acercó, pero ellos no lo reconocieron. El hecho es que se sorprendieron al saber que Él no supiera de los acontecimientos que habían tenido lugar durante los últimos días (Lc. 24.18). Podemos llegar a estar tan consumidos por nuestros problemas y situaciones que nos perdemos o pasamos por alto el acercamiento del Salvador. Jesús se quedó con los hombres; Él podía ver la tristeza que había en sus caras, y comprendió que la conmoción era más de lo que ellos podían controlar. Después de escucharles relatar su experiencia y la angustia que habían sentido, el Señor abrió sus mentes a la verdad de Dios.

Jesús les recordó detalladamente la fidelidad de Dios con Israel y con la humanidad. Comenzó con su llamado a Moisés y los llevó por todo el Antiguo Testamento. Cuando llegaron a Emaús, los dos hombres le instaron a que se quedara y cenase con ellos. Él estuvo de acuerdo, y cuando se sentaron a la mesa, Jesús «tomó el pan y lo bendijo, lo partió, y les dio. Entonces les fueron abiertos los ojos, y le reconocieron; mas él se desapareció de su vista» (vv. 30-31). Dios llegó a ellos en medio de su dolor, un dolor mental y emocional tan fuerte que los cegó al hecho de que Dios estaba con ellos. Los dos discípulos regresaron a Jerusalén y a los once con la noticia de la resurrección de Cristo. Noticias de otras apariciones pronto llegaron a Pedro y a los demás.

No fue un acontecimiento único. Jesús había resucitado. Pedro había visto el sepulcro vacío, y recordó las palabras del Salvador antes de su muerte, pero no tenía la capacidad de entender lo que había sucedido realmente. Entonces Él apareció en presencia de ellos, probablemente en el aposento alto o en un lugar donde ellos se sentían seguros. Aunque las puertas estaban cerradas y las ventanas corridas, Cristo se puso en medio de ellos. «Entonces, espantados y atemorizados, pensaban que veían espíritu», pero era el Señor (v. 37). Después de haberlo reconocido, hubo un gozo instantáneo (v. 41) porque Él estaba de nuevo con ellos.

Dios sabe cuándo necesitamos seguridad y dirección. Él sabe cuándo la tristeza alcanza el nivel en el cual se convierte en abrumadora y debilitante. Pero aun en momentos de adversidad, debemos escoger creer y abrir nuestros ojos a su venida y a la verdad que Él nos ofrece. Si nos quedamos centrados en sentimientos de ira, desconfianza y temor, pasamos por alto la oportunidad de verlo y oír sus palabras de consuelo, corrección y promesa para el futuro.

Dios aparece en momentos clave. Saulo tuvo un encuentro con Él en el camino a Damasco y salió como un hombre transformado. Gran parte del Nuevo Testamento fue escrito por este hombre, alguien a quien Dios salvó y luego cambió su nombre para gloria de Él. El apóstol Pablo hizo más para difundir el evangelio de Jesucristo que ninguna otra persona. Sufrió mucho por causa del evangelio, pero estoy seguro de que una cosa que nunca olvidó fue el impacto de su encuentro con el Salvador (Hch. 9.1-8). Eso fue exactamente lo que Dios quería que él hiciera: que no olvidase nunca. Cuando Él entra en escena, nuestras vidas son cambiadas. Puede que sintamos que no podemos dar un paso más hacia adelante, pero cuando sabemos que Él está al tanto de lo que estamos afrontando, el siguiente paso y los demás que siguen se hacen mucho más fáciles. La conquista de Jericó se convirtió en un objetivo alcanzable después de que Josué se levantara y se fuera después de haber estado con el ángel del Señor. El recuerdo de la zarza ardiente quemaba en el corazón de Moisés cuando le dijo a Faraón: «Jehová el Dios de los hebreos me ha enviado a ti, diciendo: Deja ir a mi pueblo, para que me sirva en el desierto» (Éx. 7.16).

Puede que su situación sea un gran desafío. Quizá Dios le haya conducido a un punto en que usted sabe que está por buen camino, pero no sabe cómo o cuándo se abrirá la puerta que tiene por delante. ¿Podría ser que Él quiera susurrarle: *Confía en mí. No te des por vencido. Mantén tus ojos fijos en mí y yo haré exactamente lo que he prometido hacer en el momento adecuado?* El pánico llenó los corazones de los discípulos cuando cruzaban el mar de Galilea en la noche. Las aguas tranquilas se habían vuelto feroces. Vientos con fuerza de tempestad soplaban por el agua, y los seguidores de Jesús estaban seguros de que iban a hundirse. A medida que batallaban por mantener a flote la barca, alguien vio lo que creyó que era un fantasma caminando hacia ellos. Ellos estaban frente a frente con circunstancias que no podían explicar ni controlar, y se sentían impotentes. No había salida. Entonces Jesús les habló, calmando sus corazones y disipando sus temores: «¡Tened ánimo; yo soy, no temáis! Y subió a ellos en la barca, y se calmó el viento; y ellos se asombraron en gran manera, y se maravillaban» (Mr. 6.50-51).

Dios no hace nada de modo casual, accidental o sin armonía con su momento oportuno y su plan para nuestras vidas. Él nunca llega tarde, y tampoco llega temprano. Él siempre llega a tiempo, y es soberano sobre todas las cosas. El viento y las olas estaban sujetos a su control. Los muros de la ciudad de Jericó no pudieron soportar la fuerza de Él. Las palabras que Dios pronuncia pueden hacer que los gobernadores terrenales se pongan de rodillas. Él no está distante; está completamente involucrado con su creación. Él sabe todo lo que hay que saber sobre el pasado, el presente y el futuro, y ha escogido amarnos con un amor incondicional que es infinito por naturaleza. Nada en la tierra o en los cielos es más grande que el cuidado de Dios por usted.

Por tanto, cuando Él se muestre en su vida, nunca descarte su venida como algo ordinario o fortuito porque no lo es. Recuerdo una ocasión en que yo necesitaba oír de Él, estaba desesperado para que Él me confirmase que lo que yo estaba haciendo era correcto. Todo en mi interior decía: «Ve en la dirección opuesta. Este camino no es lógico; no es lo correcto. El momento es ridículo». Entonces, una noche, cuando yo estaba orando de rodillas, tuve una increíble visita de parte de Dios. Este tipo de cosas no sucede con frecuencia; pero, cuando se produce, yo quiero estar preparado para hacer cualquier cosa que Él me indique que haga. Aquella noche, Él dejó totalmente claro su mensaje para mí. Él quería que yo fuese de cierta manera, y yo necesitaba hacer a un lado todo razonamiento humano y hacer lo que Él me decía que hiciera. A lo largo de los años, he descubierto que hay varios principios implicados en las visitas sorpresa de Dios.

En primer lugar, Él está dispuesto a hacernos conocer su voluntad. Él no quiere que cometamos un error o que sintamos que tenemos que adivinar lo que está bien y lo que no. Si somos pacientes y estamos dispuestos a esperar y escuchar, sabremos exactamente qué hacer y cómo hacerlo. Yo creo que, para muchas personas, el desengaño es un punto de transición hacia la bendición. El modo en que ven y manejan el dolor o el fracaso determina el resultado. Si acusan con enojo a Dios y se amargan, es más que probable que no vayan a tener un sentimiento de gozo o de bendición viviendo en sus corazones. Si manejan su dolor acudiendo al Señor, buscando la perspectiva de Él, y comprometiéndose a seguirlo a pesar de lo doloroso que pueda parecer el futuro, Dios derramará su bendición sobre sus vidas. Él quiere dar cosas buenas —paz, seguridad, estabilidad y esperanza— a todos aquellos que le aman. Nadie está excluido, a excepción de quienes escogen alejarse de Él.

En segundo lugar, usted nunca debería subestimar lo que el Señor hará en su vida. He dicho esto varias veces, y probablemente continuaré haciéndolo porque es una clave para entender los caminos de Dios: Él siempre tiene un plan, y siempre tiene un propósito. Cuando llega la adversidad, puede que usted no tenga tiempo para pensar: *Señor, ¿qué está sucediendo aquí?* Sin embargo, después de que pase la emergencia inmediata, querrá tomarse tiempo para pedirle a Él que aliente su corazón y le muestre, si es posible, su voluntad. Puede que Él le muestre el cuadro completo, o puede que le dé lo suficiente sólo para el momento. Recuerdo haber oído una historia de una misionera que conducía a un grupo de niños en la noche hasta la cumbre de una montaña en la India. La linterna que ella llevaba daba solamente la luz suficiente para ver unos cuantos pasos por delante; sin embargo, era suficiente luz para iluminar cualquier raíz de árbol o rocas que pudieran haber hecho que tropezase. Eso es lo único que necesitamos a veces: suficiente luz para iluminar nuestros caminos y recordarnos que estamos en armonía con Él.

En tercer lugar, Dios sabe que el futuro será difícil, normalmente le sorprenderá y tranquilizará hablando a su corazón. Jesús les dijo a sus discípulos que, después de su muerte, Él enviaría a un Consolador para que estuviese con ellos. El mismo Consolador que Él les envió vive dentro de cada persona que le acepta a Él como Salvador y Señor. Cristo sabía que las secuelas de su crucifixión sería un tiempo de mucho temor; comprendía que sus discípulos le abandonarían y se ocultarían por temor a que también fueran arrestados, juzgados y asesinados. Pero Él también sabía que cuando el temor se elevase hasta un estado de agitación extrema, Él llegaría a ellos diciéndoles palabras que instantáneamente los calmarían y les asegurarían el amor y la victoria de Dios.

En cuarto lugar, nada es más importante que el Señor Jesucristo. Yo he visto y he escuchado a algunas personas que han puesto muchas cosas antes que Dios en sus vidas: hijos, familiares, amigos, cónyuges, posesiones materiales, empleos y riqueza. Dios quería asegurarse de que el corazón y la vida de Abraham estuvieran totalmente dedicados a Él. Cuando le dijo a Abraham que llevara a Isaac al monte y lo ofreciera en sacrificio, el Señor estaba probando el nivel de su dedicación; Él iba a usar a este hombre de manera poderosa, pero si el amor de Abraham era mayor hacia su hijo que hacia Dios, Él quería sacarlo a la luz. Desde luego, Dios sabía lo que sucedería, pero Abraham no. Este conjunto de circunstancias le sorprendieron, y también le dieron a Dios la oportunidad de proporcionar el sacrificio adecuado para que él lo ofreciera. Subraya el hecho de que nada debería tener mayor importancia en nuestras vidas que Dios.

¿Le visitaría Dios a usted de una manera abrumadora? Sí, así fuera necesario Él aparecería en su vida y le ofrecería la esperanza que usted necesita para continuar. Nunca lo sobrestime a Él ni al interés que tiene en usted. Él quiere que usted disfrute de la intimidad de la comunión con Él. Muchas personas no experimentan eso porque no lo buscan; van apresurados por la vida, sin anticipar el amor de Dios. Él quiere que usted lo conozca por encima de todas las demás cosas. La persona más importante en su vida es Jesucristo. Puede que usted viva toda su vida y nunca experimente lo que acabo de escribir en estas páginas. ¿Hace eso que usted sea menos santo que la persona que sí lo experimenta? No. Sencillamente es que Dios no ha escogido hacer eso en su vida. Si Él lo hace, ¿significa que es usted superior o más importante? Definitivamente no. Sencillamente significa que Dios hace elecciones por razones concretas, y el modo en que Él obra en la vida de una persona puede no ser el mismo en otra. El plan y el propósito de Dios encajan con cada uno de nosotros individualmente. El suyo está creado específicamente para que encaje con usted, y no con otra persona.

A pesar de lo que suceda aquí y ahora, estoy convencido de que un día va a haber una visita sorpresa que nos impactará a todos, y será cuando Jesucristo regrese. Él prometió regresar por aquellos que hayan puesto su fe en Él como su Salvador personal, y en el momento correcto, Él lo hará. Usted no puede anticipar cuándo aparecerá Él; no puede manipular su venida. No puede hacer nada para cambiarla, evitarla o acelerarla; sencillamente tiene que estar listo, y una manera de hacerlo es admitiendo si hay algún pecado en su vida y pidiendo a Dios que le perdone y luego le dé la capacidad de decir no al pecado y sí a una vida que esté entregada solamente a Él. Cuando usted haga esa elección, experimentará un maravilloso y continuo sentimiento de gozo y paz. Su vida cambiará, y será usted libre para vivir plenamente en la realidad de las bendiciones y los cuidados de Él.

Capítulo Siete

EN AMONÍA CON LA AGENDA DE DIOS

¿Ha sentido alguna vez que Dios llega tarde? ¿O que Él le ha ignorado? Le ha visto obrar en las vidas de otras personas mientras las oraciones de usted parecen no obtener respuesta. Se ve a sí mismo pasando por un catálogo de pensamientos a medida que se pregunta qué impidió que Él respondiera a su clamor por ayuda o bendición. *¿He pecado contra ti, Señor? ¿Olvidé hacer algo que tú querías que hiciera? ¿He actuado con orgullo o he hecho daño a alguien? ¿Qué te motivó a llegar tan tarde, estar en silencio y no interesarte?*

Dios nunca llega tarde; Él siempre llega a tiempo. Él responde a nuestras oraciones, pero con frecuencia lo hace según su tiempo y no según el nuestro. En todos mis años en el ministerio, no recuerdo oír a nadie decir: «Dios se está apresurando; va tan por delante de mí que no puedo mantener el ritmo». Normalmente las palabras que oigo suenan más como: «He orado y orado, pero es como si Dios no escuchara. O si escucha, está en silencio. No sé qué hacer. Necesito una respuesta ahora. No puedo esperar más. Él sabe la situación en que estoy. ¿Qué está haciendo?» Puedo decirle exactamente lo que Él está haciendo. Él está esperando hasta que llegue el momento correcto, y cuando llegue, Él abrirá la puerta, le motivará a avanzar, o le dará la sabiduría necesaria

144

para tomar la decisión correcta. Hasta ese momento, Él quiere que usted se quede donde está: preparado para avanzar pero también esperando el siguiente grupo de instrucciones.

El profeta Isaías escribió:

> ¡Oh, si rompieses los cielos, y descendieras, y a tu presencia se escurriesen los montes, como fuego abrasador de fundiciones, fuego que hace hervir las aguas, para que hicieras notorio tu nombre a tus enemigos, y las naciones temblasen a tu presencia! Cuando, haciendo cosas terribles cuales nunca esperábamos, descendiste, fluyeron los montes delante de ti. Ni nunca oyeron, ni oídos percibieron, ni ojo ha visto a Dios fuera de ti, que hiciese por el que en él espera. (Is. 64.1-4)

Cuando pensamos en los caminos de Dios y cómo obra en nuestras vidas, también debemos considerar el modo en que programa los acontecimientos para que se produzcan. El profeta Isaías estaba escribiendo al pueblo de Dios durante un momento turbulento en la historia. El imperio babilónico aumentaba en poder, mientras Judá disminuía. Años de pecado y de rebelión personal contra Dios les habían alejado de hacer lo que Él les había mandado que hicieran: que le adorasen solamente a Él. Sin embargo, Isaías, como la mayoría de los otros profetas, habló sobre su futuro castigo pero también profetizó su retorno al Señor. En los versículos anteriores Isaías recordó la grandeza de Dios y su capacidad de hacer obras que el hombre no puede concebir.

Los caminos de Dios sencillamente no son nuestros caminos. Él actúa con un sentido de santidad puramente profunda porque Él es santo y justo. Él sabe todo lo que ha sucedido en el pasado, y es totalmente consciente de todo lo que está por delante. Nada escapa a su total atención. Mucho de lo que leemos sobre Él es demasiado grande para que podamos entenderlo. Nos postramos en reverencia ante su poder, y nos preguntamos: *¿Qué le motiva? ¿Por qué hace lo que hace? ¿Por qué dice lo que dice en la Escritura? ¿Quién es este Dios al que adoramos? ¿Puede amarnos cuando sabe que nuestros corazones con frecuencia se alejan de Él?* Hasta que usted comience a entender los caminos de Él, no podrá entender la respuesta a esas preguntas. Muchas personas no están interesadas en conocerlo. Le ignoran y pasan por alto cada sugerencia que los conduciría a una relación personal con el Salvador del mundo y, como resultado, se pierden de conocerlo y nunca tienen la oportunidad de experimentar sus mayores bendiciones.

El infierno es un destino real para aquellos que niegan el amor y el perdón de Jesucristo. Aquellos quienes eligen conscientemente rechazar el regalo de la salvación residirán allí algún día. Yo creo que es un lugar de tortura, de vacío y de tristeza inimaginable debido a una cosa primordial: la ausencia de Dios. Su presencia no estará allí. Habrá otras horrendas maneras de sufrir en las cámaras oscuras del infierno, pero no puedo imaginar la profundidad de la agonía que sentirán esas personas, porque estarán conscientes de lo que nunca podrán obtener. Hay un momento adecuado para que tengamos un encuentro con el Salvador, y todas las personas tendremos que pasar por ese momento. Nadie podrá escaparse de él, ignorarlo o descartarlo.

Caminar en armonía con Dios

La agenda de Dios está basada en sus prioridades y su tiempo. Y aunque yo no pueda saber qué conlleva eso, sí sé cuál es el punto primordial en su mente: que usted tenga una relación íntima con Él. No hay ninguna diferencia en lo mucho que le sirva, lo mucho que le dé, o lo mucho que hable sobre Él. Lo más importante para Dios es la relación personal que usted tiene con Él. Por tanto, Él gobernará y dirigirá su agenda de una manera que le conduzca a una relación aún más estrecha con Él. Eso puede incluir hacer cosas en su vida que a usted no le gusten. Parte de lo que usted experimentará no será divertido; de hecho, habrá momentos en que la vida será dolorosa y llena de sufrimiento, desengaño y desánimo. Puede que sufra rechazo y aislamiento; pero también habrá momentos en que experimente un increíble sentimiento de placer, de misericordia y bondad indescriptibles. El amor y el cuidado de Dios serán evidentes.

Lo que usted no puede olvidar —ya sean sus circunstancias oscuras y tormentosas o brillantes y claras— es que Dios siempre está obrando. Él participa en cada momento de cada día; sin embargo, habrá momentos en que usted no esté en armonía con el tiempo de Dios o con su voluntad. Puede que se aleje en rebelión y desobediencia; o puede que sencillamente diga: «No estoy interesado en la agenda de Dios ni en su tiempo». Pero si está usted verdaderamente entregado al Señor, aprenderá a caminar en armonía con su voluntad. Entonces las puertas que se abran delante de usted y las oportunidades que Él le dé tomarán su lugar dentro del tiempo perfecto de Dios.

A veces puede que piense que Él se mueve tan lentamente que no importará si —al menos una vez— usted fuerza el asunto y hace lo que cree que es mejor. Puede que hasta le diga a Él: «Señor, ¡no puedo esperar ni un momento más! ¿Por qué me estás refrenando?» La respuesta es sencilla, pero puede que no le resulte fácil de aceptar: Él sabe lo que hay por delante, y aunque la oportunidad que usted siente que debería darse en este momento pueda parecer buena, quizá no sea la mejor según Él. Recuerde, su objetivo siempre tiene que estar en recibir lo que Él tenga para usted y no en lo que usted pueda lograr por sí solo. Como he dicho anteriormente, con frecuencia el tiempo de Él no es el nuestro. Si estamos comprometidos a recibir lo mejor de parte del Señor, entonces trabajaremos en armonía con Él. El conocimiento que tiene de nuestras vidas, necesidades y futuro es infinito; Él es omnisciente y sabe cuál es el mejor plan para nosotros.

Nosotros no tenemos la capacidad de ver el futuro como Él lo ve. Él sabe si es sabio para nosotros seguir con nuestros planes o esperar. Recientemente, una de los miembros de mi iglesia explicó que necesitaba un auto nuevo. El que tenía en ese momento era muy viejo, pero estaba en buen estado. Yo comprendía que su deseo era sentirse segura mientras viajaba al trabajo y a su casa. Debido a que el auto tenía casi diez años de antigüedad, yo no sentía que ella estuviera siendo despilfarradora o poco razonable; sin embargo, cuando habló de comprar un auto nuevo, sentí que el Señor me decía: *Dile que espere.* Le pedí que considerase esperar un poco más, aunque ella me habló de la buena oferta que le habían ofrecido en el concesionario de autos. Yo seguí sintiendo la necesidad de que esperase. Ella hasta me explicó cómo podría hacer el pago mensual fácilmente, pero eso no cambió lo que yo sentía en mi interior. Era como si Dios estuviera diciendo: *Yo tengo algo mejor, y necesito que ella sea paciente.*

Cuando nos sentimos empujados a tomar una decisión rápida, necesitamos detenernos y pedir a Dios que confirme cuál es su voluntad para nosotros. Él tiene un plan, y nos lo revelará. El momento puede que no sea el adecuado porque podría haber algo mejor que llegará por nuestro camino. Después de escuchar durante varios minutos, le dije que entendía que ella tuviera una verdadera necesidad en su vida; sin embargo, quería hacerle una sugerencia, y era que confiase en Dios poniendo todo el asunto delante de Él en oración y estuviera comprometida a esperar un poco más para ver lo que el Señor haría. Fue difícil, pero ella se comprometió a seguir mi sugerencia; y unas semanas después, regresó para hablar conmigo. Yo supe en el momento en que la vi que Dios no solamente había respondido sus oraciones, sino que también la había bendecido de una manera más grande. Eso fue exactamente lo que sucedió. Dios le proporcionó un auto que era mucho mejor que el que ella quería comprar originalmente, ¡y por un precio mucho mejor!

Habrá veces en que podremos sentir al Señor dirigiéndonos hacia adelante; cuando Él lo haga, necesitaremos quitar las estacas de nuestra tienda, empacar y seguirlo, como lo hizo Abraham. Habrá otras veces en que lo que queramos hacer sencillamente no parezca bastante correcto; sentiremos incomodidad en algo, y puede que no sepamos qué es. Y la verdad es que cuando Dios tiene el control de nuestra vida, lo único por lo que tenemos que preocuparnos es hacer lo que Él nos haya encomendado. Si eso implica quedarnos quietos, entonces necesitamos quedarnos quietos; sin embargo, si significa avanzar hacia un lugar que nos resulte poco familiar, entonces deberíamos seguirlo hasta allí, sabiendo que, dondequiera que Él nos conduzca, estará con nosotros. Necesitamos comprometernos a estar en el tiempo de Dios y no en el nuestro.

Usted debería pensar en estar en armonía con el plan de Dios y su agenda por tres razones:

1. *Él es omnisciente.* Ya he dicho esto anteriormente: Él lo sabe todo, pero yo quiero añadir otro pensamiento que debería ayudarle a entender por qué caminar en armonía con su agenda es algo tan vital. Él lo ama con amor eterno; nada es más importante para Él que usted. Ahora bien, puede usted pensar: *Eso no puede ser así. ¿Y la situación en el Medio Oriente? ¿No es esa región mucho más importante que yo?* No. Debido a que Él es omnisciente, infinito por naturaleza y omnipotente, puede fácilmente tener el control de todo lo que concierne al mundo y, al mismo tiempo, estar totalmente consciente de cada necesidad y deseo de usted.

¿Cómo hace Él eso? Él es Dios, y vive mediante la presencia de su Espíritu en las vidas de quienes han aceptado al Hijo de Dios por fe como su Salvador personal. Aun si una persona no ha profesado su fe en Él, Dios la conoce, conoce su futuro y su destino. Él es omnisciente; Él no tiene que revisar sus notas para ver si entendió algo correctamente. Él tiene todos los datos, y nada sucede fuera de su pleno conocimiento.

Cuando el enemigo nos tiente a pensar que Dios no está atento a nuestras circunstancias, necesitamos ignorar sus sugerencias porque eso no es verdad. Dios está muy atento e interesado en todo lo que concierne a nosotros. Cuando tomamos decisiones basándonos en las opiniones de otros, estamos actuando en base a un conocimiento e información parciales. También tenemos que tener cuidado cuando les pedimos a amigos y familiares que oren por nosotros, a fin de no hacer que se inclinen sus opiniones hacia nosotros en cuanto a alguna situación. La mayoría de nosotros sabemos cómo obtener una respuesta favorable de los demás, pero lo que usted necesita más es la respuesta de Dios. Es necio ignorarlo bajo ninguna circunstancia, y es muy poco sabio marchar hacia delante cuando Él quiere que espere.

2. *Él es soberano.* Comprender las profundidades de la sabiduría de Dios y luego pedirle que le conduzca al lugar donde usted necesita estar, son movimientos inteligentes. Puede que tenga que hacer a un lado las palabras de otros que le impulsarían a avanzar antes del momento adecuado. La mayoría de nosotros queremos avanzar con rapidez cuando necesitamos pedirle a Dios que nos muestre cuándo dar un paso, cuándo avanzar lentamente, y cuándo movernos con rapidez y decisión. No hay manera de fallar cuando uno sabe que está caminando en armonía con el plan de Dios. Muchas veces, en este punto, alguien dirá: «Pero no siento que Dios me esté hablando». Él ha prometido en su Palabra revelarse a sí mismo a nosotros, pero debemos estar lo bastante quietos para

oírlo. Leer y estudiar sus principios nos entrena para escuchar su voz y nos enseña a esperar su puerta abierta de oportunidad.

Cuando su mente está llena de pensamientos y sentimientos de ansiedad o temor, no será capaz de oír claramente a Dios. O, si lo hace, cuestionará si es Él quien le habla o sus propios pensamientos. Estar a solas con Él, de rodillas en oración es el primer paso para obtener la perspectiva que usted necesita en cada situación de la vida. No permita que una situación apremiante le impulse a actuar de cierto modo cuando usted siempre tiene qué escoger. Si usted lo busca, Él le dará la sabiduría para tomar la decisión correcta. Él sabe cómo salvarle de un grave accidente; Él sabe lo que será necesario para sanar su cuerpo cuando está enfermo; y Él sabe lo que usted necesita decir cuando está testificando a otra persona que no conoce a Dios personalmente. Por tanto, suelte las riendas y permita que Él le guíe. Puede usted confiar en Él porque todo lo que sabemos y todo lo que tenemos o tendremos y experimentaremos en el futuro está contenido en su diestra de rectitud. Y Él nunca falla.

3. *Él es amoroso.* El cuidado de Dios por nosotros no está basado en ninguna cosa que hagamos o dejemos de hacer. Él nos ama incondicionalmente. A pesar de lo que usted haya hecho en el pasado o lo que hará en el futuro, su amor por usted no cambiará porque Él es inmutable. Él es el mismo ayer, hoy, y por los siglos. Él no cambia de parecer, ni lo hará, porque es fiel, estable y tiene conocimiento perfecto.

Piense en esto: nuestro increíble Dios tiene un plan y un propósito para su vida; no de calamidad o temor, aunque pueda contener tristeza o sufrimiento. Vivimos en un mundo caído, y hasta en momentos de extremo desengaño, enfermedad y daño, Dios está con usted, sosteniéndolo y buscando alentarlo y levantarlo. He oído a personas clamar con frustración y decepción, preguntándose por qué Dios les ha permitido afrontar un dolor extremo. Siempre me parece extraño que no preguntemos *por qué* cuando experimentamos su gozo y sus bendiciones.

Al afrontar una pérdida que no puede expresarse, Job dijo:

> Desnudo salí del vientre de mi madre,
> y desnudo volveré allá. Jehová dio,
> y Jehová quitó;
> sea el nombre de Jehová bendito. (Job 1.21)

En el capítulo 2, él preguntó: «¿Recibiremos de Dios el bien, y el mal no lo recibiremos?» (v. 10) Puede serle difícil de aceptar, pero Dios actúa en amor aun cuando permite que el dolor le toque. Su plan no es que usted pase por la vida sin tener nunca una necesidad o un desengaño; al contrario, es para que usted aprenda una lección primordial de la cual fluye todo lo demás: Dios le ama. Él actúa en amor hacia usted cuando usted experimenta gozo, esperanza y la gratitud de otros y, de igual manera, Él le ama cuando usted se enfrenta a las dificultades.

Con frecuencia le recuerdo a la gente el Salmo 23. David tenía las promesas de Dios escondidas en su corazón; estaba seguro, cuando fue ungido como rey de Israel, que lo que sucedería después sería su traslado al palacio; pero eso no sucedió. Dios le dio una promesa a David, y después comenzó a formarlo para que aprendiera cómo gobernar como rey. Su preparación incluía caminatas por valles de oscuridad emocional, momentos en que él estaba seguro de que nunca se sentaría sobre el trono de Israel, y otros momentos en que sentía el favor de Dios y su bendición.

Algunas cosas que usted y yo experimentamos no se sentirán muy agradables. Al igual que Marta y María tras la muerte de su hermano, nos preguntamos por qué Jesús no llegó antes. Pero también podemos llegar a la conclusión a la que llegó Marta cuando dijo: «Señor, si hubieses estado aquí, mi hermano no habría muerto. Mas también sé ahora que todo lo que pidas a Dios, Dios te lo dará» (Jn. 11.21-22). Dios tenía en mente un plan más grande. Él iba a resucitar al hermano de ellas. Si hubiéramos estado en el lugar de Marta y María, ¿podríamos aceptar la decisión de Cristo de llegar más tarde de lo que los estándares humanos juzgaban que era correcto?

La agenda de Dios es la única importante. Desde nuestra perspectiva, cierto plan puede parecer adecuado, pero Dios lo ve de modo diferente. Él sabe lo que logrará en nuestras vidas y por medio de ellas. Él tenía en mente algo mucho mejor para aquella familia, pero ellos tenían que confiar completamente en Él para la realización del proceso. El asunto normalmente implica el deseo humano de tener el control; pero si tenemos el control, entonces no aceptaremos fácilmente el hecho de que Dios lo está. Por lo tanto, debemos decidir rendirnos a Él o seguir esforzándonos por tener algo que nunca fue nuestro desde un principio. El control de todas las cosas le pertenece a Dios y no a nosotros. Él nos ha dado la capacidad de tomar decisiones, pero para que nosotros seamos exitosos finalmente y recibamos sus bendiciones, debemos seguir el plan y el calendario suyo. Muchas personas preferirían tratar de manipular sus circunstancias en lugar de permitir que Dios, quien es amoroso, soberano y omnisciente, dé las instrucciones y la dirección.

Él sabe que necesitamos tiempo para entender esto. María y Marta no podían comprender lo que el Señor estaba haciendo; sin embargo, cuando vieron a su hermano salir caminando de la tumba, cambiaron de manera de pensar, y supieron que Alguien mucho mayor tenía el control de sus vidas. Se necesita paciencia para dar a Dios el espacio y el tiempo para que obre en nuestras vidas. Por ejemplo, puede que tengamos un problema, y debido a que no vemos que sucede nada, comenzamos a pensar que Él está siendo lento o que no le importa lo que está sucediendo.

Cuando yo era joven, mi mamá decidió que plantaríamos un huerto. Ella quería que yo aprendiese cómo crecen las plantas. Cavamos una zona en nuestro patio y plantamos algunas semillas en hermosas filas. Aunque no recuerdo qué tipo de semilla era, sí recuerdo estar emocionado. Ella me dijo que las taparíamos, las regaríamos, y esperaríamos los resultados. Dijo con una sonrisa: «No pasará mucho tiempo antes de que notes unos cuantos brotes verdes saliendo de la tierra. Cuando los veas, sabrás que las plantas están creciendo». Cada día o dos yo salía a nuestro patio y comprobaba los cambios. No había ninguno.

Después de varios días y nada de acción, me volví impaciente. Pasó una semana y seguía sin suceder nada. Esperar puede ser difícil para una persona joven, y también puede ser difícil para muchos de nosotros que somos mayores. Pero hay una manera de esperar sin volverse impaciente. Después de haber esperado lo que parecía ser un tiempo suficiente, decidí ver cuál era el problema. Mi mamá estaba en su trabajo, y yo salí al huerto y comencé a cavar. De hecho, ¡cavé todo! Años después, le recordé a ella nuestra experiencia, y ella se rió y dijo: «Olvidé decirte que se necesita tiempo para que la semilla crezca».

Yo esperaba resultados inmediatos, y cuando no los obtuve, yo mismo me encargué de la situación. Lo que quiero que usted comprenda es que yo no obtuve nada por ser impaciente. Nuestro huerto quedó arruinado, y tuvimos que volver a comenzar. Con frecuencia, este escenario se repite en nuestras vidas personales cuando no queremos esperar. Dios comienza a obrar, pero nosotros queremos que las cosas sucedan con rapidez. Tenemos un horario, pero no está de acuerdo al suyo. Olvidamos que la mayoría de los siervos escogidos por Dios esperaron a que Él obrase en sus vidas. David esperó años antes de llegar a ser rey sobre

Israel. José afrontó una prueba de fe similar. Pero aquellos hombres no estaban solos. Los profetas predijeron la venida del Mesías, pero ellos no vieron su llegada mientras vivieron. Dios no se había olvidado; Él tenía un plan, y ellos simplemente lo aceptaron.

Una razón por la cual pensamos que Dios obra con lentitud es que tenemos nuestros propios planes. Se nos enseña a planear y organizar nuestras vidas para propósitos concretos, pero muchas personas no conocen la voluntad de Dios, y a otras que sí la conocen les resulta difícil esperar. Una importante lección que usted puede aprender con respecto al calendario de Dios es que Él tiene un perfecto sentido del tiempo adecuado. Él no actúa al azar, sino que al contrario, tiene en mente un propósito concreto.

Una mujer que no asiste a mi iglesia explicó su sentimiento de insatisfacción. Ella recibía su sueldo dos veces al mes; cuando era depositado, ella se dirigía al centro comercial para comenzar a gastarlo casi todo, a excepción de lo esencial para pagar sus facturas. Yo le hice tres preguntas:

«¿Cuál es su propósito en la vida?»

«¿Cuáles son sus metas para el futuro?»

«¿Le ha pedido a Dios que le revele cuál es el plan que Él tiene para su vida?»

Ella no pudo responder a ninguna de esas preguntas, y se sorprendió al saber que a Dios realmente le importaba lo que ella hacía con su tiempo y su vida. Ella dijo:

—Yo quiero ser feliz.

—¿Qué significa para usted la felicidad? —le dije yo.

Ella no vaciló en responder:

—Tener mucho dinero.

—¿Pero qué sucede si pierde usted todo lo que tiene?

Es difícil creer que ella no hubiera pensado en eso, en especial en los tiempos que vivimos, en los que los cambios de empleo y de estilo de vida pueden llegar con rapidez.

Ella se quedó en silencio por un momento y luego respondió:

—Encontraré la manera de ganarlo.

Pero la mayoría de las personas no lo hacen. Ese tipo de autodeterminación apartado de Dios nos mete en serios problemas. En lugar de que nosotros empujemos en la dirección opuesta, Él quiere que caminemos con Él en comunión y unidad, deseando su voluntad para nuestras vidas. Su amor por nosotros es tan grande que Él realmente disfruta de estar con nosotros, enseñarnos sus caminos, y vernos crecer en el conocimiento de su presencia. Pero cuando lo rechazamos, nosotros somos quienes sufrimos. Aquella mujer vivía para el momento, y aunque creía que estaba tomando sus propias decisiones, en realidad estaba atada al hecho de que no tenía un verdadero plan para el futuro y ninguna agenda de actividades sino vivir de sueldo en sueldo.

Las personas que se quedan inmóviles en su modo de pensar rara vez saben cómo ver por encima de su necesidad inmediata. No pueden visualizar el amplio espectro de las bendiciones que Dios tiene para ellas, y suponen falsamente que son más libres cuando hacen sus planes apartados de Él o de cualquier otra persona que quiera orientarlas. Pero no son libres. La verdadera libertad proviene de trabajar con una estrategia ganadora, seguir un plan, establecer buenos objetivos, y permitirle a Él mostrarle lo que es mejor. La libertad duradera llega al rendirse a un Dios santo, que le ama y sabe exactamente cómo usar plenamente los talentos y dones que Él le ha dado. Cuando hacemos nuestros sus planes, trazamos un curso hacia el éxito y la satisfacción. No hay manera de perderse las bendiciones de Él cuando estamos comprometidos con su plan. Pedro afirmó sabiamente: «El Señor no retarda su promesa» (2 P. 3.9).

En la mente de Dios, un año no es nada. El tiempo no es algo que le preocupe; Él es consciente de tener en su lugar el momento adecuado, pero tiene el control de cada segundo; por tanto, puede establecer un acontecimiento o alterar un horario sin que nosotros notemos el cambio. Él habló y este mundo existió:

> En el principio creó Dios los cielos y la tierra. Y la tierra estaba desordenada y vacía, y las tinieblas estaban sobre la faz del abismo, y el Espíritu de Dios se movía sobre la faz de las aguas. Y dijo Dios: Sea la luz; y fue la luz. Y vio Dios que la luz era buena; y separó Dios la luz de las tinieblas. Y llamó Dios a la luz Día, y a las tinieblas llamó Noche. Y fue la tarde y la mañana un día. Luego dijo Dios: Haya expansión en medio de las aguas, y separe las aguas de las aguas… Dijo también Dios: Júntense las aguas que están debajo de los cielos en un lugar, y descúbrase lo seco. Y fue así. (Gn. 1.1-6, 9)

El poder de Dios es ilimitado. Él no puede ser contenido ni reducido a actos humanos. Él está por encima de todas las cosas, y sabe exactamente lo que sucederá, cómo tendrá lugar, y lo que Él hará después.

Vivir de acuerdo a la agenda de Dios

Nuestro desafío no es en realidad desafío alguno, al menos no para Dios. Nos encontramos con presión y estrés cuando queremos ver que algo suceda y creemos que es parte de la voluntad de Él para nuestra vida, pero nada sucede. Recuerdo escuchar a un joven que conocí por medio de un amigo. Él estaba interesado solamente en marcar una diferencia en nuestro mundo; tenía tantas ideas que era difícil escuchar y no sentirse impulsado a unirse a sus palabras. Inmediatamente después de la universidad, él aceptó un buen empleo en una empresa que le proporcionaba oportunidad para crecer, pero después de varios meses en ese empleo observó a quienes estaban en puestos de liderazgo y se preguntó por qué tenía que esperar para competir con ellos. Sentía que se le había dado un buen conjunto de capacidades de comunicación y talento bruto para ejecutar las cosas, pero seguía en el mismo nivel. Habrá periodos en nuestras vidas en que Dios va a querer que esperemos y descansemos en el hecho de que, aunque no veamos la evidencia de su obra, Él está trabajando. José esperó durante años la liberación de Dios. David tuvo que esperar para tomar el trono de Israel. María y Marta esperaron la llegada de Jesús a Betania después de que su hermano había muerto. En cualquier momento en que Dios nos llame a estar quietos y esperar, podemos estar seguros de que Él hará algo absolutamente fantástico.

Cuando Él nos diga que va a obrar en cierta área, podemos estar seguros de que lo hará. La pregunta que necesitamos responder es: ¿Cómo esperamos a que su voluntad sea revelada?

Esperamos en fe

Debido a que sabemos que Él tiene el control de todas las cosas y que tiene el poder de protegernos y mantenernos seguros hasta en las circunstancias más difíciles, podemos confiar en que Él hará lo que sea mejor. Simplemente porque haya momentos en que no veamos la evidencia física de su obra no significa que Dios esté inactivo. Al concluir un culto de domingo por la mañana, una mujer se me acercó y dijo: «He orado y orado, y no ha sucedido nada». Yo le pregunté si estaba totalmente comprometida a confiar en Dios, aunque significase que sus oraciones no fueran respondidas. Aquella mujer estuvo de acuerdo en que esperaría en el Señor y le permitiría que le diera lo mejor de Él, aunque pudiera llegar en un paquete distinto al que ella esperaba.

Tenemos una fe perfecta cuando confiamos en Él, porque sabemos que Él hará lo que ha dicho. Una falta de fe evitará que obtengamos la sabiduría que necesitamos para conocerlo y entender sus caminos. Se necesita fe —fe perfecta— para vivir y caminar cada día en comunión abierta con Jesucristo.

Esperamos con paciencia

Hay dos requisitos para obtener lo mejor de Dios. En primer lugar, debemos tener un corazón y una vida totalmente rendidos a Él. En segundo lugar, necesitamos entender que no podemos apresurar a Dios. A veces, yo le he dicho que no podía esperar ni un momento más; sentía que tenía que obtener una respuesta, pero mi urgencia no era válida. Las presiones de nuestro mundo no tienen efecto en Él, ni en su calendario. Él es Dios, y cada vez que yo me he sentido empujado a tomar una decisión que no estaba dirigida por Él, he podido sentir que me advertía que esperase. A veces, descubría después la razón por la que necesitaba estar quieto, ser paciente y estar abierto a las sugerencias de Él. Normalmente, Él tenía algo mucho mejor esperando por mí; otras veces, nunca supe por qué tuve que esperar su respuesta. Pero puedo decir sin duda alguna que una de las mayores lecciones de madurez es aprender a ser paciente.

Esperamos con esperanza

Si usted cree que Dios no escucha sus oraciones y no va a obrar en su vida, es más que probable que se pierda su llegada: las veces en que Él se acerca y le hace saber a usted su cercanía. También correrá usted el riesgo de ignorar la dirección que Él le indique. Las personas que dudan de la bondad de Dios se pierden de muchas cosas. Satanás susurra palabras de derrota, y si creemos sus mentiras, corremos el riesgo de desviarnos del camino y no estar en armonía con Dios. La esperanza en su amor eterno por nosotros es la verdad inquebrantable e innegable que nos mantiene firmes en medio de cada tormenta.

Los discípulos se aterrorizaron en el mar de Galilea cuando se levantaron vientos de tormenta y un mar embravecido amenazaba con hundir su barca. Miraron por encima del agua y vieron una figura que caminaba hacia ellos. Como mencioné anteriormente, creyeron que era un fantasma. ¿Por qué no vieron a Jesús? Porque esta era la lección que Él quería que ellos aprendieran: «Yo estoy a su lado en toda circunstancia. Nada es demasiado grande para que yo no lo controle. Nunca estoy sorprendido, anonadado o consternado. Yo soy quien tiene el control del viento, la lluvia, de cada aspecto del tiempo, y yo tengo sus vidas en mi mano. No les soltaré». Cuando ellos comprendieron que era Jesús y no algún tipo de horrible fantasma, su nivel de ansiedad disminuyó. Él ordenó al viento que dejara de soplar, y este respondió; Él habló a las olas, y ellas le obedecieron. ¿Qué falso dios tiene esa misma capacidad? No hay nadie como Él.

Tener la perspectiva correcta

Puede que se sienta usted tentado a pensar: *Ojalá hubiera sabido que ciertas cosas iban a suceder.* Usted nunca puede saberlo todo. En primer lugar, no tiene la capacidad de manejar los problemas que llegan por su camino, ni, en muchos casos, las alegrías que Dios le ofrece. En segundo lugar, si quiere sentirse como si tuviera un mayor grado de control, entregue a Dios todo lo que tiene y todo lo que quiere ser. Es sorprendente que cuando dejamos de aferrarnos a las cosas, y sencillamente confiamos en Él, comenzamos a experimentar un nuevo sentimiento de esperanza. En lugar de ir de una situación nubosa a otra, comenzamos a ver la vida con una actitud optimista.

Hubo una querida señora en nuestro personal de In Touch durante años. Todos los que la conocían la querían. Aun cuando ella se comportaba de un modo un poco irritable, había un brillo en sus ojos que evidenciaba una cosa: Jesús tenía el control de su vida. Más adelante, cuando descubrió que tenía cáncer y que no viviría mucho más tiempo, continuó dando alegría a todos los que hablaban con ella. Sí, estaba cansada y admitía abiertamente que su cuerpo se estaba desgastando. Según los estándares terrenales, ella no era rica, pero desde la perspectiva de Dios era rica por encima de cualquier cosa que este mundo haya conocido, porque tenía una esperanza eterna que vivía en su interior. También tenía la perspectiva correcta. Sus pensamientos estaban fijos en Jesucristo y no en sus circunstancias; su esperanza era eterna y no podía ser quebrantada por la inminente muerte.

Si la fuente de su esperanza está basada en los tesoros terrenales, entonces experimentará un desengaño tras otro. Si su esperanza no está basada en que Dios se mueva por usted, demostrando una y otra vez que Él le ama, entonces batallará con el desánimo. Recuerde que Él le dijo a Moisés que les dijera que el YO SOY le enviaba. Las circunstancias de la vida no cambian a Dios; Él es eternamente el mismo. Y ya sea que usted logre grandes victorias u otras pequeñas y que apenas se mencionen, ese no es el asunto. El autor de Proverbios escribió: «Así será a tu alma el conocimiento de la sabiduría; si la hallares tendrás recompensa, y al fin tu esperanza no será cortada» (24.14).

El apóstol Pablo nos recordó que, cuando esperemos en Dios y vivamos según su tiempo, tendremos esperanza. Pablo también tenía la perspectiva correcta. Él estaba sintonizado con la agenda de Dios y no con el suyo propio, diciendo: «Y no sólo esto, sino que también nos gloriamos en las tribulaciones, sabiendo que la tribulación produce paciencia; y la paciencia, prueba; y la prueba, esperanza» (Ro. 5.3-4).

Aunque David fue ungido a la edad de dieciséis años para ser rey, no subió al trono hasta que tuvo treinta años. Dios pasó todos aquellos años preparándolo para el trabajo que haría algún día. Puede que pensemos: *Sencillamente está tomando demasiado tiempo.* Pero no según el horario de Dios. Él sabe lo que implica nuestra preparación, y está comprometido a formarnos para la tarea que Él nos ha encomendado. Dios no solamente tomó años para preparar a David, sino que también permitió que se enfrentara a un profundo desengaño, rechazo, temor, ansiedad y traición.

Hay sólo una manera en que somos formados para vivir esta vida, y es mediante la experiencia y la fe en Jesucristo. Ha habido momentos en que yo hice algo y luego pensé: *Podría haber hecho eso mejor,* o *si hubiera dicho algo diferente, habría resultado mejor.* Seguiremos aprendiendo más sobre Dios y sus caminos hasta que partamos para estar con Él. El proceso de maduración espiritual nunca cesa, porque no hay manera en que conozcamos a Dios de manera plena y completa. Esta idea es emocionante, porque significa que pasaremos toda una vida llegando a conocerlo a Él y permitiéndole que nos forme para el servicio aquí y para cuando estemos con Él en el cielo.

Entender el calendario de Dios

Pablo a veces tuvo que esperar el momento de Dios; sabía que el Señor quería que fuese a Roma y predicase el evangelio, pero no se le dio la libertad de ir hasta que llegó el momento correcto. En otra ocasión, el apóstol creyó que tenía que llevar su movimiento misionero a Asia Menor, pero el Espíritu de Dios no le permitió hacer ese movimiento:

Y atravesando Frigia y la provincia de Galacia, les fue prohibido por el Espíritu Santo hablar la palabra en Asia; y cuando llegaron a Misia, intentaron ir a Bitinia, pero el Espíritu no se lo permitió. Y pasando junto a Misia, descendieron a Troas. Y se le mostró a Pablo una visión de noche: un varón macedonio estaba en pie, rogándole y diciendo: Pasa a Macedonia y ayúdanos. Cuando vio la visión, en seguida procuramos partir para Macedonia, dando por cierto que Dios nos llamaba para que les anunciásemos el evangelio. Zarpando, pues, de Troas, vinimos con rumbo directo a Samotracia, y el día siguiente a Neápolis (Hch. 16.6-11)

Estoy seguro de que Pablo sabía que había una gran necesidad de que el evangelio fuese predicado en Asia. Sabía que pocos habían oído la verdad del evangelio, pero algo no estaba bien. Él trató de entrar en la región, pero el Espíritu Santo le detuvo. Lo intentó en otra ocasión, pero, una vez más, la respuesta del Señor fue no. Finalmente, se sometió al plan de Dios y entró a Macedonia. Sabemos que fue entonces cuando conoció a Lucas y encontró gran consuelo en su compañía; de hecho, algunas de las iglesias más fuertes de Pablo fueron establecidas en esa región.

Más adelante, cuando llegó el momento correcto, Dios permitió que el mensaje de su gracia y de su amor incondicional fuese predicado por toda Asia. Si Pablo no hubiera escuchado al Señor y hubiera estado de acuerdo en ponerse en armonía con su agenda, se habría enfrentado a problemas como resultado de su desobediencia, y también habría experimentado una reducción de poder. Dios nos capacita para que hagamos su voluntad, pero no está obligado a bendecir nada que nosotros decidamos que vamos a hacer por nuestra propia cuenta. La formación requiere un compromiso total, y significa adherirse a un calendario. Los corredores no ganan maratones sin disciplina; deben entrenarse, y deben tener un programa de entrenamiento estricto.

A lo largo de los años he aconsejado a muchas parejas jóvenes que sentían que «debían» casarse. A veces, cuanto más edad van teniendo las personas, más serán tentadas a pensar que nunca conocerán a la persona adecuada con quien casarse. Cuando conocen a alguien, una de las primeras cosas que piensan es: *Me pregunto qué tipo de cónyuge sería...* Pero, en realidad, su primer pensamiento debería ser llegar a conocer a la persona: su devoción a Dios y sus valores morales. Hay que hacer la pregunta: «Señor, ¿es esta la persona adecuada para mí?» Entonces puede considerar si la persona comparte sus intereses y si existe una atracción mutua. Yo he sido testigo de muchos desengaños y dolor en esta área porque las personas quieren apresurarse a hacer un compromiso a largo plazo sin tomarse el tiempo de saber si ese individuo es lo mejor de Dios. Para muchos, la tendencia a «actuar ahora y preguntar después» puede conducir solamente a una conclusión: un profundo lamento.

Si se siente como si estuviera siendo forzado a tomar una decisión, entonces necesita detenerse y pedirle a Dios que le revele su agenda. Recuerde que Él nunca tiene prisa. Jesús no se apresuraba de un lugar a otro; Él conocía su agenda y cumplía cada una de sus citas sin volverse frenético o abrumado. Puede que Él le muestre que lo que usted está a punto de hacer no es lo mejor que Él tiene para su vida; o por el contrario puede que le muestre con toda claridad que está usted en el centro de su voluntad y, por tanto, puede seguir adelante.

Si usted se está forzando para obtener alguna ventaja o respuesta a la oración, entonces podría estar en territorio peligroso. Además, los cristianos tienen que tener cuidado a la hora de alentar a la gente a avanzar, calmarse, o esperar sin pasar tiempo con el Señor en oración. A la mayoría de nosotros nos encanta asistir a bodas. Son momentos felices en que llegamos a compartir la alegría y el amor que otros experimentan. Pero nada de eso justifica nuestro deseo de forzar a otra persona a una relación que podría resultar mal. Usted puede, ciertamente, presentar a dos personas y orar por ellas, pero Dios tiene que ser quien les dé el ánimo para casarse o esperar.

Podemos, y en ocasiones, deberíamos pedir el consejo de otros. Hay sabiduría en buscar el consejo de otros; sin embargo, la decisión final acerca de cualquier asunto necesita ser el resultado de haber estado con el Señor en oración. Puede que Él le pida que espere indefinidamente; o puede que permita que todo encaje en su lugar en un período muy breve. La mayoría de las personas que han sido convencidas para que tomen una decisión, normalmente terminan lamentando haber escuchado a amigos «bienintencionados». Si usted se establece la meta de hacer exactamente lo que Dios le esté guiando a hacer, entonces siempre estará en el centro de Su voluntad. Nuestro desafío es rendirnos al control y la guía de Él.

Aguardar con esperanza

Para que eso suceda, necesita usted llegar a un punto en que acepte la soberanía del Señor. Una vez que lo haga, comenzará a entender la bondad que Dios tiene en mente para su vida. Aunque la nación de Israel había sido llevada a la cautividad, Jeremías tenía un tremendo sentimiento de esperanza cuando escribió:

Esto recapacitaré en mi corazón, por lo tanto esperaré.
Por la misericordia de Jehová no hemos sido consumidos,
porque nunca decayeron sus misericordias.
Nuevas son cada mañana; grande es tu fidelidad.

Mi porción es Jehová, dijo mi alma; por tanto, en él esperaré.

Bueno es Jehová a los que en él esperan, al alma que le busca.

(Lm. 3.21-25)

Cuando vive usted en sincronismo con el plan de Dios, tendrá una nueva esperanza y aliento. El profeta Jeremías tenía la desalentadora tarea de decirle al pueblo de Judá que, debido a su pecado, serían llevados cautivos; sin embargo, el Señor también le había dado a Jeremías una promesa: un día Judá e Israel regresarían a Jerusalén. Su cautividad llegaría a su fin, y un remanente regresaría a la ciudad (Jer. 30).

El profeta podría haberle pedido a Dios que le diera una fecha y un momento concretos para el programado regreso, pero no lo hizo. Podría haberse enojado y amargado por el dolor que sabía que pasaría el pueblo como resultado de su pecado, pero no lo hizo. Aunque leemos de su profunda angustia en el libro de Lamentaciones y en el libro que lleva su nombre, Jeremías confiaba en Dios, aunque no experimentó un alivio inmediato. De hecho, pasó días, y meses, y años sin ningún cambio notable en su situación. Lo cierto es que su situación empeoró mientras estaba encarcelado; sin embargo, mantuvo su enfoque en Dios. Aunque la cautividad era dolorosa, él sabía que en el momento correcto, Dios haría exactamente lo que prometió. Babilonia sería juzgada por sus pecados contra Israel y Judá (Jer. 51), y ellos serían restaurados. El pueblo no sería desechado, sino que regresaría a su hogar.

¿Es usted capaz de mirar por encima de sus actuales circunstancias y ver la fidelidad de Dios obrando? Entender los caminos de Él y cómo obra en su vida siempre conduce a la esperanza. En el Salmo 27 David proclamó:

Jehová es mi luz y mi salvación; ¿de quién temeré?

Jehová es la fortaleza de mi vida; ¿de quién he de atemorizarme?

Cuando se juntaron contra mí los malignos, mis angustiadores y mis enemigos,

Para comer mis carnes, ellos tropezaron y cayeron.

Aunque un ejército acampe contra mí,

No temerá mi corazón;

Aunque contra mí se levante guerra,

Yo estaré confiado. (vv. 1-3)

Este salmo es una declaración de plena confianza. David estaba sitiado con amenazas de sus enemigos, pero una sola verdad alimentaba su optimismo: él sabía que Dios era su protección definitiva. Pero este principio no era algo que él entendió de inmediato; David necesitó años para aprender esta verdad. Dios lo formó para vivir con esa realidad en mente mientras sufría dolor y desengaños. David experimentó períodos de gran carencia y peligro. Él sabía que Dios le había ungido como rey de Israel, pero cualquier evidencia externa de que eso se convirtiera en realidad se había desvanecido. Años huyendo de un rey celoso le habían tentado a preguntarse: *¿Cuánto tiempo, Señor?*

¿Qué habría hecho usted si estuviera en la posición de David? ¿Habría sido capaz de ver su situación presente y escribir las palabras que él escribió en el Salmo 27?

Enséñame, oh Jehová, tu camino,

Y guíame por senda de rectitud

A causa de mis enemigos.

No me entregues a la voluntad de mis enemigos;

Porque se han levantado contra mí testigos falsos, y los que respiran crueldad.

Hubiera yo desmayado, si no creyese que veré la bondad de Jehová

En la tierra de los vivientes.

Aguarda a Jehová;

Esfuérzate, y aliéntese tu corazón;

Sí, espera a Jehová. (vv. 11-14)

Si David hubiera tenido un reloj, éste habría marcado la hora del tiempo de Dios en vez de la suya; pero él no llegó a ese punto con rapidez. Se necesita tiempo para entender los caminos de Dios; por tanto, pídale a Él que le ayude a establecer metas adecuadas para su vida y a convertirse en una persona que espere lo mejor de Él en lugar de apresurarse con demasiada rapidez o quedarse atrás cuando Él ha hecho disponible la bendición. Recuerde siempre que el tiempo que emplee esperando puede ser el tiempo más apreciado que pasará con el Señor. ¿Por qué? Porque está rindiéndose a su voluntad y también está diciendo:

- «Señor, sé que tú eres soberano, y quiero obedecerte».

- «Comprendo que tú tienes lo mejor para mí, y lo proporcionarás en el momento correcto».

- «Señor, posiblemente yo podría obtener lo que quiero, pero comprendo que no lo disfrutaría apartado de tu bendición y aprobación».

Hacer la mejor elección

¿Qué hace usted si ha elegido mal, se ha adelantado a Dios, y se ha involucrado en algo que no es lo mejor de Él?

Cuando comprende que ya no está operando según el tiempo de Él, admita lo que usted ha hecho delante de Él. Después de ser confrontado por su pecado con Betsabé, David inmediatamente se volvió al Señor y oró:

> Contra ti, contra ti solo he pecado,
> Y he hecho lo malo delante de tus ojos;
> Para que seas reconocido justo en tu palabra,
> Y tenido por puro en tu juicio. (Sal. 51.4)

Busque la restauración que poviene de Él y que está a su disposición. David no se detuvo con una confesión; él entendía algo sobre los caminos de Dios, y sabía por todo lo que había aprendido, visto y leído, que el Señor le restauraría si él se arrepentía verdaderamente. Él añadió:

> Crea en mí, oh Dios, un corazón limpio,
> Y renueva un espíritu recto dentro de mí.
> No me eches de delante de ti,
> Y no quites de mí tu santo Espíritu.
> Vuélveme el gozo de tu salvación,
> Y espíritu noble me sustente. (vv. 10-12)

Observemos que no hay indicio de abandono en su vida. Yo he oído decir a creyentes que fracasan miserablemente: «Sencillamente no puedo hacer esto. Nunca voy a aprender lo que necesito aprender. He vuelto a fracasar, y nunca me sobrepondré». Sí, lo hará con la ayuda de Dios.

Avance confiándole a Dios su futuro. David nos dio una perspectiva clave sobre su amor por Dios y su fe en Él: «Entonces enseñaré a los transgresores tus caminos, y los pecadores se convertirán a ti» (v. 13). Todo el tiempo en que estaba confesando su pecado, estaba pensando: *Señor, ayúdame a entender lo que he hecho. Me equivoqué; me equivoqué terriblemente. Sé que tú vas a tratar este pecado, pero también quiero aprender de esta experiencia a fin de no volver a hacerlo de nuevo. Entonces les diré a otros dónde he fallado y cómo ellos pueden evitar hacer lo mismo.* ¿Cuál era el enfoque de David? Dios y solamente Dios. Cuando usted cede a la tentación y peca contra Dios, ¿en qué piensa primero? ¿Se pregunta quién más lo sabe y si será usted avergonzado, o piensa en lo que ha hecho y cómo eso ha herido su comunión con Dios quien le ama más de lo que las palabras pueden expresar?

Cuando viva usted en sintonía con el tiempo de Dios, no será propenso a preocuparse. El salmista nos recordó: «Guarda silencio ante Jehová, y espera en él» (Sal. 37.7). ¿Por qué puede usted esperar? Puede descansar y esperar el cuidado de Dios porque Él es omnipotente, y todo lo que usted necesita se encuentra en Él. Si existe la necesidad de una respuesta a un problema, Él la tiene. Si hay una deficiencia, Él sabe exactamente cómo y cuándo traer la abundancia. Si hay problemas, dolor, tristeza o el deseo de que una necesidad sea satisfecha, Él sabe todo al respecto y está comprometido a responder cuando usted confía en Él. Él no ignora sus necesidades legítimas, y además satisface muchos de sus deseos, en especial los que le honran.

¿Cómo debería usted esperar por el momento de Dios? El salmista nos dijo que esperásemos en silencio con un corazón confiado:

En Dios solamente está acallada mi alma;
De él viene mi salvación.

El solamente es mi roca y mi salvación;
Es mi refugio, no resbalaré mucho. (Sal. 62.1-2)

Se necesita valor para atravesar momentos difíciles con Dios. Muchas veces, no puede usted ver lo que vendrá en el futuro, pero sabe que algo está a punto de cambiar. Dios sabe cómo prepararle para el futuro. Puede que usted diga: «Dios, ya no puedo manejar esto», pero Él puede, y lo hace cuando usted confiesa su fe en Él. Entonces, al igual que Job, experimentará nuevas bendiciones y una esperanza fresca.

Hace unos años me pidieron que hablase a un grupo de hombres de negocios mientras yo estaba en Nueva Zelanda. El pastor que hizo la invitación olvidó decirme que yo hablaría ocho veces. Comenzamos a las 8:30 de la mañana, y hablé durante treinta minutos. Luego regresamos a una zona para descansar por unos minutos antes de volver a hacer lo mismo otra vez. La zona donde estaba descansando estaba fría; el piso era de cemento, y no había nada en la habitación. Recordé un pasaje de la Escritura que Dios había puesto en mi mente aquel día. Abrí mi Biblia y lo leí de nuevo, luego la cerré y me postré en el piso en oración. Puse la Biblia bajo mi cabeza y oré: «Dios, esto es lo que tú prometiste. Tú dijiste: "los que esperan a Jehová tendrán nuevas fuerzas; levantarán alas como las águilas; correrán, y no se cansarán; caminarán, y no se fatigarán" [Is. 40.31]. Tú prometiste que si yo espero en ti, entonces tú renovarás mi energía, y la unción será mía. No puedo hacer esto con mis propias fuerzas. Espero que tú me ayudes». ¿Qué cree usted que hizo el Señor? Exactamente lo que Él prometió hacer. Prediqué ocho veces, y cuando terminé la última vez, pensé en mi oración ¡y me di cuenta que ni siquiera estaba cansado! ¿Ha visto alguna vez a un águila volar? Son poderosas, precisas, y muy fuertes.

Algo sucede cuando usted y yo avanzamos de acuerdo a la agenda de Dios. Sus bendiciones comienzan a fluir en dirección a nosotros, y podemos viajar mucho más lejos y soportar grandes obstáculos porque estamos operando no en nuestra fuerza, sino en la de Dios. Y esa es la gran diferencia entre el fracaso y el éxito en la vida cristiana.

Capítulo Ocho

DIOS USA NUESTRO SUFRIMIENTO

A nadie le gusta el dolor, sea físico o emocional. Pero hay un modo de manejarlo mejor, y consiste en entender la manera en que Dios obra y por qué hace lo que hace. ¿Recuerda la petición que hizo Moisés? Fue la que utilicé al comienzo de este libro. Él oró: «Ahora, pues, si he hallado gracia en tus ojos, te ruego que me muestres ahora tu camino, para que te conozca, y halle gracia en tus ojos; y mira que esta gente es pueblo tuyo» (Éx. 33.13). Esas palabras no fueron escritas durante su llamado delante de la zarza ardiente. Fueron escritas en medio del Éxodo, cuando el pueblo se había vuelto rebelde y se quejaba mucho. La presión sobre Moisés tuvo que ser abrumadora. Una cosa es ser el líder de cien personas, pero a él se le había encomendado la tarea de conducir a unos dos millones de personas a un nuevo hogar, uno que él no conocía. Cada día era un caminar de fe. Si le hubieran dado una brújula, no habría servido de mucho porque Dios era quien le guiaba. Los momentos de extremo agotamiento y confusión son sustituidos por claridad y esperanza siempre que confiamos en Dios y le obedecemos.

No importa si está usted sufriendo una enfermedad continua o un problema emocional que le haya tentado a preguntarse si hay alguna esperanza para su futuro. Si puede creer este principio, entonces será capaz de cruzar hacia una tierra de promesa y de futuro, como lo hizo Israel. Dios tiene un plan y un propósito para su sufrimiento. Y la verdad es que aunque a Moisés se le hubiera dado un libro de texto sobre el tema, él no habría aprendido lo que necesitaba saber apartado del sufrimiento.

Es en momentos de gran angustia cuando obtenemos una perspectiva extrema de la fidelidad de Dios. A lo largo de los años he visto a personas batallar con la adversidad. La mayor parte del tiempo su batalla no es tanto con el problema sino con su deseo de controlar la situación. No quieren rendirla a Dios; por tanto, la batalla solamente se intensifica, porque Él quiere que dejemos nuestra necesidad de controlar nuestras circunstancias y confiemos en Él. La mayoría de nosotros sabemos lo que es no tener el control. Queremos «hacer algo», cualquier otra cosa excepto estar quietos. Y, sin embargo, muchas veces eso es exactamente lo que Él quiere que hagamos: que descansemos en su cuidado, esperemos el tiempo de Él, y confiemos en que Él obra en nuestro favor.

Recientemente comencé a batallar contra lo que parecía ser un resfriado. Aunque no era nada grave, me cansaba con facilidad y necesitaba descansar más. Aunque mi médico no estaba totalmente seguro de lo que yo tenía, sí tenía la certeza de que la cura implicaba tiempo extra para descansar de mis obligaciones normales. Los miembros de mi personal y de mi congregación saben que un largo período alejado del púlpito no es algo que a mí me guste mucho. Yo acababa de tomarme un tiempo de descanso y estaba listo para comenzar el nuevo año con un grupo completo de sermones; sin embargo, en el momento en que escuché el consejo de mi médico, supe que descansar era exactamente lo que Dios quería que yo hiciera. Nunca oí una voz audible que me hablase, pero lo que mi espíritu sí oyó fue: *Confía en mí. Yo sé lo que hago. Necesitas descansar en este punto de tu travesía.*

Todo en mi interior quería seguir adelante. Era el comienzo de otro año, y yo también sabía que tendrían lugar muchas nuevas oportunidades en el ministerio de In Touch. Nunca me he cansado de estar involucrado en predicar y enseñar la verdad de Dios; pero, a lo largo de los años, he aprendido la importancia de escuchar a Dios. En este caso, Dios quería ponerme a un lado para que estuviera a solas con Él por un breve período de oración, reflexión y nueva perspectiva.

Hace un par de años fui a un lugar remoto para tomar algunas fotografías. De hecho, estaba en la cumbre de un monte bastante alto cuando, de repente, mi teléfono celular comenzó a repicar. Yo me había olvidado de apagarlo, y pensé que muy pocas son las veces en que estamos a solas y desconectados del mundo que nos rodea. No es de extrañar que nos resulte tan difícil oír la voz de Dios hablando a nuestros corazones. Y no hay ninguna duda en mi mente de que Él usa el sufrimiento para cumplir su voluntad en nuestras vidas. Como he escrito en un capítulo anterior, Dios permite la adversidad. Él no es el autor del mal, pero usará las pruebas que soportamos para enseñarnos más acerca de sí mismo y para edificar un nivel de intimidad entre nosotros y Él que sea notable. Desde luego, debemos estar dispuestos a escuchar, a estar quietos, y a estar abiertos a su dirección y, a veces, a su convicción en el área del pecado.

Dios está comprometido a usar nuestro sufrimiento

En algún momento, cada uno de nosotros sufrirá enfermedad o dolor. Yo he sufrido de maneras mucho más serias que padecer un simple resfriado. Pero hay personas que han sufrido dolor individual y trauma físico que yo nunca he experimentado; sin embargo, debido a que yo he afrontado adversidades, puedo decir sin duda alguna que a pesar de lo profundo que puedan parecer nuestros valles, el amor y el cuidado de Dios por nosotros son infinitamente más profundos. Sufrimos debido a muchas razones.

El sufrimiento puede ser el resultado del pecado

En Romanos 6, el apóstol Pablo nos exhorta a vivir libres del poder cautivador del pecado por medio de Jesucristo. Sin embargo, cuando cedemos a la tentación de cualquier tipo, cosechamos lo que sembramos y nos vemos obligados a tratar con las consecuencias de nuestras pecaminosas elecciones. Él escribió: «Así que, hermanos, os ruego por las misericordias de Dios, que presentéis vuestros cuerpos en sacrificio vivo, santo, agradable a Dios, que es vuestro culto racional. No os conforméis a este siglo, sino transformaos por medio de la renovación de vuestro entendimiento, para que comprobéis cuál sea la buena voluntad de Dios, agradable y perfecta» (Ro. 12.1-2). Dios quiere que digamos no al pecado y que seamos formados para su servicio haciendo las cosas que conducen a una relación más cercana con Él. Si exite algún pecado, no seremos capaces de lograrlo. Nuestras mentes estarán divididas y nuestros corazones alejados por la tentación. A pesar de lo mucho que proclamemos nuestro amor por Dios, debemos hacer exactamente lo que Jesús le dijo que hiciera al joven rico, que es dejar atrás todo lo que nos haría tropezar y solamente seguirle.

El pecado le roba las recompensas que Él tiene para usted. El adulterio lleva colgado una etiqueta de un altísimo precio. Practicar sexo fuera del matrimonio, con frecuencia conduce a un dolor mucho mayor, que incluye sufrimiento, traición y rechazo. Aun si termina casándose con la persona, las heridas que quedan por haber ido en contra de los principios de Dios pueden ser profundas. Por eso Pablo nos dijo: «No reine, pues, el pecado en vuestro cuerpo mortal, de modo que lo obedezcáis en sus concupiscencias; ni tampoco presentéis vuestros miembros al pecado como instrumentos de iniquidad, sino presentaos vosotros mismos a Dios como vivos de entre los muertos, y vuestros miembros a Dios como instrumentos de justicia» (Ro. 6.12-13). El espíritu de murmuración puede arruinar una relación y hacer que otros duden de su compromiso con el Señor. Los arranques de ira, resentimiento y celos pueden minar la obra de Dios en su vida. Puede usted alejarse del pecado, pero no puede hacerlo solo; debe entregar su vida y todo hábito pecaminoso a Jesucristo.

Dios permite el sufrimiento y la disciplina porque nos ama

Dios está en el proceso de formarnos para el servicio en su reino. Él sabe que puede que no estemos donde necesitamos estar espiritualmente; por tanto, Él estira nuestra fe y nos enseña cómo aguantar hasta el final y terminar la carrera. Si abandonamos demasiado pronto, nunca alcanzaremos nuestro pleno potencial. El autor de Hebreos instó:

Por tanto, nosotros también, teniendo en derredor nuestro tan grande nube de testigos, despojémonos de todo peso y del pecado que nos asedia, y corramos con paciencia la carrera que tenemos por delante, puestos los ojos en Jesús, el autor y consumador de la fe, el cual por el gozo puesto delante de él sufrió la cruz, menospreciando el oprobio, y se sentó a la diestra del trono de Dios. Considerad a aquel que sufrió tal contradicción de pecadores contra sí mismo, para que vuestro ánimo no se canse hasta desmayar. Porque aún no habéis resistido hasta la sangre, combatiendo contra el pecado; y habéis ya olvidado la exhortación que como a hijos se os dirige, diciendo:

Hijo mío, no menosprecies la disciplina del Señor,

Ni desmayes cuando eres reprendido por él;

Porque el Señor al que ama, disciplina,

Y azota a todo el que recibe por hijo.

Si soportáis la disciplina, Dios os trata como a hijos; porque ¿qué hijo es aquel a quien el padre no disciplina? Pero si se os deja sin disciplina, de la cual todos han sido participantes, entonces sois bastardos, y no hijos... Es verdad que ninguna disciplina al presente parece ser causa de gozo, sino de tristeza; pero después da fruto apacible de justicia a los que en ella han sido ejercitados. (He. 12.1-8, 11)

Puede que suframos persecución como resultado de nuestra fe en Cristo

Este concepto no es nada nuevo. Debido a su fe en Dios, los creyentes del Nuevo Testamento sufrieron mucho a manos de Nerón y otros gobernantes romanos. Pero a lo largo de la historia de Israel, una nación tras otra adoptó posiciones de lucha en un esfuerzo por eliminar al pueblo de Dios. En tiempos modernos, este ha seguido siendo un tema triste pero recurrente. El enfoque de Satanás está fijo, y es destruir a la Iglesia. Él usará cualquier forma de ataque a fin de lograr esa meta; y él nunca se rinde. Es un enemigo poderoso, pero su fuerza palidece cuando se compara con el poder y la fuerza infinitos del Dios todopoderoso. Él sabe cómo conducirle por un lugar peligroso; Él puede ocultarle, protegerle y restaurarle, pero el enfoque de su corazón debe estar fijo en Él, o tratará usted de ayudarse a sí mismo y terminará fracasando miserablemente. Luchar con sus propias fuerzas sin la fuerza y la capacidad de Dios es totalmente agotador.

Dios permite el sufrimiento cuando violamos sus principios para una buena salud

Comer correctamente, descansar a horas adecuadas, y hacer ejercicio evitará muchos problemas de salud que hoy están generalizados. Puede que usted herede un problema de salud, pero puede disminuir sus probabilidades de padecer la enfermedad cuando hace lo que es correcto en lugar de ignorar el problema o vivir de la manera que le plazca. No hace mucho, un joven pastor me dijo que su padre había muerto como resultado de un ataque al corazón, y que otros familiares suyos también habían batallado con enfermedades cardíacas. Ahora que él se estaba avanzando en edad, decidió obedecer a su médico para asegurarse de vivir un estilo de vida saludable, lo cual incluía comer bien, hacer ejercicio casi todos los días, y mantener a raya su nivel de colesterol, el cual había comenzado a aumentar. Después de varios meses, volvió a estar dentro de los niveles optimos de salud y prometió a su esposa y a sus hijos que continuaría haciendo lo correcto. Tomamos decisiones cada día. Podemos aprender a decir no al pecado, pero también necesitamos aprender a decir sí a estilos de vida y hábitos saludables. Cuando lo hacemos, no sufrimos con tanta frecuencia. Esto no es decir que algunas enfermedades no pueden evitarse; pero aun cuando batallemos con una enfermedad terminal, podemos pedir a Dios que nos ayude a vivir con sabiduría.

Dios usa el sufrimiento para captar nuestra atención y atraernos más cerca de Él

Una de las cosas más inteligentes que podemos hacer cuando llega la adversidad es decir: «Señor, muéstrame lo que quieres enseñarme mediante este sufrimiento». Pedro escribió: «Amados, no os sorprendáis del fuego de prueba que os ha sobrevenido, como si alguna cosa extraña os aconteciese, sino gozaos por cuanto sois participantes de los padecimientos de Cristo; para que también en la revelación de su gloria os gocéis con gran alegría. Si sois vituperados por el nombre de Cristo, sois bienaventurados, porque el glorioso Espíritu de Dios reposa sobre vosotros. Ciertamente, de parte de ellos, él es blasfemado, pero por vosotros es glorificado» (1 P. 4.12-14). No se sorprenda, no se sienta amenazado, y no se rinda. El enemigo anda haciendo lo que ha hecho desde su caída del cielo, y seguirá hasta que Jesús lo lance al lago de fuego para siempre (Ap. 20.10).

Esté seguro de que Dios tiene plenamente el control. ¿Podría Él evitar la tragedia? Claro que sí. Sin embargo, hay momentos en que Él permite el sufrimiento. Jesús oró: «[Padre] No ruego que los quites del mundo, sino que los guardes del mal. No son del mundo, como tampoco yo soy del mundo. Santifícalos en tu verdad; tu palabra es verdad. Como tú me enviaste al mundo, así yo los he enviado al mundo» (Jn. 17.15-18). Nuestra dirección espiritual está localizada en el cielo; es nuestro futuro hogar. Hasta que Dios nos llame a estar con Él, sin embargo, vivimos en una existencia terrenal. Por ahora, los problemas, las pruebas y las dificultades son parte de la experiencia cristiana.

Dios usa la adversidad para desarrollar nuestra rectitud y madurez personal

Eso es lo que dice el pasaje citado anteriormente de 1 Pedro. La voluntad de Dios para su vida es que usted desee vivir rectamente y convertirse en una mujer u hombre piadoso. Él sabe exactamente lo que será necesario para situarlo en posición de hacer precisamente eso, y también está consciente de que muchas veces, si Él no toma medidas drásticas, usted podría fácilmente seguir avanzando en dirección equivocada y terminar lejos de Él.

¿Qué sucede realmente cuando usted hace una mala elección? Se aleja de lo mejor de Dios; se pierde sus bendiciones; y ya no vive dentro de su voluntad. Yo he visto a Dios abrir puertas de oportunidades, y a personas escoger no atravesarlas por una razón u otra. Muchas veces, vacilan por temor a lo desconocido. Deberíamos pedir a Dios siempre que haga que su camino sea claro. Él tiene un plan, y se lo revelará cuando usted se lo pida.

Dios permite el sufrimiento porque quiere podarnos para su servicio

Juan registró estas palabras de Jesús: «Yo soy la vid verdadera, y mi Padre es el labrador. Todo pámpano que en mí no lleva fruto, lo quitará; y todo aquel que lleva fruto, lo limpiará, para que lleve más fruto» (Jn. 15.1-2). Si una vid no se poda regularmente, no producirá buen fruto. Usted tiene que cortar las partes muertas y cualquier otra cosa que obstaculice el crecimiento y la productividad. Cuando un árbol es podado, puede que sude savia. Cuando Dios comienza a podarnos, busca partes muertas, revisa las ramas que no vayan a producir fruto, y entonces se pone a trabajar. Puede que Él revele una actitud que no esté en armonía con sus principios; o podría sacar a la luz un hábito o acto que no se conforme a quiénes somos en Cristo. Su meta es que seamos rectos y piadosos. Esas son características de su naturaleza, y nuestras vidas deberían reflejar esas mismas cosas cuando vivimos para Él.

A veces, su tijera de podar obra profundamente en nuestras vidas, y puede que sintamos que está siendo radical o que nunca nos recuperaremos. Dios sabe exactamente cuánto quitar a fin de que nuestra vida produzca abundancia de fruto. En el proceso de poda, puede que Él use el sufrimiento para maximizar nuestro potencial. Él permite la dificultad a fin de poder captar toda nuestra atención. Cuando lo hace, Él destaca las cosas en nuestras vidas que están evitando que hagamos lo mejor. Este proceso no se produce con rapidez; es progresivo y continúa en nuestras vidas a medida que Él poda malas actitudes, distracciones y hábitos que conducen a un carácter no piadoso.

Él usa las pruebas severas para enseñarnos obediencia

Cuando mis hijos eran pequeños, me preguntaron por qué tenían que hacerme caso. Como la mayoría de los niños pequeños, ellos tenían que aprender el principio de la obediencia al experimentar las consecuencias que resultaban de ignorar mi instrucción. Cuando fueron lo bastante mayores para entender, yo les expliqué que la obediencia preparaba el escenario para el modo en que vivirían sus vidas para Dios. Si se rebelaban y se negaban a hacer lo que yo les decía, era más que probable que hicieran lo mismo más adelante con el Señor, y cuando crecieran, tendrían problemas para obedecer a otras personas en puestos de autoridad. Cuando usted no enseña a sus hijos la autoridad paterna, en esencia les está diciendo que la autoridad no es importante. Si ellos no aprenden a obedecerle, les será muy difícil obedecer a Dios, y eso implica algo más que decir «sí señor» o «sí señora». Todos nosotros debemos entender que Dios ha creado un sistema de autoridad para nuestra protección.

Cuando Dios nos dice que hagamos algo, necesitamos obedecerle en base a quién es la persona que habla. Abraham obedeció a Dios cuando el Señor dijo:

Vete de tu tierra y de tu parentela,
 y de la casa de tu padre, a la tierra que te mostraré.
Y haré de ti una nación grande, y te bendeciré,
 y engrandeceré tu nombre, y serás bendición. (Gn. 12.1-2)

El Señor no le dio a Abraham todos los detalles sobre lo que iba a suceder. El Señor solamente le dijo que recogiera su tienda y a su familia y dejara su casa. Lo más importante que nosotros, como creyentes, podemos hacer es obedecer a Dios. Él dio a Abraham unos cuantos detalles acerca del futuro, pero no hubo un bosquejo del futuro. De igual manera, habrá veces en nuestras vidas en que Dios nos diga simplemente que avancemos por fe, y puede que Él nos dé una lista de detalles o no. Su única instrucción puede que sea: «Confía en mí». Abraham hizo la elección correcta; fue estrictamente una elección de obediencia y confianza, y eso es exactamente lo que Dios quería que él hiciera en aquel momento de su vida.

¿Está usted dispuesto a obedecer a Dios sin importar lo que incluyan sus instrucciones? ¿O trata de razonar y racionalizar su camino por una situación sin considerar la voluntad de Dios? Muchas personas tienen el siguiente punto de vista: *Si el plan de Dios encaja con mi plan, entonces debe de ser correcto.* Abraham caminó en su vida en armonía con Dios, y lo mismo hizo Jesucristo. El autor de Hebreos nos dijo que Él aprendió obediencia. «Y Cristo, en los días de su carne, ofreciendo ruegos y súplicas con gran clamor y lágrimas al que le podía librar de la muerte, fue oído a causa de su temor reverente. Y aunque era Hijo, por lo que padeció aprendió la obediencia; y habiendo sido perfeccionado, vino a ser autor de eterna salvación para todos los que le obedecen» (He. 5.7-9).

Hasta el Hijo de Dios estuvo sujeto a la formación del Padre. Él nació en la carne como cualquier otro niño, y creció hasta ser un joven. Aunque era el Hijo de Dios, aun así tenía que aprender lo que significaba obedecer a sus padres terrenales. Él era Dios en la carne, pero también era hombre. Desde el principio, María y José le enseñaron obediencia. Cuanto más crecía, más aprendía. Cuando José murió, Jesús se ocupó del negocio familiar y se convirtió en carpintero. Él era obediente. Él no dijo: «Yo soy el Hijo de Dios, y no puedo estar limitado a una carpintería. Tengo otras cosas que necesito hacer». Por el contrario, Él estuvo comprometido a hacer cualquier cosa que el Padre quisiera que hiciese. Debido a que había un lado humano en su vida, Él tuvo que aprender no solamente quién era, sino también quién quería el Padre que Él fuese. Él era el Mesías, el Salvador y Dios, pero también tuvo que tratar con el hecho de que su vida contenía un grado de humanidad por un propósito. Él era perfecto en todos los aspectos, pero tuvo que aprender obediencia.

Dios nos permite sufrir para enseñarnos a confiar en Él

Pedro declaró: «para que sometida a prueba vuestra fe, mucho más preciosa que el oro, el cual aunque perecedero se prueba con fuego, sea hallada en alabanza, gloria y honra cuando sea manifestado Jesucristo» (1 P. 1.7). ¿Preferiría usted tener una fe en Dios increíble e inconmovible o las riquezas de este mundo? Hasta los cristianos han perdido su enfoque cuando se trata de responder a esa pregunta. Racionalizan que tienen que vivir y que Dios ha prometido darles cosas buenas a sus hijos; por tanto, se apresuran a ir tras las cosas de este mundo, cosas que ellos perciben erróneamente que les traerán felicidad, satisfacción y reconocimiento. Pero cuando obtienen cierto grado de lo que el mundo atesora, descubren que nada en su colección de cosas y recuerdos les proporciona un gozo perdurable; se sienten inquietos, pero no entienden por qué. Las personas más felices del mundo son quienes han aprendido a confiar en el Señor y obedecerle. Cuando hacemos eso, nuestro nivel de ansiedad disminuye. La guerra que se ha estado librando termina, y hay paz: paz entre Dios y nosotros.

Él no se disculpa por enviar sufrimiento, ya sea físico, mental o emocional. El autor de Hebreos destacó: «ninguna disciplina al presente parece ser causa de gozo, sino de tristeza; pero después da fruto apacible de justicia» (12.11). Dios permite la adversidad por la sencilla razón de que Él nos ama demasiado para dejar que salgamos impunes cuando somos desobedientes. Él no prueba nuestra fe para descubrir cuál es nuestro nivel de confianza. Él ya lo sabe. Nos permite ser probados para comprobar nuestra fe; somos probados a fin de que podamos crecer en nuestra fe y ser fortalecidos en nuestra devoción a Él.

Un ejemplo puede encontrarse en el área del diezmo. Si yo le preguntase si usted cree en Dios, probablemente me diría que sí. Si yo le preguntase si cree que su Palabra es verdad, usted volvería a decir que sí. Si llevase eso un paso más adelante y le preguntase si siente que debería dar una ofrenda a Dios, la respuesta sería que sí una tercera vez. Sin embargo, si le preguntase: «¿Diezma usted de la manera que Dios ha ordenado en su Palabra?», muchos dirían que no. Y con frecuencia, la razón es una falta de fe en la capacidad de Dios de suplir toda necesidad. Puede que usted diga: «Yo sé que Él puede hacerlo»; pero seguidamente tendría que admitir: «No sé si lo hará, así que me aferro a tanto como pueda. Pero diezmo algo». Desde la perspectiva de Dios, que es siempre la correcta, es todo o nada. La obediencia parcial no es obediencia, y ciertamente no es ningún reflejo de confianza absoluta en nuestro omnisciente Dios que nos ha mandado que confiemos en Él y le obedezcamos. Nuestra falta de fe en un área como esta puede situarnos para recibir la disciplina de Dios. Puede que pensemos que tendremos más al retener el dinero, pero nuestra falta de fe obra en nuestra contra.

En primer lugar, nunca podemos sobrepasar a Dios, así que nos va mucho mejor cuando hacemos lo que Él nos ha dicho que hagamos. En segundo lugar, nos perdemos su bendición cuando no seguimos sus mandamientos. Algo que parece ser relativamente sencillo realmente no es insignificante. De hecho, es extremadamente importante porque revela la devoción de nuestros corazones. Otra cosa que debemos considerar es esta: cuando Dios dice que si llevamos el diezmo Él nos bendecirá en abundancia, no siempre quiere decir que tendremos una inundación económica. Siempre que usted y yo estamos creciendo en nuestra fe, nos hacemos cada vez más ricos en el interior. Sí, Dios satisfará nuestras necesidades económicas, pero podemos alcanzar una riqueza con Él que es mucho mayor que cualquier cantidad de riqueza que podamos encontrar en este mundo.

El sufrimiento nos enseña a depender de su gracia y su bondad

En 2 Corintios 12 Pablo escribió: «por amor a Cristo me gozo en las debilidades, en afrentas, en necesidades, en persecuciones, en angustias; porque cuando soy débil, entonces soy fuerte» (v. 10). En Filipenses, él reafirmó ese mismo pensamiento:

> En gran manera me gocé en el Señor de que ya al fin habéis revivido vuestro cuidado de mí; de lo cual también estabais solícitos, pero os faltaba la oportunidad. No lo digo porque tenga escasez, pues he aprendido a contentarme, cualquiera que sea mi situación. Sé vivir humildemente, y sé tener abundancia; en todo y por todo estoy enseñado, así para estar saciado como para tener hambre, así para tener abundancia como para padecer necesidad. Todo lo puedo en Cristo que me fortalece. (4.10-13)

Pablo tenía que apoyarse en Dios para cada detalle de su vida. Eso era exactamente lo que el Señor quería que él hiciera, y es lo que quiere que también nosotros hagamos.

La mayoría de nosotros sabemos que el apóstol sufría con «un aguijón» en su carne. No sabemos lo que era, pero estamos seguros de que le causaba un profundo dolor en su vida. Pablo no había desobedecido a Dios, pero el Señor ciertamente usó ese dolor para llevarlo a una relación aún más cercana con Él mismo. Cuando el apóstol imploró a Dios que se lo quitara, el Señor respondió: «Bástate mi gracia; porque mi poder se perfecciona en la debilidad» (2 Co. 12.9). La gracia de Dios le sostenía, y lo mismo es cierto en su vida. Puede que haya algo que usted anhele experimentar; o podría haber «un aguijón» en su carne. Puede ser una enfermedad o una persona, alguien que le haya causado grandes dificultades. Usted ha orado y le ha pedido a Dios que lo quite o que le alivie, pero el problema permanece y usted sufre. ¿Por qué no cambiar su enfoque y pedirle que le permita ver esa experiencia desde la perspectiva de Él?

Pablo no quería sufrir, pero se contentó cuando comprendió que Dios le había dado esa adversidad por una razón. Entonces no tuvo problema para decir: «Por tanto, de buena gana me gloriaré más bien en mis debilidades, para que repose sobre mí el poder de Cristo. Por lo cual, por amor a Cristo me gozo en las debilidades» (vv. 9-10). Dios nos enseña tremendas lecciones de fe en momentos difíciles. Él reenfoca nuestras vidas a fin de que nuestros corazones estén preparados para Él y no para nuestros deseos egoístas. Conocer a Dios y ser conocido por Él debería ser nuestra principal prioridad. Cuando lo es, usted entenderá cómo obra Él para formarle y moldearle a fin de que pueda entender sus caminos y vivir en el gozo y la esperanza que Él ofrece.

Después de un reciente servicio el domingo en la mañana, una mujer pasó al frente y me dijo que su hermano había muerto en un accidente automovilístico. Me dijo: «Pastor, ni siquiera puedo orar. El dolor es muy profundo; por favor, ore por mí. Me siento encerrada en mi interior y no me salen las palabras para orar a Dios». Hicimos exactamente eso: oramos por ella y le pedimos a Dios que la rodease con sus brazos de compasión. Algunas personas que sufren están totalmente perplejas. No hay nada en la Palabra de Dios que nos diga que entenderemos por qué Él permite que el dolor toque nuestras vidas. Pero debido a que sabemos que Él es fiel, también podemos saber que Él obra en momentos de sufrimiento para acercarnos más a Él. Yo les he dicho a los miembros de mi congregación que, a pesar de lo dolorosa que es la adversidad, algunas de las mayores lecciones de fe que he aprendido han sido como resultado del dolor personal que he sentido. Sin duda alguna, Dios usa la adversidad para nuestro bien y para su gloria.

El sufrimiento nos purifica

Una persona con un corazón puro tiene motivos puros. Muchas veces, cuando pensamos en pureza, la inmoralidad nos viene a la mente, y razonamos que estamos bien porque no estamos participando de ella. Pero tener pureza de mente y de corazón también significa que no buscamos salirnos con la nuestra. ¿Ha oído alguna vez a alguien decirle un cumplido, y luego, un día o dos después, regresar a usted con una petición personal? No estoy diciendo que cada vez que alguien le haga un cumplido tenga motivos impuros; pero hay veces en que las personas usan los cumplidos u otras ventajas para obtener lo que quieren. En lo profundo de su ser saben que sus motivos no son puros; por tanto, hacen algo para captar su atención y motivarle a ver una situación desde la perspectiva de ellos. Están siendo engañosos, pero nunca lo admitirían. Dios ve perfectamente a través de esa conducta.

Cuando Satanás quiere atacarnos, el primer lugar donde acude es nuestra mente. Cada día almacenamos incontables imágenes y mensajes que pueden ser recuperados en una fracción de segundo. Debido a la complejidad de nuestro cerebro, no podemos simplemente decidir lo que será borrado y lo que será retenido. Todo termina siendo almacenado en algún lugar, y si tenemos el hábito de ver y escuchar las cosas que Dios llama pecaminosas, entonces tendremos problemas no solamente hoy sino también durante un período de tiempo. Por tanto, Pablo nos exhortó que fuésemos puros de corazón y mente:

> Sed, pues, imitadores de Dios como hijos amados. Y andad en amor, como también Cristo nos amó, y se entregó a sí mismo por nosotros, ofrenda y sacrificio a Dios en olor fragante. Pero fornicación y toda inmundicia, o avaricia, ni aun se nombre entre vosotros, como conviene a santos; ni palabras deshonestas, ni necedades, ni truhanerías, que no convienen, sino antes bien acciones de gracias. Porque sabéis esto, que ningún fornicario, o inmundo, o avaro, que es idólatra, tiene herencia en el reino de Cristo y de Dios. Nadie os engañe con palabras vanas, porque por estas cosas viene la ira de Dios sobre los hijos de desobediencia. No seáis, pues, partícipes con ellos. Porque en otro tiempo erais tinieblas, mas ahora sois luz en el Señor; andad como hijos de luz. (Ef. 5.1-8)

Si el pecado o la tentación le resultan atractivos, le queda trabajo por hacer. Si es tentado por un acto y se dice a usted mismo: *Nadie lo sabrá, y si alguien se entera, no importará*, se está poniendo en posición para una caída espiritual. Esto es lo que sucede: la tentación llega, y la mayoría de las personas intentan racionalizar sus sentimientos. El pecado comienza con un pensamiento. Si ese pensamiento no se controla, se convertirá en un sentimiento, y si no estamos firmes contra él, terminaremos cediendo y actuando según nuestros sentimientos. Cuando eso continúa, el pecado enseguida se convierte en un hábito, y un hábito se convierte en una fortaleza para que el enemigo establezca un campamento en nuestra vida. Un corazón puro desea ser santo y recto delante de Dios. No hay manera de ser deshonesto y puro al mismo tiempo, porque la pureza requiere honestidad absoluta. Muchas personas quieren sentir la fortaleza de Dios en sus vidas. Él nos capacita para hacer cosas grandes pero, cuando el pecado está presente, ese no es el caso. No hay poder en nuestras vidas como creyentes si participamos en la impureza o si nos negamos a confesar nuestro pecado a Dios; por tanto, necesitamos establecer la meta de que nuestras vidas sean santas porque Él es santo.

El sufrimiento nos enseña gratitud

La adversidad es un vivo recordatorio de que nosotros no tenemos el control; Dios lo tiene. O bien le damos gracias por la dificultad, sabiendo que Él sacará algo bueno de ello, o podemos llegar a amargarnos.

Ha habido momentos en mi vida en que he dicho: «Esto es muy difícil, Señor. ¿Cómo puedo estar agradecido por esto? ¿Podré alguna vez darte las gracias por este dolor?» Sin excepción, Él siempre me recuerda que a pesar de lo difíciles que parezcan ser mis circunstancias, Él está a mi lado, y permite ese dolor por una razón; por tanto, puedo estar agradecido. Probablemente no disfrutaré de lo que esté experimentando, pero puedo darle las gracias a Él por permitir el sufrimiento, porque sé que Él está obrando.

Pablo escribió: «Dad gracias en todo, porque esta es la voluntad de Dios para con vosotros en Cristo Jesús» (1 Ts. 5.18). No dijo: «Den gracias cuando reciban solamente cosas buenas de Dios. Tengan esperanza y estén llenos de gozo cuando la vida vaya como ustedes quieren». Desde luego, Dios quiere que seamos felices cuando Él nos bendice; eso es fácil. Pero también quiere que aprendamos cómo darle las gracias por los momentos difíciles porque, cuando lo hacemos, demostramos nuestra fe en Él. Eso subraya el hecho de que nuestras vidas están escondidas en Él y que estamos enfocados en su voluntad y en ninguna otra cosa. Es la voluntad de Dios para nosotros que seamos agradecidos. Pablo no dijo: «En todo siéntanse muy agradecidos»; él nos mandó que estuviéramos rendidos y fuésemos agradecidos por el amor y el afecto de Dios aun cuando la prueba sea tan severa que nos preguntemos si podremos continuar.

El sufrimiento nos enseña cómo perseverar

Nuestro mundo está lleno de personas que quieren tirar la toalla; sus esperanzas y sueños han sido aplastados, y quieren abandonar. Pienso en quienes aceptaron a Cristo como su Salvador y falsamente supusieron que nunca volverían a afrontar dificultades. Eso no es la realidad. Afrontaremos desafíos hasta que Dios nos llame a estar con Él. Y si queremos tener éxito, no debemos darnos por vencidos. Una persona que persevera se mantiene en el rumbo. Leí que Thomas Edison probó más de mil veces para crear una bombilla que funcionase. Estoy seguro de que cuando la gente le preguntaba por su proyecto, él probablemente pensaba: *No, pero puedo decir mil maneras diferentes en que no funciona.* Necesitamos comprender que él nunca tiró la toalla; siguió intentándolo hasta que tuvo éxito.

La perseverancia declara: «No voy a darme por vencido. No voy a tirar la toalla, a pesar de lo que suceda». Recuerdo cuando comencé a trabajar en uno de mis estudios universitarios. Durante cada una de las primeras seis semanas, quise retirarme. Antes de irme a la cama en la noche oraba y trataba de explicarle a Dios lo difíciles que eran las clases; pero en mi interior, sabía que Él me decía: *No puedes renunciar ahora. Tienes que seguir adelante.* La perseverancia edifica el carácter; nos forma para continuar la trayectoria en lugar de rendirnos. Puede que usted se pierda el ascenso en el trabajo, pero Dios tiene algo mejor que traerá a su camino. No levante la tienda cuando algo vaya mal; esté decidido a esperar a que Dios le haga saber cuál es su voluntad. Si se rinde, nunca sabrá el nivel de potencial que hay en su vida.

El sufrimiento nos capacita para compartir los sufrimientos de Jesucristo

Una falsa enseñanza afirma que si usted experimenta dificultad, enfermedad o desgracia, no está confiando en Dios. Esa falsa creencia enseña que la riqueza, la salud, la felicidad y la prosperidad son indicadores de una fe espiritualmente fuerte y de la bendición de Dios. Eso no es verdad. Parte del plan de Dios para nuestras vidas es que aprendamos cómo afrontar la adversidad con una fe inconmovible. Pablo sufrió, pero él no era un fracaso espiritual. ¿Tenía él una fe en Dios fuerte y vibrante? Sí.

Algunas personas pueden decirle: «Si tiene suficiente fe, Dios lo sanará todo». Sabemos por la lectura de los Evangelios que Él puede curar cualquier enfermedad; pero puede que escoja no hacerlo. De hecho, ¿comprende usted lo que se perdería si estuviera sano todo el tiempo o si nunca afrontara un serio desafío o fracaso? Usted nunca aprendería cómo identificarse con la muerte en la cruz de Jesucristo; y cualquier enfermedad o tragedia que experimentemos palidece en comparación con lo que el Salvador sufrió. Sin embargo, podemos identificarnos a un menor grado con su muerte y crucifixión pero debemos llegar a un punto en que tengamos el deseo de ser como Él. En momentos de dolor extremo, la cruz se convierte en una fuente de tremendo poder y esperanza. Pablo escribió: «Porque la palabra de la cruz es locura a los que se pierden; pero a los que se salvan, esto es, a nosotros, es poder de Dios» (1 Co. 1.18).

El sufrimiento amplía nuestro ministerio

Pablo mencionó en varias ocasiones que quería predicar el evangelio en Roma. Al leer el libro de los Hechos, casi podemos anticipar su llegada; pero ninguno de nosotros habría escogido ponerlo allí como prisionero y, sin embargo, Dios lo hizo. Él estuvo encarcelado por su fe en Cristo, pero su aislamiento no evitó que Dios cumpliera su voluntad por medio del apóstol. En Filipenses, Pablo escribió: «Quiero que sepáis, hermanos, que las cosas que me han sucedido, han redundado más bien para el progreso del evangelio, de tal manera que mis prisiones se han hecho patentes en Cristo en todo el pretorio, y a todos los demás. Y la mayoría de los hermanos, cobrando ánimo en el Señor con mis prisiones, se atreven mucho más a hablar la palabra sin temor» (1.12-14). Pablo sabía sin duda alguna que el Señor lo puso justamente en medio de los problemas, y él prosperó.

Dios restaura la esperanza

Cuando golpea la adversidad, ¿siente usted pánico o confía en Dios? No pase por alto el hecho de que Él es un restaurador de esperanza: «Y bendijo Jehová el postrer estado de Job más que el primero» (Job 42.12). Dios le dio al apóstol Pablo un ministerio completamente diferente en Roma, y como resultado de su ministerio en la cárcel, el evangelio se difundió por Roma. Las iglesias del Nuevo Testamento fueron fortalecidas y alentadas, y Pablo tuvo la oportunidad de predicar a personas que nunca habrían oído del amor incondicional y el perdón de Jesucristo. Nunca deberíamos querer meter a Dios en un molde. Pablo sabía algo sobre los caminos de Dios; él caminaba en armonía con su voluntad, y su ministerio fue ampliado de maneras que él nunca soñó que fueran posibles. Dios ve lo que nosotros nunca podremos ver. Él sabe infinitamente lo que sucederá en el futuro. El sufrimiento le prepara entrenándole para que confíe en Dios y sepa que Él siempre está obrando en su vida.

Capítulo Nueve

DIOS PERDONA NUESTRO PECADO

Algunas veces, cuando predico sobre el tema de la salvación, miro a mi congregación, y puedo sentir que un sutil pensamiento falso corre por las mentes de muchas personas. Es como decir que: *Todo el mundo sabe cómo ser perdonado de pecado.* La idea misma de esto me lleva a responder con: *No, no lo saben.* Especialmente con una congregación establecida como tenemos en First Baptist Atlanta, es muy importante ser consciente de que cada domingo se unen a nuestras reuniones personas nuevas; y hay muchas otras que se han quedado al margen por años, sin hacer nunca un compromiso con Jesucristo. Pensar que la mayoría de las personas que asisten a nuestra iglesia son salvas sería una suposición mortal.

Otro punto que necesitamos tener en mente es que hay muchas ideas erróneas sobre el perdón del pecado; por tanto, voy a distinguir entre el perdón que conduce a la salvación y el perdón que está disponible para nuestros pecados diarios. Antes de hacer eso, sin embargo, quiero hablarle de un hombre al que conocí hace años y que de inmediato me cayó bien. Era un agudo hombre de negocios con una personalidad optimista. Y debido a que era un comunicador muy sabio, enseguida aprendió a hablar y a comportarse como un creyente muy comprometido. Yo también habría sido engañado, pero algo en mi interior me decía que tuviera cuidado y que no incluyera a ese hombre en mi círculo de amigos.

Captar señales cruciales de advertencia

Con el tiempo, coincidimos en muchas actividades, pero la incomodidad que yo sentía en mi espíritu nunca se fue. Más adelante, cuando estaba con ese hombre en una situación más personal, descubrí lo que sentía en mi interior, y era el hecho de que él no era creyente. No había evidencia alguna de una relación personal con Jesucristo, y había casi una proclamación externa de que él se las arreglaba para engañar a muchos dentro de la comunidad cristiana. No sé si iré tan lejos como para decir que ese hombre no quería tener nada que ver con el Señor, pero sí diría que estaba perdido y que sus caminos engañosos y astutos eran muy obvios.

El mayor daño que él infligió no fue a otras personas, sino a sí mismo. Espiritualmente estaba perdido, y por abrupto y claro que esto pueda sonar, es cierto: si Dios hubiera escogido poner fin a su vida, él habría muerto e ido al infierno. No somos salvos por lo que tenemos; los amigos correctos, mucho dinero, poder, posición, fama y cualquier otra cosa no significan nada para Dios. Hay solamente un camino hacia el cielo: mediante la fe en el Señor Jesucristo. Una persona puede almacenar riquezas hasta amasar una fortuna, pero ni un céntimo le dará el gozo, la paz y la felicidad que Dios da a quienes aceptan a su Hijo como su Salvador.

Necesitamos reconocer lo poco que nosotros participamos en el proceso de salvación. Dios es quien nos salva por su gracia. En Efesios, Pablo escribió:

Bendito sea el Dios y Padre de nuestro Señor Jesucristo, que nos bendijo con toda bendición espiritual en los lugares celestiales en Cristo, según *nos escogió* en él antes de la fundación del mundo, para que fuésemos santos y sin mancha delante de él, en amor *habiéndonos predestinado para ser adoptados* hijos suyos por medio de Jesucristo, según el puro afecto de su voluntad, para alabanza de la gloria de su gracia, con la cual nos hizo aceptos en el Amado, en quien tenemos redención por su sangre, el perdón de pecados según las riquezas de su gracia, que hizo sobreabundar para con nosotros (1.3-8, *énfasis añadido*)

La salvación fue idea de Dios. Él nos escogió. Nosotros no le escogimos a Él. A lo largo de la historia, Dios ha estado obrando para llevar a la humanidad de regreso a una relación correcta con Él. Inmediatamente después de la caída en el huerto del Edén, vemos en acción la motivación de Dios. Él va a Adán y Eva, los confronta, los disciplina, y luego los cubre con pieles de animales que Él mató. Ver a su creación caer causó tristeza al corazón de Dios; pero aún ese acto de rebelión y pecado no pudo evitar que el amor y el propósito de Dios continuaran. Esa fue la primera sangre derramada como resultado del pecado del hombre; sin embargo, también fue el acontecimiento que soltó el péndulo y comenzó la cuenta regresiva para el nacimiento, muerte y resurrección del Salvador. La palabra *redención* significa librar o liberar como resultado de un pago. Usted y yo somos redimidos o comprados por la muerte expiatoria de Cristo en la cruz del Calvario.

¿Cómo le salva Dios?

El perdón que está relacionado con la salvación, es obra de Dios. Él nos libra del castigo del pecado, que es la muerte eterna. La salvación es su don de gracia para usted y para mí, como Pablo dijo: «Porque por gracia sois salvos por medio de la fe; y esto no de vosotros, pues es don de Dios; no por obras, para que nadie se gloríe» (Ef. 2.8-9). El apóstol continuó dejando muy claro que hemos sido salvos con un propósito, y es glorificar a Dios: «Porque somos hechura suya, creados en Cristo Jesús para buenas obras, las cuales Dios preparó de antemano para que anduviésemos en ellas» (v. 10). Una vez que son salvos, muchos creyentes se ponen a trabajar pensando que pueden demostrar su amor a Dios mediante su servicio; pero hay solamente una manera de demostrar nuestra devoción a Él, y es mediante la entrega total. Le ofrecemos nuestras vidas a Él, sabiendo que su regalo de la vida eterna sobrepasa cualquier cosa que pudiéramos esperar o lograr en su nombre. Una confesión sencilla y sincera de amor desenfrenado por Él enciende un fuego de gloria y alabanza en los cielos.

Dios no cambia, y no nos salva basado en quiénes somos, lo que hemos hecho, o lo que haremos en el futuro. Nos salva porque nos ama y por la obra que su Hijo hizo por nosotros en la cruz. Es un hecho universal que cada uno de nosotros ha pecado contra Dios. Al igual que Adán y Eva, hemos sido hallados culpables de nuestros pecados, y legítimamente bajo la ley de Dios, merecemos la muerte. No hemos llegado a lo que se requiere de nosotros y a lo que es necesario para ser aceptables ante los ojos de Dios (Ro. 3.23). Pero Él ha escogido proporcionar un camino por el cual nuestros pecados —pasados, presentes y futuros— puedan ser perdonados por la eternidad.

La promesa de Dios es librarnos del castigo del pecado y luego darnos la oportunidad de acudir a Él personalmente mediante una relación íntima. Muchas personas que están separadas de Dios ni siquiera comprenden que están en una posición muy volátil. Se dicen a sí mismos: *Yo no soy pecador; no soy tan malo como otras personas.* Se comparan a sí mismos con otros, y muchas veces con creyentes que no viven vidas dedicadas, en lugar de compararse con Jesucristo, el santo Hijo de Dios. Tienen un problema de pecado y, sin embargo, tratan de encontrar una manera de minimizar sus efectos. No hay manera alguna de hacerlo.

O bien ha rendido usted su vida a Cristo, o se ha negado. Es así de claro y así de sencillo. De vez en cuando oigo a alguien decir: «Sí, algún día lo haré (aceptar a Jesucristo como mi Salvador), pero no ahora». O puede que diga: «Voy a esperar hasta que sea bueno y esté listo». A lo cual yo respondo: «Puede que no llegue el momento de ser "bueno y estar listo"». Dios puede llevarse su vida esta noche, y entonces no tendrá usted más oportunidades; no más posibilidades y no volver a pensarlo.

Recuerdo que hace años hablaba con un miembro de nuestra iglesia acerca de su hermano. Ella no sabía si él era cristiano, y de repente murió en un accidente. Hablamos en varias ocasiones sobre cómo ella podía llegar a manejar la realidad de su muerte. Debido al impacto que tuvo en ella y en sus padres, que eran creyentes, ella tuvo que llegar a un punto de aceptación. Su hermano tuvo la misma oportunidad que se le dio a ella, pero la rechazó. Algunas personas hablan sobre lo que dirán cuando estén en la presencia de Dios. Algunos dicen que le explicarán al Señor por qué han sido tan rebeldes, pero yo creo plenamente que cuando estemos en la presencia de Dios, nos quedaremos sin palabras. Las únicas palabras que pronunciaremos serán palabras de alabanza y adoración; y no creo que tengamos la capacidad de estar desafiantes delante de Él. Algunos puede que levanten el puño ante Él con ira, pero en la santa luz del cielo, lo máximo que haremos será postrarnos en reverencia y honor a Él: el Señor de señores y el Rey de reyes. Al hablar sobre su regreso, Jesús dijo: «Velad, pues, porque no sabéis el día ni la hora» (Mt. 25.13). Y les dijo a sus discípulos que solamente Dios sabe la hora y el momento de su regreso:

Estén ceñidos vuestros lomos, y vuestras lámparas encendidas; y vosotros sed semejantes a hombres que aguardan a que su señor regrese de las bodas, para que cuando llegue y llame, le abran en seguida. Bienaventurados aquellos siervos a los cuales su señor, cuando venga, halle velando; de cierto os digo que se ceñirá, y hará que se sienten a la mesa, y vendrá a servirles... Pero sabed esto, que si supiese el padre de familia a qué hora el ladrón había de venir, velaría ciertamente, y no dejaría minar su casa. Vosotros, pues, también, estad preparados, porque a la hora que no penséis, el Hijo del Hombre vendrá. (Lc. 12.35-37, 39-40)

Aunque estos versículos están basados en el regreso de Cristo, también demuestran la urgencia del mandato de Dios de que estemos preparados en cualquier momento para su llamado. La salvación llega como respuesta a su obra en la vida de una persona, pero no es algo que nosotros decidamos que suceda en cierto día y cierto momento. La hora de la decisión le pertenece a Dios, y solamente a Dios. El Espíritu Santo prepara nuestros corazones, remuerde nuestra conciencia con convicción que se siente como culpabilidad, y saca a la luz nuestro pecado y vergüenza. En medio de todo eso hay también un sentimiento del divino amor de Dios que nos atrae a su Hijo. Jesucristo vino a este mundo para morir por nuestros pecados. Incluso antes de dar su primer aliento, la sombra de la cruz recayó sobre su vida; por tanto, no es suficiente sólo con creer que Jesús es; debemos saber que Él es el Hijo de Dios, el único camino de salvación, y nuestro Señor viviente.

Muchas personas creen que Jesús vivió, pero no creen en Él como el divino Hijo de Dios, que no tiene pecado y el único que puede limpiar nuestros pecados. La única razón por la que Dios perdona el pecado es que su Hijo pagó la deuda de nuestro pecado por completo en la cruz. Piense de nuevo en lo que Dios hizo por Adán y Eva después de que pecaran y fueran expulsados de la presencia de Dios. Él hizo delantales de pieles de animales para ellos. Por su misma naturaleza, el pecado demanda un pago por el mal que se ha hecho. Por nosotros mismos no tenemos nada que ofrecer a Dios; no hay nada en nosotros que sea lo bastante bueno, lo bastante grande, o lo bastante poderoso para salvarnos. Necesitamos que Alguien haga una ofrenda expiatoria por nosotros a fin de poder ser perdonados. La única Persona que puede hacer eso es el Cordero de Dios sin pecado, sin tacha, sin mancha: Jesucristo.

Cuando usted le acepta a Él como su Salvador, su vida es cubierta por su sangre. Es usted sellado con un sello inquebrantable que proclama su perdón y su inocencia delante de Dios y de todas las fortalezas de Satanás. Antes de que usted le aceptara como su Salvador, un abismo le separaba de Él; pero cuando usted se acercó, se postró ante su cruz, profesó su pecado y su necesidad de perdón, fue usted llevado cerca de Él. Es entonces cuando Él le salvó; no solo por un tiempo sino por la eternidad. Las cadenas del pecado, la vergüenza y la culpa indescriptible se fueron, y fue usted liberado de su atadura.

La salvación es una decisión que usted debe tomar. Es personal, y no algo que su padre o su madre puedan decidir por usted. Ser bautizado de niño no le convierte en cristiano; puede que sea usted miembro de una iglesia, pero no conozca a Jesucristo. De hecho, toda su familia puede que asista a la iglesia cada domingo y posea una Biblia, pero no sea salva. La salvación es una decisión personal entre usted y Dios. Muchas personas, sin embargo, han sido desviadas y suponen falsamente que la membresía de una iglesia o el bautismo es lo único que necesitan para ser salvas. No hay verdad alguna en esa suposición.

Puede que sea usted una buena persona, pero eso no significa que irá al cielo. Jesús advirtió a sus seguidores con estas palabras:

De cierto, de cierto os digo que me buscáis, no porque habéis visto las señales, sino porque comisteis el pan y os saciasteis. Trabajad, no por la comida que perece, sino por la comida que a vida eterna permanece, la cual el Hijo del Hombre os dará; porque a éste señaló Dios el Padre... Yo soy el pan de vida; el que a mí viene, nunca tendrá hambre; y el que en mí cree, no tendrá sed jamás. Mas os he dicho, que aunque me habéis visto, no creéis. Todo lo que el Padre me da, vendrá a mí; y al que a mí viene, no le echo fuera. Porque he descendido del cielo, no para hacer mi voluntad, sino la voluntad del que me envió. Y esta es la voluntad del Padre, el que me envió: Que de todo lo que me diere, no pierda yo nada, sino que lo resucite en el día postrero. Y esta es la voluntad del que me ha enviado: Que todo aquél que ve al Hijo, y cree en él, tenga vida eterna; y yo le resucitaré en el día postrero. (Jn. 6.26-27, 35-40)

Solamente hay un camino para conocer a Dios, y es mediante su Hijo, mediante su Santo Espíritu, y mediante su Palabra escrita. Jesús no se detuvo con esa explicación; cuatro versículos después, siguió diciendo: «Ninguno puede venir a mí, si el Padre que me envió no le trajere; y yo le resucitaré en el día postrero» (v. 44). El Espíritu Santo es quien le convence de pecado, le lleva a comprender que necesita usted a Dios, y luego le convence de que le ha ignorado a Él y ha escogido darle la espalda. Hasta que la obra del Espíritu se produzca en su vida, no será usted salvo. Su naturaleza humana no quiere acercarse a Dios. La humanidad de modo natural no quiere tener una relación con Él; algo tiene que suceder, porque el hombre natural no puede recibir las cosas de Dios. No hay discernimiento espiritual ni deseo de vivir para Él.

En Romanos, Pablo nos recordó: «No hay justo, ni aun uno; No hay quien entienda, no hay quien busque a Dios. Todos se desviaron» (3.10-12). Cuando su Espíritu comienza a obrar en su vida, de repente usted siente un hambre, un deseo de Él que no puede explicar. Llegan las pruebas y usted clama y se pregunta si Él se interesa, pero también tiene una nueva sensación de saber que Él sí se interesa. Usted es salvo y es de Él. En Romanos 8 Pablo explicó:

> Y sabemos que a los que aman a Dios, todas las cosas les ayudan a bien, esto es, a los que conforme a su propósito son llamados. Porque a los que antes conoció, también los predestinó para que fuesen hechos conformes a la imagen de su Hijo, para que él sea el primogénito entre muchos hermanos. Y a los que predestinó, a éstos también llamó; y a los que llamó, a éstos también justificó; y a los que justificó, a éstos también glorificó. ¿Qué, pues, diremos a esto? Si Dios es por nosotros, ¿quién contra nosotros? (vv. 28-31)

Dios es quien nos llama. Moisés no se dirigió a la zarza ardiente; fue Dios quien lo llamó. Abraham no dijo: «Iré por este camino porque creo que es lo mejor». Él sintió la guía de Dios, y respondió al llamado en obediencia. El Espíritu de Dios estaba obrando en los corazones de aquellos hombres, al igual que Él obra en nuestros corazones hoy día. Él busca al hombre perdido, lo convence de pecado, y luego le hace una increíble oferta de eterna salvación.

Antes de ser salvos, debemos aceptar cuatro verdades y actuar en base a ellas:

1. *Debemos entender que, sin Jesucristo, no hay vida eterna.* No importa cuánta riqueza material tengamos. Si no tenemos una relación personal con el Salvador, pasaremos una eternidad en el infierno separados de Dios y de su bondad.

2. *Debemos tener algún conocimiento o entendimiento de quién es Jesucristo.* Cuando la gente dice: «Yo siempre he creído en Jesús», yo les pido que

me digan cuándo llegaron al punto de tener un conocimiento salvador de quién es Él; también les pregunto si alguna vez le han confesado sus pecados a Él, reconociendo ser pecadores y que eso les ha separado de Dios. ¿Y son conscientes de que si continúan rechazando el misericordioso amor y la gracia de Dios demostrados en la cruz morirán e irán al infierno? Esas preguntas pueden parecer duras, pero la verdad más dura es que si no les hablamos a otros del perdón y la salvación de Dios, ellos morirán separados de Él y pasarán una eternidad en total angustia de alma y espíritu. Hay solamente un camino para tener vida eterna, y comienza a los pies de la cruz cuando profesamos nuestra fe en el Hijo de Dios.

3. *Debemos demostrar fe en Cristo.* Ningún hombre o mujer pueden salvarnos. Conocer a un abuelo o un padre piadosos no hace nada por nosotros en esta área. O bien llegamos a conocerlo a Él por nosotros mismos, o seguimos separados de Él por nuestro orgullo y pecado. Pablo escribió: «Si confesares con tu boca que Jesús es el Señor, y *creyeres* en tu corazón que Dios le levantó de los muertos, serás salvo» (Ro. 10.9, *énfasis añadido*). Siempre que vea la palabra *creer* en el Nuevo Testamento, usted automáticamente sabe que es una palabra de acción. Conduce a alguna parte, y en este caso es una puerta de entrada a la salvación mediante la fe en Cristo. Por tanto, cuando una persona dice que verdaderamente cree en el Hijo de Dios, está diciendo que cree en el Señor Jesucristo desde un punto de vista bíblico; está dispuesta a reconocer el señorío de Cristo, y no sólo eso, sino que la persona admite que es pecadora y necesita un Salvador. Se produce la acción porque la fe y el arrepentimiento bíblicos no pueden separarse. En otras palabras, si usted cree verdaderamente que es un pecador salvado por gracia, le pedirá a Dios que perdone sus pecados y hará un compromiso de alejarse de las cosas que traen vergüenza y dolor a su vida.

He escuchado a mamás y a papás hablar sobre sus hijos y cómo se han alejado de su fe o no están dispuestos a aceptar a Cristo. Los padres necesitan enseñar principios piadosos a sus hijos e hijas; necesitan orar con ellos y aconsejarlos con buenos valores. Pero puede que llegue un momento en que ese hijo tome la decisión de alejarse de la verdad que ha oído en su casa y en la iglesia. Cuando eso sucede, los padres deberían permanecer firmes en su fe, pero también orar para que Dios sea quien le muestre su voluntad claramente a ese joven.

Podemos suplicar y rogar, pero aun así puede que no haya un cambio duradero. Mediante el poder de su Espíritu, Dios es el único que puede convencer suficientemente a alguien de pecado. Él usa a los padres, pero hay veces en que Él es el único que puede hablar y ser oído. Si ese es el caso, necesitamos confiar en Él y permitirle que obre en las vidas de nuestros seres queridos. Por difícil que sea, algunas lecciones solamente se aprenden por medio de la adversidad.

4. *Debemos arrepentirnos del pecado.* Jesús abrió las mentes de sus discípulos «para que comprendiesen las Escrituras; y les dijo: Así está escrito, y así fue necesario que el Cristo padeciese, y resucitase de los muertos al tercer día; y que se predicase en su nombre el arrepentimiento y el perdón de pecados en todas las naciones, comenzando desde Jerusalén. Y vosotros sois testigos de estas cosas» (Lc. 24.45-48). A fin de entender los caminos de Dios y caminar en armonía con Él, su mente debe ser renovada mediante la salvación y la lectura de su Palabra. Jesús abrió las mentes de ellos; Él les habló la verdad. No hay modo de escapar a esto. Damos un paso hacia aprender y entender su voluntad y sus caminos cuando reconocemos nuestra necesidad de Él. La salvación comienza cuando dejamos nuestro orgullo, confesamos nuestra necesidad y nuestro pecado, y luego levantamos nuestros corazones a Él en verdadero

arrepentimiento. Jesús afirmó: «si no os arrepentís, todos pereceréis igualmente» (Lc. 13.3).

Perdonado, salvado y tentado

Miré desde mi escritorio al rostro de un joven que había sido cristiano desde hacía unos pocos meses. Él siempre estaba en las filas de adelante, tomando notas, cada domingo en la mañana y cada miércoles en la noche. A pesar de su reciente asistencia a la iglesia, había cedido a la tentación y se había enredado en pecado. Después de contarme su historia, nos quedamos un momento en silencio, dejando que el peso de lo que había sucedido tuviera su efecto. Aunque yo me sentía mal por él, también comprendía que siempre alguien se sorprende de experimentar las consecuencias del pecado; pero normalmente, a menos que seamos obligados a hacerlo, repetiremos la ofensa. Existe una diferencia entre el perdón que conduce a la salvación y el perdón que nosotros, como creyentes, recibimos. En el momento en que aquel joven confesó su pecado a Dios y le pidió perdón, Dios hizo exactamente eso: le perdonó, pero las consecuencias de su decisión no podían ser revertidas.

El perdón de Cristo para mi salvación se ocupó del castigo de mi pecado. Un modo en que Dios obra en mi vida es haciéndome libre de un castigo eterno. Jesús pagó por completo la deuda por mi pecado, y cada pecado que yo haya cometido o que cometeré está perdonado. Pero sigo teniendo la necesidad de reconocer las malas elecciones y decisiones que he tomado como creyente. Soy perdonado del aspecto de mi destino eterno, pero sigo teniendo la necesidad de recibir el perdón de Dios cada vez que cedo a la tentación.

Cuando explico esta verdad, con frecuencia utilizo una analogía. Imagínese por un momento a usted mismo vestido de blanco. Así es exactamente cómo Dios ve su vida desde el momento en que usted se la entrega a Él; pero entonces recibe usted una invitación a bajar a una mina de carbón. De inmediato piensa en lo divertido que será ver el interior de la mina, pero también comprende que no está usted vestido para tal aventura. Piensa en decir que no, pero la curiosidad y la presión de sus amigos le conducen a aceptar la oferta. Después se da cuenta de que está usted en el túnel, y está cubierto de polvo y carbonilla. No escuchó las señales de advertencia que se encendieron en el interior de su ser; y pasó por alto lo que sabía que era correcto, y ahora necesita ser limpiado.

Vivimos en un mundo corrupto, pecador, malvado y vil. La blasfemia, la lascivia, y todo tipo de suciedad están a nuestro alcance. Las personas se vuelven enojadas, resentidas u hostiles, y antes de que uno se dé cuenta, han arremetido contra usted y usted reacciona reflejando sus mismos actos. Llega a su casa en las noches, y observa que sus hijos no han hecho lo que usted les dijo que hicieran. Sus cuartos son un desastre, ellos están hablando con sus amigos en el teléfono o mandándoles mensajes, y usted pierde los estribos. ¿Sabe qué? Cuando responde a una situación con ira, acaba de estirar su mano y tocar la polvorienta y negra suciedad de una mina de carbón y luego se limpia en su traje blanco. Pero puede pedir perdón y volver a estar completamente limpio otra vez. Usted nunca pierde su salvación; su vida está sellada con un sello eterno que significa que usted le pertenece a Jesucristo. Aun así, puede llegar a estar espiritualmente sucio y con necesidad del toque limpiador de Dios.

Nuestra necesidad de un Salvador no termina en el momento en que somos salvos. Necesitamos a Jesús en cada momento de la vida; necesitamos su protección, provisión, dirección y perdón. Necesitamos llegar a un punto en que comprendamos que su poder en nuestro interior es mayor que cualquier tentación a ceder al pecado. Pero cuando caemos, y cada uno de nosotros lo hará en algún momento, tenemos un Abogado: alguien que estará con nosotros delante de Dios.

Juan nos dio este esperanzador vistazo sobre los caminos de Dios: «Hijitos míos, estas cosas os escribo para que no pequéis; y si alguno hubiere pecado, abogado tenemos para con el Padre, a Jesucristo el justo. Y él es la propiciación por nuestros pecados; y no solamente por los nuestros, sino también por los de todo el mundo. Y en esto sabemos que nosotros le conocemos, si guardamos sus mandamientos» (1 Jn. 2.1-3). Juan no dijo que nunca pecaríamos; dijo: «y si alguno hubiere pecado».

Dios conoce el poder de la tentación, pero su meta para nosotros es que resistamos al enemigo diciendo no al pecado (Stg. 4.7). Cuando lo hacemos, descubrimos que tenemos a Alguien que está no solamente con nosotros, sino entre nosotros y Satanás, nuestro acusador. Moisés, Abraham, David, Josué, María de Betania, y muchos más se acercaron tanto a Dios que entendieron que participar en el pecado crearía un abismo espiritual entre ellos y el Señor. No podemos participar en el pecado y seguir estando en comunión cercana con Él. Pablo nos advirtió que no tuviéramos relaciones demasiado íntimas con incrédulos: «No os unáis en yugo desigual con los incrédulos; porque ¿qué compañerismo tiene la justicia con la injusticia? ¿Y qué comunión la luz con las tinieblas?» (2 Co. 6.14) El apóstol estaba escribiendo para expresar su preocupación por la implicación que los corintios tenían con falsos maestros que no creían que Jesús era el Hijo de Dios y el Mesías. Sus palabras también son firmes advertencias para nosotros acerca de la profundidad de nuestra relación personal con personas que son impías y no tienen deseo de conocer al Salvador.

En varias ocasiones he tenido la oportunidad de advertir a los creyentes que no hagan un compromiso matrimonial con una persona no salva.

Ellos creen falsamente que pueden «ayudar» a su futuro cónyuge a llegar al Señor, y aunque eso puede que se produzca, hay un precio que pagar por la desobediencia. Dios mandó a la nación de Israel que permaneciese pura y libre de idolatría y que no adorase a los dioses de sus enemigos, pero ellos no escucharon. Se mezclaron casándose con otras personas, y pronto su devoción a Dios comenzó a decaer. Llevaron ídolos a sus hogares y los adoraron; como resultado de sus actos, Dios los disciplinó, permitiendo que sus enemigos los derrocaran y los llevaran a la cautividad.

También he escuchado cuando hombres de negocios cristianos reconocían su inmenso error al creer que podrían poseer y dirigir una empresa con otro no creyente. Algunos ganaron mucho dinero, y fueron exitosos, pero la mayoría estaban de acuerdo en que el estrés y la presión que se tiene por estar conectado a nivel personal con alguien que no conoce a Jesucristo son tremendos y muy agotadores. Dios le protegerá y suplirá sus necesidades si está trabajando junto con personas no creyentes en su empleo. La mayoría de las personas están en negocios seculares; el problema viene cuando llegamos a unirnos con otra persona que no comparte nuestros valores espirituales. La mentalidad y los valores morales no son los mismos.

Antes de que una persona sea salva, está separada del Señor; está alienada de Dios, y la Biblia nos dice que camina en oscuridad espiritual y no en la luz de la verdad de Dios. Vive bajo la ira de Dios; vive según los caminos del mundo y no según los caminos de Dios; su mente está vacía porque la mente del hombre natural no puede discernir la verdad espiritual. Es motivado por la codicia de la carne y está muerto en sus delitos y pecados. Piense en esto: ¿Cómo puede una persona entender la mente de Dios o hablar con Él en oración si ha escogido negar a Dios y vivir una vida separada de Él? No puede.

En el momento en que decimos no acercarnos a Dios, limitamos lo que podemos saber y entender de Él. Eso es totalmente cierto del hombre o la mujer perdidos, pero también puede ser verdad hasta cierto grado de la persona que es salva pero no vive un estilo de vida cristiano. Hay demasiados creyentes que se han alejado de Dios. Él no se ha movido, pero ellos sí. Puede que sean salvos; sin embargo, cuando llega la adversidad, ellos claman, sin entender ni una sola cosa sobre la obra de Él en sus vidas. En más de una ocasión he estado sentado en mi oficina en la iglesia escuchando a un creyente hablar de que ya no puede confiar en Dios. Puede que haya hecho una serie de malas elecciones, pero cree que Dios podría haber evitado que sucedieran todas las cosas negativas. Es cierto que Él puede hacer eso, pero como he dicho a lo largo de este libro, su deseo es llevarnos a una relación íntima con Él. El pecado tiene consecuencias, y Dios no cambiará los principios que Él ha establecido; por tanto, cuando escogemos desobedecerlo, necesitamos acercarnos a Él en lugar de alejarnos. También necesitamos buscar su perdón cuando pecamos.

No puede mezclar usted pecado y pureza, así que debe decidir cuál de ellos escogerá. Tenga cuidado con su elección, porque una cosa conduce a un gozo, paz y seguridad inexpresables, mientras que la otra conduce a aislamiento, inseguridad, lamento y profunda tristeza. No podemos entender plenamente la obra del Espíritu Santo hasta que aceptemos a Jesucristo como nuestro Salvador y luego rindamos todo lo que somos a Él. Cuando nos rendimos a Él, nuestras vidas cambian. Puede que tengamos momentos en que nos desviemos de nuestra devoción, pero hay un irresistible sentimiento de amor por Dios en nuestro corazón en el que no estamos dispuestos a ceder. Podemos saber la verdad sobre el pecado y su camino hacia la destrucción, pero debemos estar enfocados en Dios y no en nosotros mismos ni tener una mente mundana. No hay manera de combinar cualquiera de esas cosas con la verdad de Dios y tener una situación que funcione y sea agradable al Señor. Él demanda nuestra devoción plena; cualquier cosa que no llegue a eso tiene graves consecuencias.

Cuando sus discípulos quisieron saber cómo orar eficazmente, Jesús les enseñó una oración. Quiero que considere hacer esta oración cada día o al menos con tanta frecuencia como Dios le guíe:

Padre nuestro que estás en los cielos, santificado sea tu nombre.

Venga tu reino.

Hágase tu voluntad, como en el cielo, así también en la tierra.

El pan nuestro de cada día, dánoslo hoy.

Y perdónanos nuestras deudas,

como también nosotros perdonamos a nuestros deudores.

Y no nos metas en tentación, mas líbranos del mal;

porque tuyo es el reino, y el poder, y la gloria,

por todos los siglos. Amén. (Mt. 6.9-13)

El Salvador quería enseñar a sus seguidores cómo mantener el enfoque correcto. Ellos observaron que la relación que Él tenía con el Padre celestial era tremendamente cercana, y querían experimentar eso mismo. Le observaban retirarse para orar y estar a solas con Dios. Siempre que había una necesidad o un problema, Jesús tenía la respuesta. Sabemos que Él es Dios en la carne, pero también sabemos que tiene una increíble relación con el Padre. Él deseaba más que ninguna otra cosa estar con Él; y recordemos que en la cruz, mientras el dolor era atroz, el mayor dolor se produjo como resultado de cargar con nuestros pecados y saber que Dios, su Padre, no podía mirarlo. Él estaba separado de Aquel a quien amaba más que a nadie. No puede usted separar a Dios de su Hijo o de su Espíritu; los tres son uno y, sin embargo, por un breve momento en el tiempo, eso es lo que sucedió entre el Padre y Jesús mientras Él estaba vestido de nuestra injusticia. Pero el poder de Dios hizo pedazos las garras del pecado, y se nos ha dado el poder de vivir una vida de extremo gozo y de libertad del pecado, todo ello porque Jesús murió por nuestros pecados.

Él enseñó a sus seguidores que comenzaran cada día reconociendo quién es Dios: su Padre celestial, el increíble Dios del universo, soberano en poder, y que está sobre todas las cosas. Hay algo que edifica tremendamente la fe al pronunciar los varios nombres de Jesús: Príncipe de Paz (Is. 9.6), Dios todopoderoso (Ap. 4.8), la Luz del mundo (Jn. 8.12), Fiel y Verdadero (Ap. 19.11), Consejero (Is. 9.6). En muchos casos, esos nombres definen su poder, quién es Él, y lo que hará por nosotros. Él no sólo perdona nuestro pecado; Él restaura la esperanza que hemos perdido y la pureza que el pecado ha intentado quitarnos. Él también enseñó a sus seguidores cómo reconocer su pecado; ellos le conocieron a Él, pero solamente conocer a Cristo no es suficiente en este caso.

Debemos reconocer y estar de acuerdo con Dios en que está mal lo que hemos hecho. La muerte de su Hijo en la cruz fue el pago suficiente por nuestros pecados, pero nosotros debemos emprender la acción. Debemos decir: «Señor, lo que hice estuvo mal. Por favor, perdóname». En ese momento, Dios aplica su perdón a nuestra vida. Hasta que usted experimente este nivel de perdón, no podrá vivir a su máximo potencial.

Si usted, como creyente, está llevando pecado en su vida, va a ser abrumado. No puede disfrutar de la vida plenamente, y, sin duda, no puede experimentar las bendiciones y la bondad de Dios. Un pecado como los celos le robará el gozo. La envidia, el resentimiento, la amargura y la ira evitarán que sea usted todo lo que puede ser por medio de Cristo. Su atención no está centrada cuando está pensando en algo que está mal ante los ojos de Dios. La avaricia limita su capacidad de saber lo que Dios le llama a hacer; una búsqueda incansable de fama mundana y de riquezas endurecerán su corazón a los placeres sencillos que Él da cada día. La codicia, la avaricia y la inmoralidad embotan su corazón y su espíritu hasta tal grado que no puede usted oír la voz de Dios. Se vuelve espiritualmente sordo a los principios escritos en su Palabra; y, con el paso del tiempo, descubrirá que está cometiendo un error tras otro.

Jesús llega a una parte crucial en la oración cuando les manda que perdonen a quienes les hayan hecho daño. Una cosa es pedir a Dios que nos perdone, especialmente cuando sufrimos y sabemos que no estamos en armonía con Él; pero otra muy distinta es perdonar a otros cuando creemos que ellos nos han hecho daño de algún modo. Sin embargo, eso es lo que Él nos manda que hagamos. No podemos ignorar los principios de Dios; si queremos conocer y entender las profundidades de su amor, debemos obedecerle.

A lo largo de los años, cuando he hablado con personas que estaban batallando, el tema siempre giraba en torno al perdón. ¿Sabían ellos que Dios los había perdonado, y estaban dispuestos a perdonar a quienes les habían herido? Muchas veces me decían: «No puedo perdonar a esa persona. Usted no sabe lo que me hizo». Es cierto que yo no lo sé, pero lo que sé es lo siguiente: la falta de perdón es como un veneno que se mete en su sistema; tiene un efecto destructor sobre el cuerpo y las emociones. Amigos que son médicos y psicólogos han confirmado eso, y han dicho que gran parte del estrés con el que tratan las personas cada día proviene con frecuencia de ira oculta, frustración, desengaño y falta de perdón. Cuando usted perdona a alguien, no está diciendo que lo que él o ella hicieron estuvo bien o fue correcto; está diciendo que usted quiere ser libre del recuerdo y de las ataduras relacionadas con el pasado. Usted quiere hacer lo que Jesús mandó, y es perdonar a fin de poder ser perdonado por los muchos pecados que usted ha cometido o que cometerá en el futuro.

La falta de perdón afecta a mi vida de oración. Si hay falta de perdón en mi corazón, no estaré enfocado ni seguro de que Dios me responderá. Es más que una distracción; es una piedra de tropiezo, y es la razón por la que Dios nos enseña que le obedezcamos en esta área. Mientras estaba muriendo en la cruz del Calvario, Jesús oró: «Padre, perdónalos, porque no saben lo que hacen» (Lc. 23.34). Cuando ponemos en práctica este principio, Dios derrama sus bendiciones sobre nosotros. Ni siquiera tenemos que pedirle que nos bendiga, y sentimos un increíble gozo en nuestro interior; también podemos obtener un sentimiento de paz que es inconmovible. Dios, a su manera y a su tiempo, tratará con quienes nos hayan herido. Nuestra responsabilidad es perdonar y dejar cualquier cosa que evitaría que lo conozcamos y caminemos en comunión con Él cada día.

Vivir la vida cristiana es algo serio, y el perdón es una parte fundamental de ella. No puede usted sustituir el pecado por las buenas obras y recibir el regalo de la salvación; tampoco puede negarse a perdonar a otros y pensar que puede borrar su amargura haciendo actos de bondad. Si no perdona a quienes le hayan hecho mal, terminará sufriendo mucho más. Estoy seguro de que alguien que esté leyendo estas palabras ha sido muy herido, y puedo identificarme con esa herida. Uno de los momentos más difíciles de mi vida causó un tremendo dolor, y yo tuve que hacer la elección consciente de perdonar. Sabía desde el principio que a pesar de lo que hubiera sucedido, yo tenía que mantener un espíritu perdonador.

Quizá piense que usted no puede hacerlo, y probablemente esté en lo cierto. La única manera de poder perdonar completamente las heridas que le han causado es confiando en Jesucristo y recordar que Él lo perdonó. Él nunca le ha pedido que haga usted ni un solo pago para su salvación o el perdón de sus pecados diarios, y nunca lo hará. Él pagó esa deuda por usted completamente, y usted ha sido declarado no culpable. Él le ha justificado y le ha marcado con un sello inquebrantable y eterno de amor, poder y bondad. Usted puede acostarse esta noche y dormirse porque Él está con usted y Él es su salvación.

¿Hay alguien a quien necesite usted perdonar? Si lo hay, mi oración es que usted no espere ni un minuto más por mostrar ese mismo perdón que se le ha dado. En algunos casos, puede que sea imposible y nada práctico para usted ponerse en contacto con ese individuo; Dios le mostrará lo que sea mejor. Pero lo más importante que puede usted hacer es orar y entregar a esa persona a Dios junto con toda su falta de perdón.

Capítulo Diez

UN DIOS DE AMOR
ABSOLUTO

Al final de un sermón un domingo en la mañana, un joven pasó al frente para hablar conmigo. Inmediatamente supe que anhelaba decirme algo sobre su vida; él había conducido una larga distancia para expresar su gratitud por nuestro programa de radio In Touch. Me dijo que varios años antes él había estado en la cárcel por un grave delito y, hasta ese momento nunca había oído acerca del amor de Dios. En el curso de varias semanas, siguió observando que a cierto grupo de internos se les permitía escuchar un programa en la radio. El aburrimiento y el deseo de estar con otros fueron los catalizadores que Dios usó para hacer que él se uniera al grupo. Me explicó cómo Dios comenzó a obrar en su vida. Me dijo: «Creo que finalmente llegué al fin —o lo que yo creía que era el fin— de toda esperanza. Me preguntaba por qué estaba yo allí y si valía la pena continuar. Le escuché a usted pero pensé: *Esto no puede ser verdad.* Pero seguí escuchando. Entonces, un día recuerdo que usted dijo: "Dios te ama tal como eres. Él no ama el pecado en el que participas, pero te ama a ti". Mis familiares me habían dado la espalda, y mis amigos estaban ya cansados de que yo prometiera cambiar pero nunca lo hiciera. Mi primer pensamiento fue: *Apuesto a que también he agotado a Dios. No es posible que Él pueda amarme. Estoy demasiado alejado.* Pero descubrí lo contrario. ¡Él sí que me ama».

Mientras escuchaba a ese hombre decir lo que Dios había hecho por él, recuerdo pensar lo difícil que debió de haber sido para él considerar que su vida estaba acabada, o llegar a un punto en que no creía que valía la pena vivir o respirar una vez más. También sé que hay personas que leerán estas palabras y dirán que pueden identificarse con la historia de ese hombre. No entienden cómo es posible que Dios les ame o quiera tener nada que ver con ellos. A muchos les resulta difícil creer que así es. Por años han creído la mentira del enemigo que les dice que han ido demasiado lejos, y que el Señor va a soltarlos y no salvarlos nunca. Sencillamente no es cierto.

Aquel joven era una de esas personas. Él creía que nunca llegaría a nada y, por tanto, bien podría continuar viviendo como el diablo. Pero Dios tomó su vida. Él me dijo cómo el Señor le habló por medio de uno de los mensajes que oyó, y de repente comenzó a contemplar la posibilidad de que podría haber esperanza. Después, una noche en la oscuridad de su celda en la cárcel, entregó su vida a Cristo y se durmió por primera vez siendo un hombre libre. Escuchaba regularmente nuestra transmisión radial, y también comenzó a leer y estudiar su Biblia. Antes de que se diera cuenta, comenzó a orar y a citarle a Dios las promesas que estaba aprendiendo: «Señor, tú me has dicho que me amas, y yo creo que lo haces. Muéstrame cómo puedo vivir cada día para ti, incluso en este lugar de aislamiento». Dios hizo exactamente eso: comenzó a enseñarle al joven principios de verdad, los cuales se convirtieron en fundamentos en su vida, y le enseñaron a pensar de modo diferente sobre Dios y sobre sí mismo.

Una de las lecciones más importantes que aprendió fue que, aunque era pecador, también era perdonado, y que era salvo por la maravillosa gracia de Dios. Sabía que su vida no contenía nada de valor que pudiera igualar al regalo de Dios; pero comprendió que así debía ser: nada de él y todo de Dios. Se le había dado una segunda oportunidad en la vida porque Dios le amaba, y él apenas podía contener su alegría. Meses que supuestamente habían de pasarse con terror y tristeza se convirtieron en vías de gozo, paz y esperanza. Su familia podía haberse comportado como si él estuviera olvidado, pero estaba justamente en las coordenadas del radar de Dios. El Señor sabía todo sobre él y le amaba. Me dijo: «Dios transformó mi vida. En la actualidad soy un exitoso hombre de negocios que no puede esperar a contar lo que Él ha hecho por mí. Fue el amor de Dios lo que agarró mi corazón y mi vida; saber que Él no había renunciado a mí me cambió. Antes de conocer a Jesús, yo era muy duro de corazón, pero todo eso ha cambiado». Sonrió y dijo: «Supongo que se puede decir que el amor me cambió. Nunca pensé que a nadie le importaría, pero entonces lo conocí a Él y sé que le importa».

El amor nos cambia. Cambia nuestra manera de ver la vida, la manera en que respondemos a otros, y la manera en que vemos nuestras circunstancias. Si nos sentimos no queridos, abandonados, olvidados y rechazados, actuamos de acuerdo a eso. Aunque no sea cierto, comenzaremos a pensar que lo es, y reflejaremos esa imagen a las personas que nos rodean. No solamente eso, sino que, al igual que el hombre de la historia anterior, nos preguntaremos cómo alguien, y especialmente Dios, podría amarnos.

El Señor tiene muchos atributos. Por ejemplo, Él es un Dios de amor, misericordia, santidad, rectitud y justicia. Él es omnipotente, lo cual significa que tiene todo poder; es omnisciente: conoce todas las cosas. Él ve el pasado, el presente y el futuro. Puede que nosotros recordemos un error personal que hayamos cometido en el pasado, pero Dios escoge no recordarlo; sabe que está ahí, pero cuando le pedimos que nos perdone, Él nunca lo volverá a sacar. Puede que Él nos permita recordarlo de vez en cuando, en especial si somos tentados por el pecado, pero no va a condenarnos porque esa no es su naturaleza. Amor, perdón y restauración están en el núcleo de quién es Él. También es omnipresente, lo cual significa que Él está con usted en este instante. Él está presente con cada creyente en el mundo. Él sabe lo que está sucediendo en el Medio Oriente y al mismo tiempo es consciente de lo que está sucediendo en la vida de usted. Nada escapa a su conocimiento. Él es Dios, y está por encima de todas las cosas. Él vive dentro de nosotros mediante el poder de su Espíritu Santo, que no está limitado por el tiempo, la distancia o las circunstancias. Él es eterno: el principio y el fin, el Alfa y la Omega.

El Dios que declara su amor por usted y por mí es Aquel que amaba a David, a Pedro, a Josué y a todas las personas que han vivido. Él es el mismo. Nada ha cambiado en Él porque sus atributos son infinitos e inmutables. Él es absolutamente perfecto, y su mayor deseo es que usted y yo tengamos una relación profunda e íntima con Él. No es suficiente para Dios declarar su amor; Él quiere que le conozcamos y disfrutemos de la paz y la seguridad que provienen de estar bajo su cuidado.

Algunas personas pueden pensar que Él ve lo que ellos han hecho en el pasado y que, de algún modo, su amor por ellos ha cambiado, pero no es así. O quizá alguien que lea estas palabras se haya alejado de Él. Antes estaba usted cerca del Salvador, pero el pecado ha cambiado su modo de sentir en cuanto a Él. Recuerde: Adán se ocultó de Dios; huyó por temor porque creyó la mentira de Satanás. Quiero que sepa que Dios no se ha movido. Aunque usted haya dicho sí al pecado muchas veces, Él le sigue amando. No está de acuerdo con lo que usted está haciendo, pero ha escogido amarle, y punto. Este es el fin de la discusión desde la perspectiva del amor eterno de Dios. A pesar de lo que haya sucedido, Dios ve solamente posibilidades y potencial absoluto en su vida. Él no opera en alguna cápsula del tiempo; Él conoce el comienzo de su vida, y también conoce dónde quiere que usted termine. Él siempre tiene en mente el futuro. Él sabe lo que quiere hacer y cuál es su intención, y cómo cumplirá esas cosas en su vida. Siempre es mucho más de lo que usted cree.

¿Cómo alcanza usted su máximo potencial? ¿Cómo evita ir flotando por la vida con la actitud de simplemente arreglárselas? Comienza al entender que el amor de Él por usted es eterno e incondicional. Puede que se pregunte: *¿Acaso no necesito hacer algo a fin de lograr eso?* La respuesta es no. Hay solamente una manera, y es mediante una relación personal con Jesucristo: la Persona cuyo amor por usted nunca cambia. Una vez que comprenda la verdad de que su Creador le ama, obtendrá una perspectiva totalmente distinta del porqué y cómo Él le ama.

- Su amor es *perfecto*.
- Su amor es *sacrificial*—Él entregó la vida de su Hijo para que usted pudiera ser salvo de sus pecados.
- Su amor es un *regalo* que es inmensurable en naturaleza: usted no puede medir el amor de Dios.
- Su amor es *incomprensible*—usted no puede explicarlo plenamente.
- Su amor es *incondicional*—usted no puede perderlo ni puede trabajar para ganárselo. En el momento en que acepta usted a Cristo como su Salvador, obtiene todo lo que Dios tiene para usted. También significa que Él le ama sin restricciones.
- Su amor es *inalterable*—Dios le ama en cada etapa de la vida a pesar de lo que usted haya hecho.
- Su amor es *eterno*—nada puede detener el amor de Dios. He oído a personas decir: «Cuando ordene mi vida, podré aceptar el hecho de que Él se interesa por mí». Eso nunca sucederá porque Él quiere que usted conozca y acepte su amor en este momento.

Si Dios nos amara en base a cualquier otra cosa que no sea lo que está en Él, nunca conoceríamos el amor verdadero e incondicional. Si hubiera alguna manera de ganarnos su amor, entonces la vida cristiana estaría basada en las obras y no en lo que Él hizo por nosotros. Pero no es así. Es completamente el resultado del amor incondicional de Él por usted y por mí. Sólo su sangre derramada, como ofrenda y regalo expiatorio, funcionará.

Aquellos a quienes Jesús amaba

Para subrayar este punto vamos a explorar las situaciones que rodeaban las vidas de varias personas a las que Jesús conoció durante su vida en la tierra y las maneras en que su amor las cambió.

Jesús escogió a *Pedro* para convertirse en uno de sus discípulos, aunque Él sabía que el pescador era rudo y muy extrovertido. Pedro era un exitoso hombre de negocios, así que estaba acostumbrado a dirigir a personas que trabajaban para él. Cuando estudiamos su vida, enseguida vemos que Jesús tuvo que observarlo de cerca. Él comprendía que, si se daba la ocasión, Pedro comenzaría a dirigirlo a Él y a los demás, pues siempre daba un paso al frente delante del grupo y hablaba sin pensar sinceramente lo que estaba a punto de decir.

Una vez, Jesús tuvo que reprenderlo con dureza con palabras que sabemos que habrán parecido duras, pero eran muy necesarias. Pedro era impetuoso, y quería que Jesús hiciera lo que él sentía que era lo mejor. Poco tiempo después, Pedro confesó a Cristo como el Mesías: algo que solamente Dios pudo haberle revelado (Mt. 16.15-17). Más adelante, después de que el Salvador les hablase a sus seguidores de su inminente muerte y resurrección, Pedro le tomó a un lado y le dijo: «Señor, ten compasión de ti; en ninguna manera esto te acontezca» (v. 22). Jesús trató de inmediato con la egoísta evaluación de Pedro. Le dijo: «¡Quítate de delante de mí, Satanás!; me eres tropiezo, porque no pones la mira en las cosas de Dios, sino en las de los hombres» (v. 23). Es típico pensar, después de haber cometido un inmenso error, que Dios está decepcionado, pero Él sabía que usted iba a hacer eso aun antes de que lo hiciera. Jesús escogió a Pedro para que fuera un discípulo no en base a lo que él haría correctamente, sino en base a su amor eterno. Él entendía todos los detalles de la personalidad de Pedro, y vio el potencial que había en la vida del pescador; también sabía que Pedro estaba en proceso de formación y que estaba siendo moldeado para el servicio a Dios.

Cuando oímos su historia, con frecuencia criticamos a Pedro por sus actos impetuosos, pero es más que probable que una parte de nosotros desee poder tener su nivel de fe. Durante una horrenda tormenta en el mar de Galilea, Pedro fue el único discípulo que salió de la barca y comenzó a andar sobre el agua dirigiéndose hacia Jesús. Los otros estaban paralizados por el temor, pero no Pedro. Y aunque comenzó a hundirse, su esfuerzo es digno de destacarse. Su más vívido fracaso se produjo después de la crucifixión de Cristo, cuando negó conocer al Salvador, a quien él amaba y a quien prometió que, si fuese necesario, moriría con Él. En el momento que él dijo: «No lo conozco», entonces «vuelto el Señor, miró a Pedro; y Pedro se acordó de la palabra del Señor, que le había dicho: Antes que el gallo cante, me negarás tres veces» (Lc. 22.57-61). Me pregunto lo que sería ver el rostro del Señor después de que Pedro había negado conocerlo. Jesús sabía que él le amaba. Debido a que es omnisciente, Él conoce los motivos de nuestros corazones también. Una de las primeras cosas que Él hizo después de su resurrección fue enviar una palabra personal a Pedro de que había resucitado. Aquella fue una muestra divina de amor por su discípulo que sufría (Mr. 16.1, 4-7).

Aunque el negó a Cristo, el amor de Cristo por Pedro no cambió. Jesús era Dios en la carne; Él no cambia. Si lo hiciera, ya no sería Dios; sería cambiable, y no lo es. Él ha escogido amarnos con amor eterno, y nada puede alterar ese hecho. Él sabía que su discípulo batallaba con un profundo lamento y tristeza; por tanto, envió un mensaje personal de esperanza a Pedro. Fue como si Jesús estuviera diciendo: «Y asegúrate de decirle a Pedro que él también venga».

¿Cuántas veces ha sentido usted que se ha acercado demasiado al extremo con respecto a la desobediencia? Puede que sepa que lo que está haciendo está muy mal, pero ha cedido a la tentación y al deseo de satisfacer un apetito pecaminoso. Se pregunta si ha ido demasiado lejos y si Dios ha dejado de amarle. Él no lo ha hecho, sino que quiere que usted regrese a Él y le vuelva a entregar su corazón en completa dedicación.

El temor, los pensamientos de fracaso, y el profundo lamento inundaban la mente de Pedro, pero el amor de Jesús por él seguía ahí. Al final del evangelio de Juan aprendemos que el Salvador no solamente restauró su comunión con él, sino que también lo comisionó para un futuro servicio (Jn. 21.15-17). Dios nunca retirará su amor. Él le creó en amor y está comprometido a amarle a pesar de todo. ¿Qué cambió la vida de Pedro? ¿El temor a ser disciplinado por Dios? No. Fue el amor: el amor increíble, sin igual, eterno e incondicional del Dios santo, que nada quiere más que usted y yo pasemos la eternidad con Él. Esta es la invitación de Él para usted: ven y habita conmigo en mi amor (Jn. 15.9).

Nicodemo era un respetado e importante líder religioso. Era fariseo y miembro del Sanedrín. Juan registró que él fue a ver a Jesús de noche: cuando podía estar seguro de que nadie notaría que estaba con el Salvador (Jn. 3). ¿Ha hecho usted alguna vez algo similar? En lugar de profesar su fe en Dios abiertamente, se queda en un segundo plano en las conversaciones, esperando pasar inadvertido. Jesús le ve. Él sabe dónde está usted, y si se está ocultando en lugar de profesar su confianza en Él. El Señor comprendía el clima religioso de su época, pero cuando se trataba de amarlo a Él y ser uno de sus seguidores, no podía haber decisiones a medias. Él sabía la batalla que se estaba librando en la mente de Nicodemo, pero no hizo una excepción. Él demanda nuestro desatado compromiso, fe y dedicación. Como he dicho anteriormente: la obediencia parcial no es obediencia. Vemos esto surgir en la vida de Nicodemo.

Después de la crucifixión, Nicodemo ayudó a otro líder religioso a enterrar el cuerpo del Salvador. La Biblia nos dice que él llevó cien libras de especias y ungüento para ponerlo en el cuerpo de Jesús. Él definitivamente estaba haciendo una confesión pública. Las especias para la sepultura eran muy caras; las personas ahorraban durante toda su vida para poder comprarlas. Como era fariseo y miembro del Sanedrín, Nicodemo probablemente tuviera el dinero necesario para comprarlas; pero, aun así, sus actos fueron una muestra de amor y devoción por el Salvador. Él dio lo que había reservado para su propia sepultura; su decisión fue una decisión de amor y de pasión por el Hombre que él creía que era el Mesías. Su vida fue cambiada por el amor de Dios; no fue algo que él pudiera explicar. Hasta que vino el Espíritu Santo, él probablemente no llegó a entender plenamente el concepto de Juan 3.16. Sin duda, el amor eterno de Dios y su perdón lo atrajeron al Salvador; él entendió que el amor de Dios se mostró en la cruz del Calvario, y fue el mismo amor que le atrajo a acercarse.

Zaqueo era un importante recaudador de impuestos, despreciado por la mayoría de las personas en su región. Normalmente, los únicos amigos de un hombre como él eran personas que tenían ocupaciones parecidas. El hecho era que él no se limitaba a recaudar impuestos; era el jefe de esa operación en su ciudad o comunidad. Le odiaban. Siempre que las personas le veían llegar, querían evitarlo. Él habría estado en la misma categoría social que las prostitutas y otros que eran considerados espiritualmente impuros. El amor de Dios por el pecador es increíble. Él atrajo a este hombre a Él. Es obvio que Zaqueo sabía quién era Jesús, pues en el momento en que oyó que el Salvador iba a pasar por su camino lo dejó todo y fue donde estaba la multitud, esperando verlo. Él era un hombre bajo de estatura, y finalmente tuvo que trepar a un sicómoro para poder ver a Jesús. Piense en todas las personas que llenaban la calle aquel día: cada una de ellas quería tocar al Señor o decirle algo; pero Zaqueo captó la atención de Cristo. El Señor miró al árbol y dijo: «Zaqueo, date prisa, desciende, porque hoy es necesario que pose yo en tu casa» (Lc. 19.5). La Biblia nos dice que las personas que le rodeaban murmuraban por envidia y celos. «Al ver esto, todos murmuraban, diciendo que había entrado a posar con un hombre pecador» (v. 7). Jesús no solamente se detuvo para hablar con él, sino que le dijo: «¡Voy a tu casa a cenar contigo!»

La respuesta de Cristo a Zaqueo fue de amor incondicional. Aun antes de que cruzaran el umbral de su casa, el recaudador de impuestos buscaba el perdón de Dios y entregó todo lo que había tomado del pueblo: «He aquí, Señor, la mitad de mis bienes doy a los pobres; y si en algo he defraudado a alguno, se lo devuelvo cuadruplicado. Jesús le dijo: Hoy ha venido la salvación a esta casa; por cuanto él también es hijo de Abraham. Porque el Hijo del Hombre vino a buscar y a salvar lo que se había perdido» (vv. 8-10). Cuando Jesús miró a los ojos del hombre públicamente despreciado, vio a alguien que estaba emocional y espiritualmente muerto: una persona que anhelaba conocer amor y aceptación. Y cuando Zaqueo miró a los ojos de Cristo, vio todo lo que él anhelaba tener y experimentar; él era aceptado —no su pecado— por quién era como persona. De inmediato el alejado hombre de negocios llegó a una transformadora conclusión: prefería tener a Jesús que cualquier cantidad de oro y de plata. El amor de Dios nos cambia. No es exigente; sin embargo, en el momento en que gustamos un poco, lo queremos todo.

Antes de encontrarse con Jesús, la vida de la *mujer samaritana* estaba llena de tragedia personal, rechazo, aislamiento, e innumerables desengaños. Ella había estado casada varias veces, y el hombre con quien vivía no era su esposo. El día en que el Salvador la encontró, ella estaba sola en el pozo sacando agua. Ninguna persona respetable quería ser vista junto a ella; lo sabemos porque las mujeres de honor no salían a sacar agua en el calor del día. Normalmente iban al pozo con amigas en la mañana o al caer la tarde; sin embargo, esta mujer no tenía a nadie a quien llamar amiga. Salió al pozo sola y en un momento del día en que nadie le dirigiría insultos o comentarios de menosprecio. Jesús hizo lo impensable: no se limitó a detenerse para hablar con ella, sino que también le pidió que le diera de beber un poco de agua. Luego, lo que sucedió después de su petición no fue sino milagroso. Él era un rabino judío, alguien que se suponía que consideraba impuro al pueblo de Samaria. Ningún individuo judío respetable pasaría por aquella área; aunque era un atajo para llegar a Galilea, la ruta aceptada que se seguía era rodeando esa región y no atravesándola, debido al temor de contaminarse espiritualmente. Pero un detalle como ese no ha evitado nunca que Dios muestre su amor por nosotros. Todos somos pecadores salvos por su gracia.

Jesús estaba solo con ella, pues sus discípulos habían ido a comprar algo para comer. Y el Señor hizo un uso perfecto del tiempo que tenían para hablar sobre la vida de ella y el amor de Dios: «Si conocieras el don de Dios, y quién es el que te dice: Dame de beber; tú le pedirías, y él te daría agua viva» (Jn. 4.10). En aquellos tiempos, el agua en movimiento o que fluía era la mejor. Él de inmediato captó la atención de ella con esas palabras; luego, le dijo: «Cualquiera que bebiere de esta agua, volverá a tener sed; mas el que bebiere del agua que yo le daré, no tendrá sed jamás; sino que el agua que yo le daré será en él una fuente de agua que salte para vida eterna» (vv. 13-14). Observemos lo que el amor de Dios significó para ella:

Le ofreció vida eterna.

Le ofreció un camino de perdón.

No la juzgó.

Estaba vivo, y parado justamente delante de ella.

Imagine cómo se sintió aquella mujer. Había probado el matrimonio una vez y no le funcionó. Volvió a casarse una segunda vez, y una tercera, y una cuarta, y una quinta; debió de haberse sentido totalmente rechazada, como una marginada, como si no le importara a nadie. Tenía tan mala reputación que nadie iba con ella para sacar agua; pero Jesús se detuvo a hablar con ella, y le habló del amor de Dios. Él no toleró su pecado, pero la vio con los ojos del amor y le dijo que su vida podía cambiar si ella creía en Él (Jn. 4.15-29).

Muchos otros ejemplos aparecen en la Escritura. El mendigo ciego llamado *Bartimeo* (Mr. 10.46) era considerado un marginado. Nadie quería estar con él; era un hombre ciego que tenía que mendigar para vivir y, sin embargo, clamó al Salvador: «¡Jesús, Hijo de David, ten misericordia de mí!» (v. 47) Algunas personas podrían haberse detenido ante él por lástima, pero la mayoría pasaban por su lado con rapidez. El Hijo de Dios no se detuvo por una persona rica, un líder religioso o un notable gobernador; se detuvo por un pobre hombre que era ciego de nacimiento.

Dios nos ama a usted y a mí tal como somos. Alguien que esté leyendo estas palabras puede decir: «Yo me siento tan solo y olvidado como ese hombre. No tengo a nadie. Nadie me quiere. No tengo amigos.

Voy a trabajar y regreso a mi casa en la noche. Algunos días, es casi mediodía antes de que nadie se dé cuenta de que estoy vivo y en la oficina. Sencillamente vivo de día en día, sin ir a ningún lugar, sin lograr nada. Soy un don nadie». Quiero asegurarle que, desde la perspectiva de Dios, usted es alguien. Él lo ama y tiene un plan para su vida. Él sanó a Bartimeo, un hombre ciego, indefenso, pobre y harapiento. Nada de eso le importó a Jesús; el enfoque de su corazón estaba en dos cosas: salvación y restauración en la vida de aquel hombre.

Puede que esté usted muy enfermo y se pregunte qué le deparará el futuro; al igual que Bartimeo, puede que se sienta como si no fuera otra cosa que un pobre mendigo. El mismo Jesús que le permitió a usted nacer y le amó antes de que respirase por primera vez, ha prometido no dejarle nunca. Nada ni nadie pueden hacer que Él deje de amarle. Si se acerca a Él y aparta los ojos de usted mismo, descubrirá que Él ha estado a su lado todo este tiempo, pero usted estaba espiritualmente ciego a su presencia.

Este joven acudió a Jesús profesando su amor y su deseo de seguirlo, pero el Señor discernió la motivación de su corazón (Mr. 10.17-22). Él sabía que la riqueza de ese hombre era más importante para él que tener una relación personal con Él. Jesús nunca nos obligará a que le aceptemos; su amor es firme, pero también es amable, comprensivo y comprometido. Él sabe exactamente dónde está usted en este momento: en su casa a solas, en un apartamento con personas que viven a su alrededor, pero nadie llama a su puerta. Pero si usted escucha, le oirá a Él llamando.

El joven rico se alejó porque sabía que no podía responder positivamente a lo que Jesús pedía de él: un corazón no dividido. El Salvador le amaba (v. 21), pero el joven amaba sus posesiones más que a Dios. A veces conozco a personas que han acumulado mucha riqueza y, después de escucharlos durante un rato, me doy cuenta de que, aunque han estado amasando una fortuna, su fortuna es la que los va acumulando a ellos. Se han convertido en esclavos de lo que poseen; han perdido su libertad y están atados a sus acciones, sus bonos y el banco.

No importa cuánto dinero tenga una persona; si no conoce el íntimo y personal amor de Dios, está en bancarrota. No hay paz, no hay sentimiento de gozo verdadero, ni felicidad para alguien que constantemente se ve amenazado por el clima económico del país. Necesitamos invertir sabiamente, pero invertimos nuestras vidas y nuestro dinero a fin de poder dar a otros que tienen menos. Dios nos bendice para que podamos ser una bendición, y no para que podamos acumular lo que tenemos para nuestra satisfacción personal. La tragedia en esta historia es que Jesús conocía el corazón de este hombre. Él dijo: «Vende todo lo que tienes»; en otras palabras: «no tengas ningún otro dios delante de mí». Jesús no estaba en contra de la riqueza, pero sí está en contra de que se convierta en un dios en nuestra vida.

Este mismo principio se aplica a quienes tienen muy poco. He hablado con hombres y mujeres que no quieren diezmar. Quieren que Dios les bendiga, y creen falsamente que Él no los ama porque han experimentado una dificultad económica tras otra. El diezmo es importante porque es un acto de confianza, de amor y de obediencia. La viuda que dio todo lo que tenía —dos pequeñas monedas de cobre— era mucho más rica que la persona con más riquezas que hubiera en el templo, porque ella dio de lo que no tenía en lugar de dar de su abundancia (Mr. 12.42). Si usted quiere decirle a Dios que le ama de verdad, ore, pero también entréguese a Él —cada área— sin reservas. Ponga su vida a los pies de Él, y permítale que le ascienda en el momento adecuado y le enseñe cómo dar y cómo amar correctamente.

Cada año durante nuestra conferencia de misiones en First Baptist Atlanta desafío a nuestra congregación a dar sacrificadamente por encima de su diezmo a la obra de las misiones mediante nuestra iglesia. Hace un par de años un joven me dijo que quería ser parte de lo que Dios estaba haciendo, pero que no creía que podía dar nada. Al escucharle, yo pude saber que Dios le estaba motivando a dar, y le desafié a dar un paso de fe y pedir al Señor que le mostrase qué debería hacer. Él me contestó: «Oh, sé la cantidad que Él quiere que dé. Sencillamente no creo que pueda hacerlo». Yo le pregunté: «¿Confías en que Él te guarda cuando te vas a dormir en la noche?», y él respondió que sí y sonrió. Entonces puede usted confiar en Él para esto. Dar a Dios, a pesar de lo que demos, es una manera en que podemos decirle que le amamos, que confiamos en Él, y que queremos obedecerlo. Él nos manda dar (Lc. 6.38); no porque quiera que seamos pobres, sino por la razón contraria. Él quiere bendecirnos a un grado aún mayor, pero no puede llenar nuestras manos si están cerradas y apretadas agarrando algo que creemos que tiene más valor que Dios. Aquel joven escogió confiar en Dios; siguió diezmando y también comenzó a dar cada mes para nuestro programa de misiones. Al final del año vino a verme, y su cara estaba llena de alegría. Apenas si podía contenerse al contarme todo lo que Dios había hecho por él. Dios le había bendecido de muchas maneras diferentes.

Hay dos cosas que necesita usted recordar: no puede sobrepasar a Dios en dar, y la obediencia siempre conduce a la bendición. Si le obedece a Él, puede que se enfrente a dificultades, porque eso es parte de la vida, pero siempre tendrá cubiertas sus necesidades. Él lo ha prometido, y Él es fiel. De hecho, Él llenará su copa hasta el punto en que rebose. ¿Qué tiene que ver el dar con el amor? Todo. Jesús se entregó a sí mismo a nosotros. Su amor es un regalo gratuito. Él no se detuvo a pensar: *Dar mi vida como expiación por los pecados de él o ella es demasiado; no puedo hacer eso*. Él dio libremente porque esa es su manera de hacerlo: dando y ofreciendo todo lo que tiene para usted y para mí. No hay manera en que podamos pagar la deuda que le debemos; o aceptamos su amor, o nos alejamos como el joven rico. Si lo aceptamos, Él transformará nuestras vidas del mismo modo en que transformó las vidas de la mujer descubierta en adulterio (Jn. 8.4) y del hombre poseído por demonios (Mr. 5.15).

Jesús hasta amó al hombre que lo traicionó: Judas. ¿Cómo sabemos que le amaba? Porque Dios ama incondicionalmente. Judas quería manipular a Jesús para que ejerciera su poder como Hijo de Dios. El discípulo era zelote, y quería que Jesús liberase a Israel del dominio y el gobierno de Roma. Si podía poner a Jesús en la situación correcta, pensaba que el Salvador llamaría a legiones de ángeles para barrer a los enemigos de Israel. Entonces, el reino de Dios se establecería sobre la tierra, y Judas estaría en el centro de la actividad. Estaba equivocado. Jesús vino a buscar a quienes estaban perdidos y a salvarlos; no vino a la tierra como un gobernador militar buscando establecer su reino. Cuando Judas se aproximó al Señor la noche de su arresto, Jesús le miró y le llamó «amigo». El amor incondicional de Dios fue de suma importancia en la vida de Cristo. Judas no tardó mucho tiempo en darse cuenta de lo que había hecho y de que nunca podría vivir consigo mismo.

¿A qué tipo de personas ama Jesús? A todo tipo. ¿Le traicionamos alguna vez? Sí, lo hacemos. Muchas veces hacemos precisamente eso con nuestro silencio y nuestra negativa a hablarle a alguien que sufre y está perdido de la esperanza que tenemos en Cristo. El ladrón que estaba en la cruz era consciente de su pecado (Lc. 23.39-43), pero no podía entender por qué Jesús tenía que sufrir. Aun así, creyó en el Hijo de Dios, y aquel mismo día estuvo con Jesús en el paraíso. Sin importar dónde vaya usted, Dios le ama, y está esperando a que usted le entregue su vida, sus circunstancias y su futuro a fin de poder bendecirle de maneras increíbles.

Capítulo Once

DIOS SE DELEITA EN LA OBEDIENCIA

¿Alguna vez ha tomado la decisión de obedecer a Dios como modo de vida? No estoy hablando de obedecer de vez en cuando, sino en todas las áreas al máximo de su conocimiento y capacidad. ¿O descubre que hay veces en que batalla usted para hacer lo que sabe que está bien y en armonía con los principios de Él? Puede que haya veces en que sea fácil discernir entre lo que es bueno y está en armonía con la voluntad de Dios y lo que es malo y no es parte de su plan. De hecho, puede que realmente le obedezca en momentos cruciales porque usted quiere lo mejor de Él. Otras veces puede que sienta como si la desobediencia le estuviera empujando a un lado simplemente porque no hizo su tarea en la oración y el estudio de la Palabra de Dios.

Salomón nos advirtió que cazásemos las pequeñas zorras; y pasó a explicar que «echan a perder las viñas» (Cnt. 2.15). Con frecuencia, las decisiones pequeñas producen las mayores consecuencias. La decisión de decir una mentira blanca es muy costosa, porque conduce al pecado y normalmente al paso siguiente, que es el engaño. El enemigo es muy agudo, y lo bastante listo como para tentar a un creyente experimentado a desobedecer abiertamente a Dios. Obviamente, el pecado siempre conlleva una respuesta. Amigos y familiares normalmente hablan cuando usted está implicado en algo que conduce a la vergüenza, el fracaso y un testimonio dañado. Puede que usted crea falsamente que algo percibido como insignificante es mucho más fácil de disfrazar; puede que lo sea durante un período, pero en algún momento Dios corre la cortina, y la verdad sobre lo que usted ha hecho se revela.

Hay demasiadas personas que llegan al punto de estar quebrantadas, sufriendo, solas y desalentadas antes de buscar la ayuda de Dios. Un consejero cristiano que trabaja con ejecutivos de empresas me dijo una vez que si él puede intervenir en un conflicto antes de que escale hasta un nivel grave, normalmente puede mostrar a las personas cómo resolver el problema. Pero eso rara vez sucede, porque la mayoría de nosotros somos muy reservados y no exponemos abiertamente lo que sentimos y pensamos hasta mucho tiempo después y, para entonces, el conflicto amenaza con quedar fuera de control. Jesús conoce nuestros corazones, y deja claro desde la primera página de su Palabra que la obediencia a Él debería ser nuestro enfoque central. Adán y Eva desobedecieron a Dios y sufrieron la pérdida de todo lo que conocían que era correcto y bueno; sin embargo, al igual que puede usted rastrear la desobediencia por las generaciones, también puede rastrear los beneficios de la obediencia. Dios proporciona un perfecto contraste entre las dos en su Palabra:

> Acontecerá que si oyeres atentamente la voz de Jehová tu Dios, para guardar y poner por obra todos sus mandamientos que yo te prescribo hoy, también Jehová tu Dios te exaltará sobre todas las naciones de la tierra. Y vendrán sobre ti todas estas bendiciones, y te alcanzarán, si oyeres la voz de Jehová tu Dios. Bendito serás tú en la ciudad, y bendito tú en el campo… Pero acontecerá, si no oyeres la voz de Jehová tu Dios, para procurar cumplir todos sus mandamientos y sus estatutos que yo te intimo

hoy, que vendrán sobre ti todas estas maldiciones, y te alcanzarán. Maldito serás tú en la ciudad, y maldito en el campo. (Dt. 28.1-3, 15-16)

La única similitud entre la obediencia y la desobediencia es que ambas reflejan el tipo de estilo de vida que llevamos. Si sinceramente hemos entregado nuestras vidas a Dios, entonces le obedeceremos; confiaremos en Él y dejaremos en sus manos todas las consecuencias. En momentos de desobediencia, nos apoyamos en nuestros propios deseos para buscar dirección. Oscilamos entre lo que queremos hacer y lo que sabemos que está bien.

Lo que podemos esperar

Dios nunca quiso que estuviéramos agobiados por las decisiones que tomamos cada día. A veces, cuando oramos, de inmediato discernimos la voluntad de Dios; otras veces debemos esperar, confiando en que Él nos muestre cuándo y cómo avanzar; y hay otras veces en que Él pasa mucho tiempo preparándonos para que atravesemos una puerta abierta. Pero cuando llega la oportunidad, vacilamos con sentimientos de preocupación y duda. Hay también situaciones que resultan de una actitud relajada en cuanto a la pureza y la santidad.

No puedo ni comenzar a contar el número de veces en que he preguntado a una persona por qué permitió que el pecado obtuviera una fortaleza tal. Un hombre confesó que él había estado cerca de cierto tipo de pecado durante la mayor parte de su vida; no tenía ni idea acerca de su influencia sobre él hasta que comprendió que no tenía el gozo y la paz que creía que un cristiano debería experimentar. Tenía momentos de felicidad, pero nada que perdurase; notó que cada vez que trataba de orar, su mente se llenaba de imágenes que eran pecaminosas y malas. El enemigo sabe cuándo hemos retraído nuestra obediencia a Dios. Al igual que un guerrero bien entrenado, él se mueve para pasar al ataque, pero con frecuencia su enfoque no es un claro ataque frontal, sino sutil y oculto, como una mina de tierra que está justamente debajo de la superficie. El error que cometemos está en suponer que podemos ignorar el mandamiento de Dios de obedecerle y no sufrir daño alguno.

Lo fundamental es que nunca hay un momento en que esté bien desobedecer a Dios. Deberíamos obedecerle a pesar de lo que pensemos o cómo nos sintamos; es cuestión de escoger, pero muchos cristianos aún no lo entienden ni se someten a ello. Con demasiada frecuencia las personas evalúan sus circunstancias según lo que perciben que les beneficiará: *¿Cómo me ayudará esto a ponerme por delante? ¿Será esta movida beneficiosa para mi futuro?* Decimos que creemos que Dios lo sabe todo y que sabe lo que es mejor para nosotros, pero con frecuencia terminamos buscando el consejo de personas que nos rodean y no del único que sabe todo lo que nosotros necesitamos saber. Necesitamos considerar una sola cuestión: *¿Es esta la voluntad de Dios para mi vida?*

La desobediencia no siempre está envuelta en un paquete que se ve pecaminoso. Sí, es pecado desobedecer a Dios porque hiere el corazón de Alguien que tiene un plan para nuestras vidas; daña nuestra comunión con Él y conduce a sentimientos de culpa y vergüenza. Pero demasiadas veces, cuando oímos la palabra *desobediencia*, pensamos en un pecado sexual o en algún hábito que es claramente malo; sin embargo, desobedecemos a Dios cuando no queremos hacer aquello para lo cual Él nos ha dotado, formado y llamado. Nuestra negativa a estar abiertos a su plan puede traer desgracia y lamento; por nuestra propia cuenta, no tenemos una perspectiva significativa sobre el futuro. Lo único que podemos hacer es elegir basándonos en lo que pueda o no pueda suceder.

Al final, hay solamente una Persona que tiene conocimiento absoluto, y
es el Señor; y Él ha prometido proporcionar la guía que necesitamos:

> Fíate de Jehová de todo tu corazón,
>
> Y no te apoyes en tu propia prudencia.
>
> Reconócelo en todos tus caminos,
>
> Y él enderezará tus veredas.
>
> No seas sabio en tu propia opinión;
>
> Teme a Jehová, y apártate del mal;
>
> Porque será medicina a tu cuerpo,
>
> Y refrigerio para tus huesos. (Pr. 3.5-8)

Podemos preocuparnos, temblar y echar humo por algún asunto que
Dios ya ha tratado y que ha movido a otro punto. Pero si confiamos en
Él, le obedeceremos cada vez. Ser obediente no significa que nunca
afrontemos decisiones difíciles; significa que, cuando lo hagamos, resol-
veremos que Él ha ido delante de nosotros, y porque le hemos entregado
nuestra vida a Él, el modo en que viajamos será derecho, seguro y mane-
jable. El profeta Isaías nos aseguró:

> Jehová te pastoreará siempre, y en las sequías saciará tu alma, y dará vigor
> a tus huesos; y serás como huerto de riego, y como manantial de aguas,
> cuyas aguas nunca faltan». (58.11)

Observemos que ambos pasajes de la Escritura hablan de salud y
bienestar físico. Eso es lo que la obediencia hace por nosotros; elimina
las emociones que nos anudan en el interior.

Puede que usted viva en obediencia completa y, sin embargo, esté
batallando con una grave enfermedad. Su situación no significa que

usted haya hecho nada malo; por otro lado, si cree en Dios pero se niega a confiar en Él por completo o a obedecerle, entonces se sentirá estresado, presionado, fuera de control y temeroso. La desobediencia puede ser algo tan sencillo como no confiar en que Él se ocupe de su necesidad inmediata en casa, en su comunidad o en su trabajo.

En muchas ocasiones he hablado con educadores que confiesan sentirse profundamente extenuados; tienen fusibles emocionales pequeños y están cansados. Cuando les pregunto si han compartido todo eso con el Señor en oración, muchos miran con sorpresa y comentan que sentían que Él ya estaba al tanto de cuáles eran sus necesidades. Parte del proceso de obediencia es aprender a abrir sus manos a Él y entregarle sus más profundos clamores de frustración. No puede producirse la sanidad cuando usted se agarra a su dolor o su frustración. Póngalo en el altar de Él y permítale que le restaure. Hay muchas facetas en torno a la obediencia, pero solamente un camino para lograrla, y es mediante rendirse a Aquel que le ama y tiene un plan para su vida y sus circunstancias.

Los amigos son recursos dados por Dios, pero pueden dar consejos nada sabios y mala información. Lo que ellos sienten que es mejor para su vida puede que no sea precisamente lo que Dios quiere que usted haga; por tanto, siempre es mejor escuchar los consejos de ellos, especialmente cuando son creyentes entregados, pero también orar y pedir al Señor que le aclare totalmente su voluntad a fin de que no dé usted un giro equivocado: mental, emocional, espiritual o físicamente. Puede usted evitar mucho dolor obedeciendo a Dios.

La obediencia es una elección

Dudo que muchos de nosotros consideraríamos algunas de las decisiones menos importantes que tomamos cada día y nos preguntaríamos si contienen alguna pista sobre el futuro. Con frecuencia hacemos elecciones basándonos en lo que creemos o pensamos que es correcto. Los índices de interés están bajos; por tanto, debe de ser el momento adecuado para comprar una casa. Hemos tenido el mismo auto por casi diez años; es momento de comprar uno nuevo. Acabamos de tener nuestro segundo hijo: por tanto, necesitamos otro dormitorio además de una oficina en casa. Hemos trabajado por años en la misma empresa, y el nuevo director no es muy comprensivo; debe de ser momento de pasar a otro lugar. Algunas de estas afirmaciones son razonables, pero solamente si el resultado o la elección los inicia Dios.

Pedro se enfrentó a una decisión transformadora (Lucas 5), y el resultado de su elección determinaría su futuro. Jesús había estado predicando en la orilla del lago de Genesaret (el mar de Galilea). Me imagino que la multitud sería muy grande. Su ministerio estaba creciendo; se había difundido la noticia de que Él había sanado a quienes estaban enfermos de varias enfermedades (Lc. 4.40). Cuando Lucas llegó al capítulo 5 en su relato del ministerio terrenal de Cristo, era obvio que la gente tenía hambre de oír a Jesús predicar y estar cerca de Él. En más de una ocasión he hablado a grupos grandes de personas y he observado a medida que pasaban al frente. Las personas en la parte trasera se inclinaban para escuchar, y al hacerlo, empujaban a las que estaban delante. Con su espalda dando al agua y la gente «presionándolo», Jesús no tenía lugar donde ir (Lc. 5.1). Pedro el pescador también estaba allí, escuchando hasta cierto punto a la vez que remendaba sus redes para prepararlas para regresar al lago a avanzadas horas de aquella tarde. Era una petición extraña, pero cuando Jesús le pidió al pescador que le permitiera meterse en la barca y luego moverla a corta distancia de la orilla, él estuvo de acuerdo. Aquel fue el primer paso de Pedro hacia la obediencia.

El punto que quiero establecer aquí es que la obediencia es un proceso; no es un regalo. La salvación es un regalo; la gracia de Dios demostrada hacia nosotros es un regalo que Él hace a cada uno de nosotros cuando le aceptamos como nuestro Salvador. Este increíble regalo de amor incondicional no es algo que nosotros podamos lograr esforzándonos; la obediencia, sin embargo, es diferente. Dios no necesariamente quiere que nos esforcemos para lograrla, Él quiere que sea nuestra primera naturaleza. Nosotros le obedecemos por quién es Él. En el capítulo anterior mencioné que la obediencia parcial no es obediencia. Después de todo, ¿cómo podemos obedecer a Dios a medias?

Pedro, o hacía lo que Jesús le pedía o decía que no. Aquí Pedro dijo que sí, pero observemos lo que también dijo: «Y entrando en una de aquellas barcas, la cual era de Simón, [Jesús] le rogó que la apartase de tierra un poco; y sentándose, enseñaba desde la barca a la multitud. Cuando terminó de hablar, dijo a Simón: Boga mar adentro, y echad vuestras redes para pescar. Respondiendo Simón, le dijo: Maestro, toda la noche hemos estado trabajando, y nada hemos pescado; mas en tu palabra echaré la red» (Lc. 5.3-5). En estos versículos se nos da un bosquejo de la obediencia. Muchas veces, los caminos de Dios incluyen pasos concretos, y encontramos algunos de ellos en Lucas 5.

Paso uno: Pedro estaba cerca escuchando a Jesús. El Señor sabía que él estaba allí y que tenía una barca vacía.

Paso dos: Jesús entró en la barca de Pedro a fin de poder dirigirse mejor a la multitud.

Paso tres: Pedro escuchó la petición de Jesús, y respondió explicando que no había tenido éxito alguno la noche anterior en su intento de pescar peces. A pesar de ello, obedeció al Señor, izó las velas de su barca, y se dirigió a aguas más profundas.

Paso cuatro: Pedro recibió la recompensa de su obediencia.

¿Qué hubiera sucedido si Pedro hubiese dicho: «No, pasé toda la noche en esas aguas, y si hubiera habido pesca, yo la habría sacado»? No podemos descartar el hecho de que él era un pescador experimentado; conocía las aguas como nosotros conocemos las palmas de nuestras manos. Creció cerca del lago, y entendía los componentes de un negocio de pesca productivo; o al menos eso creía él.

Eso es lo que Dios hizo para que sepamos que Él iba en serio y que se involucró. La noche anterior, Pedro no pescó nada, ni un solo pez. Regresó a la mañana siguiente, había estado toda la noche sacando las redes a una barca pequeña e incómoda. Lo único que quería hacer era limpiar sus redes y regresar a su casa a dormir un rato a fin de tener la energía para levantarse y regresar aquella noche. Pero Jesús apareció con una multitud de personas, y lo siguiente que supo Pedro fue que su barca se había convertido en el escenario del Salvador. Eso estaba bien. Él pudo haber dicho: «Sí, puedes usar mi barca mientras termino de hacer lo que estoy haciendo». No fue una decisión difícil, pero tuvo que estar de acuerdo en ello. El paso número uno se completó.

El siguiente paso era más difícil: él no solamente estaba cansado, sino que sus amigos estaban cerca, observando para ver qué hacía él. Cuando Jesús le dijo a Pedro que se dirigiera a aguas profundas donde pescaría mucho, ellos probablemente levantasen sus ojos con incredulidad. Un joven rabino, que ellos estaban seguros de que no sabía nada de pesca, le estaba diciendo a Pedro —el maestro, el as, el director de la costa— lo que tenía que hacer.

¿Puede imaginarse a Juan y a Santiago mirándose el uno al otro y pensando: *Oh, no, ¿qué le va a decir Pedro?* ¿Qué habría dicho usted? Probablemente usted conozca el final de la historia, así que podría inclinarse a decir: «Yo habría izado las velas y me habría dirigido a aguas profundas». ¿Pero lo habría hecho? ¿Lo ha hecho cuando Él le ha llamado pidiéndole que le obedezca? La obediencia se ve de modo distinto cuando Él nos pide que hagamos algo que personalmente nos cuesta más de lo que pensamos que podemos permitir. La Escritura no nos dice si Pedro echó un vistazo a la escena o miró a sus compañeros para pedir ayuda; simplemente nos dice una cosa: él obedeció al Señor y dijo: «Maestro... mas en tu palabra echaré la red».

Puedo imaginar el silencio que cayó sobre quienes estaban en la orilla al observar a Pedro liberar el ancla, izar sus velas y dirigir el timón hacia aguas profundas. Usted puede que pregunte: «¿Qué le motivó a hacer eso? ¿Es algo que yo pueda experimentar en mi propia vida?» Yo creo que sí, pero usted debe confiar en Dios, y no sacar su calculadora y sumar todo lo que podría ganar y todo lo que podría perder. Esta fe viene por el oír la voz de Dios y responder con absoluta obediencia.

Hay personas que me han dicho: «Yo no sé si Dios quiere que haga esto, pues no tiene sentido». Regresar a pescar durante el calor de la mañana no tenía sentido para Pedro. Nadie estaba pescando a esa hora; hacía calor, y los peces se iban al fondo del lago: un lugar donde las redes no llegaban. Por la noche, los peces estaban más cerca de la superficie del agua. Mi obediencia hoy me prepara para mi obediencia mañana, y la de mañana me prepara para la del día siguiente y para los años venideros. Los peces no estaban en su lugar la noche anterior, pero al día siguiente, en el calor de la mañana, estaban justamente donde Dios quería que estuvieran. No existen coincidencias en Dios. Nada sucede «simplemente porque sí». Él siempre tiene un plan, y ese plan refleja sus caminos. Si quiere usted caminar en armonía con Él, entonces aprenderá cómo ser obediente. Lucas nos dijo que cuando las redes estaban echadas, comenzaron a llenarse de peces hasta el punto de romperse. ¿Se da cuenta del milagro que se produjo? No había peces la noche anterior, pero en un momento en que no debería haber ninguno, las aguas rebosaban de ellos. Había tantos que Pedro tuvo que hacer señas a Juan y a los otros para que le ayudasen. Su barca estaba a punto de hundirse, y él no sabía qué hacer; lo único que pudo hacer fue decirle estas palabras al Salvador: «Apártate de mí, Señor, porque soy hombre pecador» (Lc 5.8).

«El temor se había apoderado de él, y de todos los que estaban con él» (v. 9). No solamente Pedro estuvo en el centro de este milagro, sino que otros también se acercaron. Muchas veces, cuando somos obedientes, quienes nos rodean se unirán a nosotros en la bendición. Estoy convencido de que ninguno de aquellos hombres había visto nunca tantos peces juntos en sus redes. Las redes rebosaban, las barcas casi se hundían, y Pedro cayó de rodillas y adoró al Señor. Esta es una verdad por la que puede apostar su vida: si Jesús le pide que haga algo, sabe sin duda alguna que seguirá una bendición. Cuestionar, dudar, calcular: ninguna de esas cosas edifican la fe que Él quiere que usted tenga y muestre. Eso no significa que nunca vaya usted a cometer un error; significa que la motivación de su corazón, hasta donde pueda, está fija en obedecer a Dios. Recuerde que Abraham dejó su casa por la instrucción de Dios, sin saber dónde le llevaría el Señor. Moisés regresó a Egipto sin saber todo lo que implicaría su nuevo papel como libertador. Ester se acercó al rey, sin saber si perdería la vida. Rahab ocultó a los espías que llegaron para espiar la tierra prometida. María oyó la voz del ángel y dijo: «He aquí la [sirvienta] del Señor» (Lc. 1.38). Y Pedro dijo: «En tu palabra echaré la red» (Lc. 5.5). La vida cristiana requiere obediencia.

Usted y yo aprendemos obediencia. No nacemos con el deseo de obedecer a Dios ni a cualquiera en autoridad; es un proceso de aprendizaje. Cuando usted nació, creció hasta cierta edad, y luego comenzó a probar hasta dónde podía llegar antes de que su papá o su mamá le hicieran una advertencia. Al principio, puede que escuchase cuando sus padres le decían no, y dejaba de hacer lo que estaba haciendo; pero pronto llegó un momento —aun antes de su primer cumpleaños— en que usted decidió que ignorar la palabra no era gran cosa. Pero sí se volvió algo serio cuando siguió usted ignorando sus advertencias y reprensiones. Si a usted no le gusta la autoridad, entonces se rebelará contra ella. Con frecuencia, los niños crecen rebelándose de modo natural porque sus padres no les enseñan a obedecer. Si hay un espíritu de obediencia gobernando su vida, entonces usted escogerá de buena gana y amorosamente ser obediente. Hay ciertas reglas que tenemos que obedecer. Pedro no supo instantáneamente obedecer a Jesús; sí sabía que había algo en la vida de Cristo, y ese algo le atrajo lo suficiente para saber que ese Hombre no era un maestro normal. Luego, cuando sus redes se llenaron a rebosar de peces, él cayó de rodillas y proclamó: «¡Señor!»

Esta es una de las trampas de Satanás: Dios pone una oportunidad delante de usted, y de repente usted se pregunta si Él abrió la puerta. Analiza la situación desde una perspectiva humana: «Si esto sucede, entonces sé que Dios está involucrado. Si obtengo esta información, es su voluntad y seguiré adelante». Eso no es obediencia. Si Pedro se hubiera tomado tiempo para hacer una evaluación mental de información sobre Jesús, puede que nunca se hubiera alejado de la costa. El Espíritu Santo fue quien llevó a Pedro hasta el punto de la obediencia. Anteriormente hablamos sobre cómo llegamos a conocer a Jesús como Salvador; su Espíritu debe atraernos, y eso es exactamente lo que sucedió con Pedro. Él sabía que el Hombre que estaba en su barca era mucho más que un maestro cotidiano. Él venía de Dios.

Otra manera en que Satanás puede hacernos tropezar es diciéndonos que Dios deja algunos asuntos en nuestras manos. Nos susurra: «Esto no es gran cosa; no importa lo que decidas en este momento. Si fuera algo realmente inmenso, entonces Dios te haría saber lo que debes hacer». Por difícil que sea creerlo, los jóvenes —que se han casado y después se han dado cuenta de que tenían muchas diferencias— han acudido a mí y me han dicho que no se daban cuenta de que Dios tenía un plan en esta área. Algunos son creyentes, pero nunca tomaron realmente una buena cantidad de tiempo para orar y pedir a Dios que les diera la pareja correcta con la cual casarse. Otros puede que se casen con incrédulos, y sus vidas son desgraciadas porque, de repente, están en yugo desigual (2 Co. 6.14). Podríamos enumerar muchas, muchas ocasiones en las que hemos entrado en una situación sin preguntar a Dios lo que es mejor. Nada es insignificante para Dios. El viaje de Pedro hacia la obediencia comenzó con un sencillo acto. Jesús entró en su barca y comenzó a enseñar la verdad de Dios. No sea tentado a pensar que Pedro no tenía opción, pues él podría haber pedido a Jesús que se fuese, pero no lo hizo y su vida fue totalmente cambiada en cuestión de momentos.

Dios quiere llenar su vida de cosas buenas. Él tiene muchas recompensas, pero en su mayor parte, no son como las recompensas de este mundo. Puede usted lograr cierto nivel de éxito, pero se desvanecerá; puede ganar grandes sumas de dinero, pero ni una moneda se irá con usted al cielo. Solamente las recompensas de Dios son eternas. Solamente sus bendiciones dan la paz y el gozo que usted anhela tener. El modo en que Él obró en la vida de Pedro es el mismo modo en que obrará en su vida. Puede que usted no esté en una costa limpiando un montón de redes, pero sin duda alguna, llegará un momento en que Él se acercará a usted y le dirá: «Lleva tu barca a aguas profundas, y echa tus redes para pescar».

Pedro no solamente tuvo que alejar su barca de la costa, sino que también tuvo que recoger todas sus redes —asegurarse de que estaban dobladas y preparadas— y luego tuvo que izar las velas para poder regresar al agua. Dejó la costa preguntándose lo que sucedería a continuación; y entonces sucedió algo maravilloso: él estaba listo para cambiar de ocupación. La cuestión es: ¿Cuál es la voluntad de Dios para su vida? Pedro comprendió cuál era la voluntad de Dios para él, pero usted debe llegar a un punto en que sepa que está viviendo la vida que Él ha planeado que usted viva. Cuando Él se lo haya dejado claro y después de que usted haya tomado la decisión de obedecerle, los sentimientos de preocupación cesan, el terror termina, y el «qué pasará si…» se desvanece; sin embargo, puede que afronte usted sentimientos de duda otra vez. Y, si lo hace, puede que tenga que regresar a Dios y pedirle que aliente su corazón y le ayude a recordar los versículos que Él le dio y que produjeron finalización, esperanza y claridad.

¿Cómo clasificaría usted su vida? ¿Diría que está comprometido a obedecer al Señor, pero quiere asegurarse que lo que hará será lo mejor para usted? ¿O diría: «Tengo este sentimiento en mi interior cada vez que alguien me dice qué hacer. Viene sobre mí como una ola, y puedo sentir que este sentimiento aumenta en mí y me hace querer decir: "Sé lo que hago, y sé lo que es mejor"». Alguien que esté leyendo esto puede que diga: *Mi padre era tan exigente que simplemente quiero decir no a la autoridad sin importar lo que eso implique.* Esas son palabras duras, pero he oído algunas parecidas, y mucho más que eso.

Lo cierto es: si usted no llega a una conclusión de fe y obediencia —se necesitan las dos—, entonces su vida estará marcada por la derrota, el fracaso, el desengaño, el sufrimiento y una mala decisión tras otra. Debe usted creer en Aquel a quien Dios ha enviado a usted. El resultado de la fe de Pedro fue una nueva ocupación, una que tenía un propósito eterno. Jesús le dijo: «No temas; desde ahora serás pescador de hombres» (Lc. 5.10). Qué manera tan increíble de vivir el resto de su vida: ¡a la sombra del constante cuidado de Él, a la luz de su verdad y su gloria eterna!

Capítulo Doce

EN ARMONÍA CON EL PLAN DE DIOS

Hace unos años estaba yo en Nueva Escocia de vacaciones y para tomar fotografías. Mientras caminaba por la playa, me encontré con una pequeña barca abandonada; su dueño la había acercado a la costa, había puesto los remos dentro y la había abandonado. Era simplemente una barca de remos, pero de inmediato sentí que el Señor me decía: *Ellos lo dejaron todo.* Una ola de emoción me inundó porque sabía que Él me estaba recordando a Pedro, Santiago y Juan y el día en que ellos llevaron sus barcas a la costa y las dejaron allí. Fue su último día oficial de trabajo como pescadores. Lucas escribió: «Y cuando trajeron a tierra las barcas, dejándolo todo, le siguieron» (Lc. 5.11). En lugar de disfrutar de su recién encontrada fama, los hombres tomaron una decisión transformadora: seguirían al Salvador. Las cosas que habían parecido tan buenas y familiares horas antes ya no eran importantes o valiosas para ellos. Sus metas, sueños y deseos habían cambiado con toda rapidez. La vena de negociante de Pedro se disipó, y su amor por el Dios santo fue revelado.

¿Cómo camina usted en armonía con Dios? Se vuelve disponible para una relación personal, amorosa e íntima con Jesucristo. ¿Cómo puede conocer sus caminos y los planes de Él para su vida? Se acerca a Él con un corazón abierto y el deseo de obedecerlo solamente a Él.

Caminar en armonía con Dios

De vez en cuando alguien se acerca a mí al final de un servicio y me dice que Dios le está llamando a trabajar en su obra, pero la persona es reacia a seguir adelante debido a la falta de educación formal. Jesús fue quien formó a Pedro y a los otros para el servicio. Nadie en aquel primer grupo de discípulos tenía un título en Biblia y Teología ni cualquier otra esfera relacionada; pero sí tenían hambre de Dios y el deseo de conocerle y servirle. *El primer paso para caminar con Dios es la disponibilidad. El segundo es el deseo.* No estoy diciendo que ir al seminario o a la escuela bíblica sea innecesario, pues la educación es muy importante. Estoy diciendo que Dios sabía cómo iba a usar a Pedro, Santiago y Juan, y Él quería enseñarles de sí mismo a causa de la experiencia personal.

Si su deseo es agradar al Señor, Él se asegurará de que esté usted en el centro de su voluntad. Pero con demasiada frecuencia tomamos decisiones basadas en si creemos que tendremos éxito o no. Pedro no hizo eso; él no miró los peces que llenaban su barca y pensó: *Este Hombre tiene algo, y yo quiero ser parte de su equipo.* Él simplemente supo que había algo irresistible en estar con Jesús; comprendió que Él venía de Dios, y Pedro quería conocerlo: sus caminos y métodos. Usted nunca podría entender todas las maneras en que Dios obra en su vida y en el mundo que le rodea, pero como sucedió con Pedro y los demás, llegará un punto en que usted caiga de rodillas proclamando su fe y su confianza en Él.

El tercer paso para caminar con Dios es la obediencia, de la cual hablamos en el capítulo anterior. Todo en el negocio de pesca de Pedro cambió en un solo viaje. Recuerde que estaban pescando durante las horas menos indicadas del día, y estaban en el lugar equivocado: aguas profundas. ¿Se ha visto alguna vez tentado a pensar: *No puedo hacer esto; no tengo idea de hacia dónde conducirá esto?* Si lo ha hecho, es más que probable que Dios le haya guiado a meterse en aguas profundas donde Él pueda hacer un gran milagro. ¿Puede imaginarse a Pedro oyendo el mandato del Salvador de salir a aguas que estaban demasiado lejos para pescar en ellas? Probablemente él pensara: *No hay manera en que eso vaya a suceder.* Pero sucedió, y también sucederá para usted. Pedro reconoció la autoridad de Jesús, y obedeció. Llegará un momento en que Dios requerirá que usted haga lo mismo: se lance y deje su zona de comodidad por un lugar donde debe confiar en Él y no en su capacidad de hacer las cosas. No podrá usted tocar el fondo del lago, ni habrá disponible ningún cabo de seguridad. Solamente habrá una boya de esperanza, y es la que está atada a Él: y eso es la única que usted necesita.

Cuando mi hijo Andy era joven, se interesó mucho por obedecer a Dios. Quería saber lo que sucedería si el Señor le decía que hiciera algo y él no lo hacía. ¿Tendría una segunda, tercera o cuarta oportunidad? Yo le aseguré que la obediencia y la fe son pasos en el proceso de conocer a Dios.

¿Cómo aprendemos sobre los caminos de Dios? Obtenemos experiencia al estar con Él mediante la oración y el estudio de su Palabra. A veces, puede que eso signifique simplemente tomar tiempo para estar quietos en su presencia y no sentir que tenemos que hacer ninguna otra cosa sino estar con Él. No haremos todo bien siempre; cometeremos errores, tanto grandes como pequeños.

A lo largo del curso de su vida, Pedro cometió varios errores que están registrados en el Nuevo Testamento. Hablamos de ellos en el capítulo 10. Él no vio el plan eterno de Dios cuando Jesús le dijo a él y a los demás que moriría; pero Jesús nunca retiró su amor a su discípulo. En un mar tormentoso, Pedro comenzó a caminar hacia el Señor, solamente para distraerse por el viento y las olas; de inmediato comenzó a hundirse, y clamó al Señor que le salvara. Y el Salvador le agarró y le levantó. Uno de sus más graves errores fue su negación la noche misma en que Jesús más lo necesitaba; pero después de su resurrección, Jesús perdonó, restauró y comisionó a Pedro para el servicio en la obra del reino en la tierra.

Él sabe que habrá momentos en que usted fracasará miserablemente y Él tendrá que levantarlo. Él es su Salvador, y ve el futuro y las veces en que usted obedecerá, seguirá y hará todo lo que Él ha planeado que haga. Tiene usted esperanza en cada giro porque, a pesar de cómo se divida el camino, Él está ahí para encontrarse con usted y caminar a su lado.

Hubo otro error en la vida de Pedro que no observamos antes. Pedro fue testigo de primera mano de los primeros años de ministerio que Dios había dado a Pablo, el apóstol a los gentiles. Él hasta comía lo que los nuevos creyentes gentiles comían. Ellos habían recibido el Espíritu Santo y fueron bautizados. Pedro estaba entusiasmado. Pero después, en Jerusalén, cuando estaba de nuevo en compañía de sus iguales, regresó a su estricto estilo de vida judío, diciendo que los gentiles debían ser circuncidados y adherirse a las tradiciones de la iglesia en Jerusalén. Cuando Pablo visitó Jerusalén, confrontó a Pedro, recordándole cómo Dios había obrado en las vidas de la comunidad gentil y cómo él había compartido la celebración de su salvación.

El problema subyacente era que Pedro no se estaba apoyando en el Espíritu de Dios; estaba preocupado por lo que los demás pensarían si descubrían que él había puesto su sello de aprobación sobre los nuevos cristianos que vivían por la fe en el Hijo de Dios. Los caminos de Dios son más altos que nuestros caminos, y sus pensamientos más altos que nuestros pensamientos. Los caminos de Dios implican la crucifixión, la resurrección y el derramamiento del Espíritu Santo en las vidas de hombres y mujeres que anhelan conocerle y servirle. Pedro aprendió una increíble lección. Muchas veces lo que creemos que es correcto no es lo que Dios dice que debería suceder. Si nos negamos a bajar la guardia y seguirlo a Él, nos perderemos sus caminos.

Otro fracaso para Pedro se produjo durante la última cena que él compartió con Jesús. Lo menciono en último lugar porque es esencial para conocer a Dios. La mayoría de nosotros recordamos que cuando los discípulos estaban reunidos en el aposento alto, Jesús tomó una toalla y un tazón de agua y comenzó a lavar los pies de cada uno de los hombres. El siervo de menos jerarquía normalmente realizaba esa tarea; pero los discípulos levantaron la vista, y Jesús se estaba poniendo una toalla en la cintura. Él iba a lavar los pies de ellos.

La humildad es crucial para nuestra relación con Dios. Usted puede ser el individuo más brillante e inteligente, pero si no es humilde de corazón y espíritu, Dios no puede usarle. Jesús era humilde de espíritu, pero sus discípulos necesitaban aprender lo que significaba servir a otros de esa manera. Ellos no serían quienes estarían al frente recibiendo los elogios de la gente; si esa era su meta, no podían servirle. Su única meta era hacer la voluntad de Aquel que los envió. Ninguna otra cosa podía anteponerse a eso.

Cada discípulo se entregó al cuidado de Cristo; permitieron que el Salvador lavase sus pies, pero cuando Él se acercó a Pedro, recibió una respuesta diferente. Pedro le dijo: «No me lavarás los pies jamás. Jesús le respondió: Si no te lavare, no tendrás parte conmigo» (Jn. 13.8). Ni siquiera se jacte nunca de lo fuerte o inteligente que es usted; no hable mucho sobre lo que hará y no hará. Eso es orgullo, y obstaculiza al Señor para que le enseñe la mejor manera de vivir la vida cristiana. Pedro comprendió que los actos de Jesús eran una demostración de humildad; era humillante para él estar sentado y ver al Hijo de Dios, el Mesías, el Cristo, el Señor de señores, el Rey de reyes, lavarle los pies. ¿Cuál era la lección que Dios quería que él y los demás aprendieran? Era que la humildad viene antes del servicio. Sin ella, no podemos servirle. Podemos trabajar mucho, hasta el punto de quedar agotados, pero no podemos servir con amor y un deseo de entender lo que Él quiere enseñarnos.

Para algunas personas esta es una lección muy difícil de aprender, pero si estamos comprometidos a conocer a Dios de manera íntima y personal, estaremos igualmente comprometidos a permitirle que nos humille a fin de poder ser moldeados para su gloria. ¿Qué tiene mayor valor que esto? Nada. Si tuviera usted la oportunidad (y la tiene) de vivir para un Dios santo, sabiendo que Él le bendecirá en maneras que no puede usted imaginar, o vivir para sí mismo, ¿qué haría? ¿Continuaría batallando para seguir adelante, para ponerse delante de algún grupo imaginario de personas que van a algún lugar que solamente conduce a una recompensa terrenal? Tengo serias dudas de que, si pudiéramos ver por encima de este momento los planes que Dios tiene para nosotros, escogiéramos la segunda posibilidad. Nadie en sus cabales ignoraría el regalo de Dios que ha sido dado a cada uno de nosotros mediante su Hijo.

Sin embargo, muchas personas han estado espiritualmente cegadas por sus deseos y falsas creencias. Y no estoy diciendo que deberíamos dejar nuestros trabajos e irnos en distinta dirección; estoy diciendo que cuando nuestras vidas están enfocadas en Jesús, seremos exitosos en todo lo que hagamos. Existe una diferencia entre servirle, servir a los demás y servirnos a nosotros mismos. Cuando servimos a Dios, recibimos recompensas y beneficios eternos, algunos de los cuales no experimentaremos hasta que estemos con Él en el cielo. El servicio solamente a nosotros mismos frecuentemente termina en desengaño y tristeza.

El cuarto paso es responder al llamado de Él. Pedro tenía dos opciones: podía ir con Jesús, o podía continuar la vida que había estado viviendo. Cada uno de estos pasos requiere fe, pero este revela más sobre nosotros que ninguno de los anteriores. Es fácil decir: «¿Pero y si no es esto lo que Dios está diciendo? ¿Qué hago entonces? ¿Y si cometo un error? ¿Y si no puedo regresar?» En primer lugar, si está realmente escuchando la voz de Dios, sabrá lo que Él quiere que usted haga. Jesús dijo: «No temas; desde ahora serás pescador de hombres» (Lc. 5.10). Aun si usted discierne algunos de los métodos de Dios, no tendrá un conocimiento absoluto de cada detalle. Solamente Él tiene eso.

Dios conocía el plan, y la pregunta que lanzó a aquellos hombres era sencillamente esta: «¿Quieren seguirme?» Todo se reduce a la relación que usted tiene con Jesucristo. Pedro y los otros al instante sintieron una conexión con el Salvador; comprendieron que nada desde aquel momento en adelante sería igual, y tenían razón. Dios cambió la dirección de sus vidas y los situó en un camino de eterna bendición. Sin embargo, antes de que el Señor pudiera hacer eso, cada uno de los hombres tuvo que responder al llamado.

Uno de los momentos más tristes llega cuando alguien me dice que sintió que Dios le instaba a ir en cierta dirección pero que no lo hizo, y nunca siguió al Señor. Continuó asistiendo a la iglesia y hasta se ofrecía de voluntario, pero nunca hizo un compromiso pleno de hacer cualquier cosa que Dios le pidiera. No todos estarán en el ministerio; pero hay incontables maneras en que Él puede usarnos. Si nos negamos, nunca conoceremos hasta dónde llega todo nuestro potencial. Siempre que nos encontramos a nosotros mismos argumentando o negociando con Dios sobre por qué no podemos hacer lo que Él nos ha encomendado, vamos a tener problemas.

Si usted siente que le ha dicho no a Dios, entonces quiero asegurarle que puede volver a empezar. Puede decirle a Él que siente haber tomado una mala decisión y haber escogido no escuchar u obedecer su llamado. Usted y yo debemos llegar a un punto en nuestras vidas en que digamos:

«De ahora en adelante, voy a ser obediente a Dios y voy a hacer cualquier cosa que Él me pida que haga. Quiero que eso sea un reflejo de mi estilo de vida. Quiero rendirme para poder conocerle y entender por qué Él hace lo que hace». Pero si sigue usted peleando las mismas viejas batallas con los mismos deseos carnales, seguirá batallando.

Otra cosa que debe recordar es que conocer a Dios y aprender sus caminos implica un proceso de toda una vida. Aun después de haber pasado tres años con Jesús, Pedro seguía sin entender lo que estaba sucediendo la noche en que el Salvador fue arrestado. De hecho, él era quien, en el huerto, salió en defensa del Señor y cortó una oreja al siervo del sumo sacerdote. No había entendido el hecho de que el arresto de Jesús era parte del plan de Dios; no podía ver más allá del horror de aquel momento. Pero después de la resurrección y de la venida del Espíritu Santo, sus ojos espirituales tuvieron perfecta vista. Aun entonces, él siguió aprendiendo por medio de sus victorias y sus errores. Cada vez que hacía algo bien, aprendía algo sobre Dios; y cada vez que fracasaba, aprendía la misericordia de Dios, su gracia, amor y el plan que tenía para él. Pedro no nos aconsejaría que siguiéramos sus pasos. El pecado es costoso; pero tal como él descubrió, el pozo de la gracia de Dios es una fuente infinita de perdón.

Un corazón que decide obedecer

Cuando su corazón esté totalmente entregado al Señor, crecerá su fe y tendrá discernimiento con respecto al mundo que le rodea. Su conocimiento no estará limitado a lo que usted siente; los sentimientos no tienen nada que ver con la vida cristiana. Los sentimientos cambian; en un momento puede usted «sentirse» cerca de Dios, y a la hora siguiente no. Usted piensa: *¿Qué ha sucedido? ¿Me ha dejado Él?* No. Él nunca cambia, Él nunca abandona, y Él nunca le deja. Uno de los métodos de operación favoritos del enemigo es tentarnos a sentirnos de cierta manera que no es ni cercana a la realidad. ¿Qué es verdad? El amor incondicional de Dios. ¿Qué es inconmovible? El amor de Dios. ¿Qué es lo que nunca cambiará? Su amor por usted y por mí.

Al término de un servicio matutino durante nuestro llamado al altar, un joven se acercó a mí por el pasillo, y me dijo: «Pastor, me desperté esta mañana, encendí la televisión y vi su programa. Yo solamente estaba cambiando de canales y me detuve a ver lo que usted decía. No asisto a la iglesia, pero fue como si algo o alguien me instara a levantarme, vestirme e irme. No sé cómo lo supe, pero Dios habló a mi corazón cuando me hallaba acostado en mi cama viendo la televisión. Me dijo: *Levántate y conduce hasta la iglesia First Baptist y entrégame tu vida a mí esta mañana.* Y eso es lo que quiero hacer».

Supongamos que él hubiera respondido: «¿Ir a la iglesia? Llevo mucho tiempo sin ir. Tendré que levantarme, bañarme, afeitarme, vestirme, y entonces será demasiado tarde. Por tanto, ¿por qué mejor no me quedo aquí?» ¿Cuántas veces le ha hablado Dios, y usted le ha puesto una excusa? Ese joven obedeció a Dios porque Dios tenía algo en mente para su vida. Cuando Él le habla a una persona perdida de manera tan fuerte, directa, claramente con gran autoridad, Él tiene algo en mente. Y si usted es creyente y le ha puesto a Dios una excusa tras otra, entonces se está perdiendo los maravillosos regalos y bendiciones que Él tiene para usted. Él no le obligará a que le conozca.

Aunque puede que no se haya dado cuenta, hemos hablado de elegir a lo largo de este libro. Dios hizo la elección de amarnos a usted y a mí con amor incondicional. Por medio de la gracia, Él escogió salvarle y ofrecerle el regalo de la vida eterna. Ahora, le corresponde a usted elegir. Ese joven no se dio cuenta, pero cuando obedeció a Dios se situó a sí mismo en posición de recibir una gran bendición; no las bendiciones de este mundo sino las bendiciones de Dios, que son infinitas en número y eternas en valor. Cada vez que nos humillamos delante de Él, Él nos revela un poco más de sí mismo. Muchas cosas en esta vida pueden parecer atractivas, pero nada que experimente usted nunca satisfará su corazón y su alma como Jesucristo.

¿Puede entender los caminos de Dios? Claro que sí. ¿Puede conocer los planes que Él tiene para su vida? Sí, puede, pero debe tomar la decisión de buscarlo a Él. Cuando lo haga, lo encontrará, y también descubrirá todo lo que podría esperar saber y tener. El patrón de su vida encajará justamente en armonía con el plan de Dios y su voluntad; y, como resultado, el gozo que usted experimentará será interminable y sin medida. Esta es la promesa de Él: búscame con todo tu corazón y me encontrarás (Mt. 7.7).

ACERCA DEL AUTOR

El Dr. Charles F. Stanley es pastor de la Primera Iglesia Bautista, una iglesia de 16.000 miembros en Atlanta, Georgia y es presidente de In Touch® Ministries (conocido en español como Ministerios En Contacto). Ha sido elegido dos veces presidente de la Convención Bautista del Sur y es conocido internacionalmente por su ministerio radial y televisivo *In Touch (En Contacto)*. Entre sus muchos éxitos de librería se incluyen *Cuando el enemigo ataca, En busca de paz, Minas terrestres en el camino del creyente, Cómo vivir una vida extraordinaria* y *Cómo escuchar la voz de Dios.*